空海名言法話全集

空海散歩

第9巻

仏のはたらき

白象の会❖著
近藤堯寛❖監修

筑摩書房

序

真言宗善通寺派管長　菅　智潤

お大師さまの法話集であるこの『空海散歩』（全十巻）は、令和五年に迎える弘法大師御誕生千二百五十年を記念し、「白象の会」のご尽力によって企画・発行されています。信心を深めておられる皆さんから珠玉の文章が寄せられており、お大師さまの教えを伝えようという熱意に、ただただ頭が下がる思いです。

コロナ禍も二年経過しまして、この間、世界中で多数の方々が犠牲となられ、人々を感染、生活の不安等に陥れました。未だ予断を許さない状況です。このような厳しい状況の中、私達はどれだけ回りの人々に寄り添ってこられたかと思うと、内心忸怩たるものがあります。

しかし、この『空海散歩』の読者に対しては、少しでも安心をお届け出来たかと、監修されておられます近藤堯寛僧正、執筆の皆さんも自負されても良いと思います。

●お大師さま以前の四国の仏教

お大師さま以前の四国地方の仏教の状況をみると、聖武天皇のとき、四国にそれぞれ国分寺が創建されました。このうち、伊予、讃岐が千手観音を本尊とするのは、聖武天皇および光明皇后の観音信仰の現れでしょう。これが伊予、讃岐の漁民の間における観音信仰の基盤となりました。
行基菩薩は民間仏教の布教に努めましたが、今日、四国八十八ヶ所霊場のうち二十八ヶ寺までが行基菩薩開基を伝え、その本尊は観世音菩薩（二十九ヶ寺）、薬師如来（二十二ヶ寺）が多く、阿弥陀如来、大日如来、地蔵菩薩がこれに次いでいます。これらは行基系の民間仏教が古代において、四国地方に根強い浸透があり、優婆塞《うばそく》系（在家の仏教信者）の仏教の広がりを意味するものと言えましょう。

●山岳修行と辺路修行

お大師さまは三十一歳の四月まで得度されておらず、それ以前は私度もしくは優婆塞であったことになります。十八歳のときに一沙門から虚空蔵求聞持法を授けられ、吉野金峯山から高野山にかけて修行し、さらに郷里の四国へ渡って、阿波大滝獄、土佐室戸岬、伊予石鎚山で修行されました。

吉野金峯山と高野山は山岳修験修行そのものですが、四国での修行は『今昔物語』に「四国ノ辺地ト云は、伊予讃岐阿波土佐ノ海辺《へち》ノ廻《めぐり》也」とあるように、山岳修行と海洋宗教の辺路修行の聖地でした。四国辺路は、海辺を窟籠りや木食、草衣で行道修行して回るものだったのです。

「我等の修行せしやうは、忍辱袈裟をば肩に掛け、又笈を負ひ、衣は何時となく潮垂れて、四にんにくけさおひ　国辺地《へち》をぞ常に踏む」と平安末期に編まれた『梁塵秘抄』には記されています。辺路修行もこの時代まではこのように行われていました。

辺路修行のもう一つが「燧帝の猛火」を守ることでした。これは辺路修行者が海の彼方の常世の神、すなわち龍神に聖火を献ずるために、海岸の岩や洞穴、岬の上で齋燈を焚く修行です。『三教指帰』序文に室戸岬で、「飛燄を鑽燧に望む」とあるのは、この修行と同じことを意味します。

お大師さまは各地で雑部密教の修行をされ、霊験や奇跡を重ねられました。その上、南都諸寺で仏教の研鑽を積まれたのです。特にお大師さまは『大日経』の実践修行を説く「具縁《ぐえん》品」の密教の阿闍梨の要件を満たし、山岳仏教の密呪の源を究めるために、入唐求法されたのだと思われます。

密教の阿闍梨になるためには、次の条件が必要とされます。
(1)さとりを求める心(菩提心)を持つ
(2)智恵が堅固で、慈悲を持つ
(3)諸々の技芸に巧みである
(4)最高の智恵(般若波羅蜜)に通達《つうだつ》している
(5)三乗の差別を知る
(6)真言の深い意味を理解している
(7)人びとの願いがわかる
(8)諸仏・諸菩薩を信じる

(9) マンダラを描くことができる
(10) 灌頂を受けている
(11) 性格が柔軟で、我への執着を離れている
(12) 密教の行に心が集中している
(13) 瑜伽観法に通達している
(14) すでにさとりの心に安住している

(頼富本宏『「大日経」入門』大法輪閣　一三二頁)

●真言密教の体得

お大師さまは生涯自らのことを「沙門」と署名しています。国家の体制をはみ出す山の宗教と学の体系をはみ出す密教の極限とが結びついていくのです。野生の思考にたつ宗教としての真言密教の出現ということです。山の宗教者に戻っていったということだと思います。真言密教の体得には、次の実践の継続によって成就されます。

一、一日に一回は必ず、〃おつとめ〃の時間を持つ。
二、月に何回かは写経(巡礼の際にも必要)、写仏の時間を持つ。
三、一週間に一回以上は、時間を取って、自身の縁のある真言をできるだけ数多く唱える。
四、年に数回は地域の移し霊場(四国八十八ヶ所、西国三十三ヵ所等)にお詣りする。その後、本四国、本西国にお詣りして、巡礼を重ねる。

五、十善戒を日々の修行徳目として大切に保持する。
六、菩提寺に年に数回または月例法要に参詣し、諸行事に積極的に参加する。
七、毎年、あるいは数年に一回、高野山奥之院にお詣りし、お大師さまがご入定によって永遠に生きておられる信仰を体得する。
八、終生菩提心を持ち続け、自身が修行してお大師さまの宗教体験を追体験する。特にお大師さまの宗教詩が密教修行体験の鍵となる。
九、数息観、月輪観、阿字観等の指導を受け、瞑想体験を積む。
十、お大師さまの著作に直接向き合う。

●真言念誦を奨励

さて、特に令和三年は、空海和上が醍醐天皇から延喜二十一（九二一）年十月二十七日に弘法大師の諡号を贈られてから一一〇〇年の記念の年に当たりました。四国霊場会でも〈御宝号念誦〉を奨励いたしております。

私の自坊（香川県三豊市詫間町松崎長寿院）の檀徒の法事の際には、それぞれの回忌の仏様にたいして、光明真言を念誦いたします。

例えば、三回忌では光明真言三万遍を唱え、百遍唱える度に、糸に一つの結び目を作り、千遍で十の結び目の〈念誦糸〉一本を仕上げます。法事の際には、決めた遍数の〈念誦糸〉を仏壇にお供し、墓参の際に、お墓にその〈念誦糸〉を納めます。回忌が上がれば、念誦遍数も増えていきます。この光明真言念誦がお大師さまの求聞持法に通じる修行になります。

私の自坊の共同墓地には、三界萬霊供養のために、光明真言一億萬遍念誦の地蔵菩薩石像が嘉永七（一八五四）年六月に建立されております。自坊の檀家の多田政吉という人が中心となり、近隣の皆さんから光明真言の〈念誦糸〉を集めて納められたと伝え聞いています。

私達は、お大師さまの師である恵果和上の教えであり、生涯の活動規範とされた「囲りの人々を幸せに導く」ことを常に心掛け、さらに大きな目標としての持続可能な世界と平和の実現のために、共々精進して行きましょう。

令和四年一月二十一日

※お大師さま著作推薦文献
『空海コレクション』1〜4　ちくま学芸文庫
『空海入門』加藤精一　角川ソフィア文庫

全十巻の構成と凡例

第一巻「苦のすがた」（名言二二一句）　賢愚・優劣・戯論・無知・無益・偽装・妄想・衆生・凡夫・現世・世情・末法・乱世・罪過・災難・無力・無明・煩悩・貪欲・渇愛・地獄

第二巻「世のながれ」（名言二二七句）　無常・人世無常・山川無常・草木無常・寂滅・故人追慕・悲哀・生死・輪廻・自業自得・執着・汚泥・迷悟・明暗・苦楽・是非・善悪

第三巻「たすけあい」（名言一九二句）　供養・回向・挨拶・香華・鐘・薬・歓喜・清廉・謙遜・自然・風光・調和・協力・効果・好機・熟成

第四巻「こころをつくる」（名言二二三句）　練磨・慈悲・自利利他・救済・布施・四恩・恩愛・恩恵・報恩・孝行・友情・仏縁・帰依・信心・誓願・功徳・福智・天皇・人徳・人倫

第五巻「法を伝える」（名言二一九句）　伝法・灌頂・寺院・東寺・金剛峯寺・伝道・善導・善知識・驚覚・発心・修行・仏道・求法・彼岸・実践・努力

第六巻「さとりの記述」（名言二二一句）　方便・仮和合・教法・理智・認識・道理・無記・戒律・適法・越法罪・後悔・反省・無欲・断悪・文芸・作詩・作文・書道・筆法・

師僧・恵果阿闍梨・師弟・僧侶

第七巻「さとりの風景」（名言二一〇句）　静寂・修禅・入定・威儀・阿字・本不生・月輪・入我我入・顕密・密蔵・秘密・機根・各人各様・般若・智慧・空・中道・縁起・因縁

第八巻「これが真言密教」（名言二一一句）　融通無碍・一即多・不二・真言・陀羅尼・梵文・呪文・経文・文字・加持・祈禱・三密・仏力・威神力・守護・自在・実証・瑜伽・観法

第九巻「仏のはたらき」（名言二三八句）　仏法無尽・広大無辺・菩提・菩薩・清浄・本有・実相・不変・唯仏・唯心・法身説法・対機説法・以心伝心・言語道断・除闇遍明・転迷開悟・煩悩即菩提・滅罪生善・一味平等・差別即平等・和光同塵

第十巻「大日の光」（名言二一八句）　大日・我即大日・仏身円満・仏陀・成仏・即身成仏・草木成仏・曼荼羅・法界・遍照・遍満・荘厳・根源・仏性・如実知自心・法爾自然

一、全十巻の流れは、弘法大師著『秘密曼荼羅十住心論』の階梯のように、苦界から修行、真言、悟り、大日の光へ向かっていく精神的発達史のシリーズ本になっています。したがって、読者も著者とともに、巻を重ねるにしたがって迷いから悟りへ、心境が次第に高みへ登っていきます。

二、全十巻に採用されている空海名言とその順番は、『空海名言辞典 付・現代語訳』（高野山出版社刊）に添っています。

目次

第一章　ひろがり

第二章 ほんらい

第三章 しんじつ

第四章　ひかりへ

空海名言法話全集　空海散歩

第九巻　仏のはたらき

装幀・本文デザイン　山田英春
扉イラスト　かんだあさ

第一章 ひろがり

仏法無尽

智の無辺なるを仏陀と号し　覚の無上なるを調御と名づく　智無辺なるが故に知らざる所なく　覚無上なるが故に方便測り難し（請来目録）

【無限の智慧者を仏陀と呼び、最高の覚者を調御と名づく。智慧が無限であるから知らないことがなく、悟りが無上であるから衆生を救う方法が無数にある】

◉安楽の世界を求めるなら　もう、八十年も昔の思い出話です。寺の裏門を出た所に、指物もできる腕のいい大工さんが居ました。何故かその仕事場が好きで、鉋からしゅるしゅると出てくる長い鉋屑を手に取って、その匂いに酔っていたようです。しゅんしゅんとリズムよく引かれる鋸の音も好きでした。その中で脳裏に焼き付いているのが、ほぞを掘ったり材を削ったりする一寸のみです。幅は三十ミリぐらい、べた裏の長さは五十ミリから五十五ミリぐらいのものです。こののみが長年使われて砥がれてもう長さは三十ミリもありません。そののみの切れ味というのでしょうか、切り口がとてもきれいで滑らかなのです。「おじさん、何時もそののみを使うんじゃなぁ？」

と話しかけた時、語ってくれました。「これはなあ、わしが独立する時、師匠がよく切れるのみじゃ、と言うてくれたもんじゃ。ずっと大事に使っとる、これを使うと気持ちよく仕事ができるんじゃ」と。そののみを使った作品が寺に三点も残っています。見事なものです。

空海さまは、中国からお帰りの時、数百巻に上る経典、論書、仏画などのほか、恵果阿闍梨から頂いた五鈷杵などの法具も大切にお持ち帰りになりました。仏の働きをたくさん説いておられますが、仏は果てしない智恵を持っておられ、それを日夜に苦しみ迷っている人々（衆生）を救う（救済）ために無限に働かせて下さるのだと申されています。その力の本が請来した仏具、金剛杵を頂くことによって堅固な働きになると述べておられるのです。仏像をご覧になるとお気づきとおもいます。さまざまな仏さまがいろいろな仏具を持っておられます。その仏具が仏さまの働きをさらに強固にしているのです。空海さまが伝えられた真言宗の引導作法も、引導した後、亡者に五鈷杵を授けて仏天に送ります。五鈷杵が煩悩を砕き安楽の世界を実現させてくれます。お葬式、引導作法が大切なこと、死後、在世の迷い苦しみから解放され、安楽の世界が顕現することを説く所以です。

（野條泰圓）

仏法無尽

悠悠《ゆうゆう》たり　悠悠たり　太《はなは》だ悠悠たり　内外の縑緗《けんしょう》　千万の軸あり　杳杳《ようよう》たり　杳杳たり　甚だ杳杳たり　道を云い　道を云うに　百種の道あり（宝鑰序）

【仏書や俗書は幾千万巻も限りなくある。道を説く方法も広く深く、数え切れないほどの種類がある】

◉お大師様の教えは人々を豊かにします　仏の教えを広めるのは人であり、人は教えによって向上し、悟りにいたるのであります。だから人と仏の教えとはひとつであって、別なるものではない。尊い教えがあり、その教えを広めることに生涯をかけたお大師様が居てくださり、その有難い仏の采配を永い間守り伝えてくださった先人に深く感謝をいたします。

お大師様は私達と同じように煩悩に苦しまれたお方でありましたから、私達の在りようを誰よりも理解してくださいます。望みさえすれば、何時でもそばに居て、共に苦しみ、肩に背負った私達の重い荷物を一つ一つご自分の肩に移して下さるのです。

お大師様の説法は、私達のどんな悩みにも答え、どんな不安も和らげて下さる、人生多くの悩みの手引書と思って良いのです。

法身大日如来の覚りの境界は我々凡夫の知ることの出来ない世界であり、法身だけが自受法楽なされている世界であります。とはいえ、われわれも修行と努力とを続ければ、やがて知り得る境地であります。

本当の自分の心を見極めたならば、我が心は仏様。大日如来の心に他ならないことが分かり、仏様の心を如実に知れば、衆生の本心を知り尽くすことができる。我が心と仏の心と衆生の心の三つは別々のものではなく、一味平等なりと知ることが覚りである、とお大師様は説いておられます。

人より得をしたい、人より美味しいものを食べたい、何でも人と比べて優位でいたいと思うのは、私利私欲にまみれることです。自分を取り巻く狭い世界で優位に立っても、どれほどの価値があるでしょう。私利私欲を捨て、仏の心で生きれば価値のある生き方が出来ます。心は目には見えませんが、広くて深い美しい世界です。仏書や俗書は幾千万巻も限りなくあります。道を説く方法も、広く、深く、数え切れないほどの種類があります。

（安達堯禅）

仏法無尽

秘宝忽《たちま》ちに陳して万徳即ち証す（宝鑰序）

【密教の宝は忽ち現れて、限りない徳が得られる】

◉目覚めよ密教人　立ち上がれよ行動の時　大日如来をご本尊とする密教は、七代の祖師達によって磨かれ伝えられ、八代目が我らの偉大なる憧れの師匠であり真言密教を立ち上げられたお大師です。著名なる七代目の恵果和尚から直接中国の唐で密教のすべての極意を授かりました。

空海さま自身が長年生命をかけて練り上げたものと合体融合され、仏教の頂点と言われ、天皇天下をも巻き込み、多数の奇跡的な実績を全国に残すと共に密教の一大拠点を神聖なる高野山に築かれました。多くの人が憧れる「密教」という大輪の華。この〔みごとさ〕を我々自身が悟り、己と寺の改革に取り組み、そして次にこの花を悩める多くの人たちに愛でて頂き幸せを与えることが我々の務めです。今世界中の人から空海密教が好感を持たれ、仏法無尽と大いに注目されています。

この大日如来様は真言密教の象徴であり、大宇宙の根源とも言われ、太陽とも称されています。全宇宙に存在する暗雲や障害を払いのけ、万物に無尽蔵の慈悲を授け与えておられます。まるでお日様のような大いなる存在です。すべてに光明や〈ぬくもり〉を与え、全宇宙を律する絶体的な存在でもあります。

私共は将来が暗く己に夢を持てない若者達に寺子屋塾を開校し、滝行・読経・座禅、それに私のユニークな人間繁盛学を学んでもらっています。人間が自己がスゴイ存在である事を気づかせ、自信と勇気と誇りにあふれた人間づくりに燃えています。皆さん初めての体験に前向きですが、その中でも特に驚いていることは読経です。難しくて読めなくて意味の分からない初めてのお経が大好評な事です。意味不明でも大きな安らぎに包まれ、下山時には皆さんの表情が大変晴れやかになっています。

我々は、皆さんが仏教に心の温もりや心のより処を求めている事を実感しています。今こそこの広大無辺の太陽の様な恵みを悟り、三密行に全身全霊で取り組み、入我我入で一体化をはかり、密教のみが可能とする即身成仏を実現する事です。迷える世の人に仏法無尽の光明を与え、安心世界へ導きます。今こそ我々が密教の真髄に目覚め、行動する事です。

（井本全海）

如来の徳は万種を具せり　一一の徳は即ち一法門の主なり（宝鑰第三）

【如来の徳は無量無数にあり、一つ一つの徳がそれぞれに中心をなす教えになっている】

◉幸せを得る因縁は無量です　この世は大日如来の仕事場で私たちは自らの因縁により、如来から与えられた天分徳性は十人十色でそれぞれに異なります。

植物も大きくなる樹もあれば、その下でひっそりと美しい花を咲かせる草もあるように、その異なった自らの天分徳性を知り、それを磨いて社会に貢献するなら、たとえ社会的な地位や物質的には恵まれなくとも一切衆生の導師です。

その天分特性をお互いに生かし生かされつつ供養し合い、拝みあう和楽の社会を構成していく、この勝れた曼荼羅世界を教えられたのがお大師さまです。

仏教の目指すところは人格の完成で、それが永劫の大安心を得る道なのです。

私たちは生まれ変わり死に変わり生死流転の間中、何時の生においても如来より天分特性を授かっているのですが、それを磨きだす機会にはなかなか巡り合えません。

人間は本能のままに良いものを着て広く大きな邸宅に住み、美味しいものを自由に食べて肉欲を満足させる、この事だけを追い求めてしまうからです。

私たち個々の天分特性はちょうどアコヤ貝の中の砂のような物で、修行によりこれを良いもので包んで育てていけば真珠という宝物を作りますが、何もしなければただの異物で貝もまた死んでしまいます。

今回の人生で大安心を摑まずに、堕落によって無為に過ごし終わりを迎えるにはあまりにもったいないです。病を患ったり、世間の荒波にもまれたりもしながらも、目先の利得や享楽を追い求めあくせくしているうちにいつしか老いて、暗闇の底へ落ちていくような不安な心でこの世を旅立つ一念は後を引きますから、これを回避するには修行です。

修行といっても何年も山に籠るとか、修行道場で座禅に明け暮れることではありません。そんなことは誰にでも出来ることでもないし、家庭も崩壊してしまいます。

何でもない日常生活の中で、今日一日を仏様の真似をすることが修行です。

これを一日、二日、三日と真似をしているうちやがて本物になり、自分も周りの人々も幸せになるのです。

（篠崎道玄）

仏法無尽

一心法界は猶し一虚《いっこ》の常住なるが如し　塵数の智慧は譬《たと》えば三辰の本有なるが如し（吽字義）

【仏の世界は虚空のように常に存在している。無数の智慧は、日月星辰が空に輝いて壊れないようなものである】

◉人生、山あり谷あり、夜空には、われに向って光る星もあるでしょう　三部書の最後にあたるのがこの『吽字義』であると言われております。伝統的に三密の「意密」に配されております。仏のさとりの世界（一心法界）は、唯一の虚空（その存在を妨げない空間）が常に存在しているとのことです。そして、無数の智慧は、たとえば、太陽・月・星（三辰）が、もともとその虚空に存在しているように、仏の世界に存在していると説かれます。この大いなる虚空の徳性は、決して損なわれる心配はないとしていると説かれます。人が生きていくということは、様々な悩みを抱えるということであり、悩みのない人生などあり得ないし、思うがままにならないのは当たり前のことと思われます。悩むからこそ人間でいられるのかも知れません。

そこで、三辰として輝いて壊れない日・月・星に譬えられる無数の智慧について考えてみたいと思います。般若心経の中に「深般若」という言葉があります。般若とは（空を知る智慧）であります。この深い智慧について思いを寄せてみたいと考えます。

詩人の高田敏子先生がある雑誌に記載された手記を紹介いたします。

「私は女性でございますので、男の方の気のつかない自殺の準備もいたしました。いよいよ今日という日になりまして、死ぬ身にはその必要はないのでしょうが、やはり女です。私は最後の化粧を念入りにいたしました。眉毛を引きながら、髪の毛をあたって、鏡を見て、おや、髪の毛が伸びているなと、髪の毛が伸びているのがひっかかり、まあ髪の毛を切りました。それから爪を切りそろえているうちに、愕然としたのです。爪が伸びている。髪の毛をも伸びている。私の心は死を決めている。その死を決めている私に、私を守ろうとして髪の毛が伸び、爪が伸びていてくれているのだ。私を守るために爪も髪も伸びていてくれるんだ。私の一つの命で生きるんではないんだ、守られて生きるんだということに気がついたときに、はじめて自分の浅はかな考えを恥じ入りました」とあります。髪の毛も爪も「深般若」のようです。（岩佐隆昇）

仏法無尽

金剛宝に多くの功徳を具す　この宝は地に埋むれども朽ちず　火に入るれども銷《き》えず　貧人は見難く　得る者は富貴なり（金剛頂経開題）

【ダイヤモンドには多くの徳がある。この宝石は地中にあって朽ちず、火に焼かれて熔けない。この宝石は心の狭い人には見えないが、取得した人は豊かな心になる】

◉傷跡に覆い遮られたる綺麗な顔　以前に読んだある実験記録です。社会学者達が、被験の志願者達に「傷跡メイク」の実験を試みた話でした。顔が殴り蹴られたような傷跡を見て人は心理的に抵抗感を生じるはずです。醜い「傷跡」のメイクで「醜化」された被験者達は承諾済みの約束を必ず厳守するよう言われています。人との交流や、鏡や光を反射する鏡の代替品の使用も厳禁です。任務はただ一つ、繁華街に行き交う通行者らから、どう見られたのか、人々の反応などを、社会学者等にフィードバックすることでした。

「醜いメイク」の顔を晒し物として半日以上経った後、被験者らは溢れんばかりの不平不満を爆発させました。各々個室に戻ったものの、通行人らの異様な眼つきを浴びたとか、嫌悪の表情で睨まれたとか、しきりに怒りや無力感を訴えました。とんでもない実験に参加するんじゃなかったと後悔する人もいました。被験者等の愚痴や非難などを真剣に記録し終えた社会学者達は、各自の顔を確認するように、全員に小鏡を配布しました。すると、先程まで苛立ち、落ち込み中にいた被験者らは、鏡を見た瞬間、凍りついたかのように、啞然としました。落ち着きを取り戻し、あたりは、瞬時に静まり返ったのです。なんと、鏡に映った顔に化粧の痕跡は皆無でした。実は、被験者の知らぬ間に、メイク師らが化粧の途中で「傷跡メイク」をこっそり消したのです。見せものに晒された顔は最初から綺麗なままでした。ネタばらしされたのに、被験者らは依然と考え込んでいました。気づきを見せた人もいたが、ほとんど実験に浸ったままの様子でした。

人はみな心の奥に「智慧」の宝を秘めていながら、「煩悩」という名の最たる醜い傷跡に覆い遮られます。仏の法眼からはちっぽけでも、諸仏菩薩と肩並べるほど平等な地位にまで大きくもなれる心に、勇気を持って「傷跡実験」で内なる智慧を肯定しませんか。

（洪涛）

如来の宝智も多くの功徳を具す　久しく無明煩悩の地の中に埋むれどもかつて朽爛《くらん》せず　無間瞋恚の火に入れども消えず融《と》けず　下劣の凡夫は億劫にも見難く　もし能く得証すれば三界の王となる（金剛頂経開題）

【如来の智慧は多くの功徳を備え、無明煩悩の中にあっても朽ちることがなく、怒りの炎に焼かれても融けることがない。劣った凡夫はとうてい見ることはできないが、もし悟ることができればこの世の王になれる】

◉娑婆世界に遊ぶ　仏さまはこの世を極楽の遊びとしておられます。「観世音菩薩はこの娑婆世界に遊ぶ」と『観音経』にあります。『正信偈』にも、「煩悩の林に遊んで神通を現す」とあります。弘法大師は、「自在遊戯は即ち如来の事業威儀なり」（法華経釈）と述べておられます。煩悩の娑婆世界にありながら、仏さまは朽ちることもなく、怒りの炎に焼かれることもなく、楽しく遊んでおられる風景が、仏典の随所に描かれています。仏さまはこの世の遊びを楽しみながら、衆生と縁を結んでおられます。その目的は、現世に密厳《みつごん》国土を建設するためです。

平等とは差別がない清らかさです。私欲は差別です。無欲は平等です。無私無欲は、清浄なる平等精神です。観音さまが娑婆で遊ぶということは、親が子どもと遊ぶようなものです。親がおもちゃのスコップで砂遊びをすれば、子どもは親のスコップを欲しがります。スコップを与えて、親がバケツをひっくり返して砂の山を作れば、子どもはバケツを欲しがります。幼子はすぐに親の真似をします。そして、砂のトンネルを覗いては大騒ぎをして、家へ帰ることも忘れて遊び続けます。スコップもバケツも遊ぶ道具です。政治も、経済も、家庭も、会社も、みんなが生きる道具です。楽しく遊ぶ仲間の広場ですから、観音さまが娑婆で遊べば世間も自然に清められるわけです。

観音さまや阿弥陀さまにお任せという気持ちが信仰です。信仰があればいつも仏さまが近くにいてくださるという安心《あんじん》があります。信仰がなければ、事故に遭遇すれば動顚して立ち直りが遅く、臨終のときの念は暗く、不安にさ迷います。平素から仏法に親しんでいれば、煩悩に埋もれても腐乱せず、怒りの火に包まれても焼かれることはないという教えをすなおに味わいたいものです。

（近藤堯寛）

深法を修観すれば徳彊《かぎり》り無し（金勝王経伽陀）

【深い教えに従って修行すれば、その徳は計り知れない】

◉鍛錬と修行と

令和三年は、新型コロナウイルスの感染が拡大する中で、日本においてオリンピックとパラリンピックが開催されました。しかし、それまでは中止だ延期だ開催だと、随分騒がれました。そうした中では、国民全体の心や生活が乱れていましたが、特に会場や交通・宿泊・飲食などの関係者は困り果てていたことでしょう。

一方参加する選手達も、選抜される前から心身共に大きな打撃を受けていたことでしょう。長期間にわたって練習を重ね、体を鍛え、栄養や健康管理の苦労を重ねて来ています。しかしほんの僅かな差で、出場出来なくなるのですから、大変です。もし選ばれたとしても、次は世界中の選手と戦わなければなりません。そうした競い合うスポーツの世界をよく知らない者にとっては、多くの者の中から選ばれるような秀でた選手になるまで、どれほど苦労を重ねて過酷な時間を過ごしたかは、余り分からないでしょう。その上、内容も知らないほど色々な種目があるのには驚きます。

これはスポーツに限りませんが、そうした心身を鍛練する努力を考えた時、これは黙々と努力する修行のようにも思えます。否、それほど修行を重ねる宗教者は、ごく希なのではないかとさえ思えます。分野が違うと言えばそれまでですが、多くの人はそうした選手の見えない努力を知れば、色々なことが学べます。過酷とも言えるような一心な姿勢に対しては、頭が下がります。

ところでそうした努力を重ねる運動選手や技能を身に付けようとする人たちと、仏道修行をする人の違いは何でしょう。一つは「数字のある・なし」ではないかと思います。もちろんスポーツマンには限りませんが、社会の中では「競う時間や順位」があり、求める具体的な目標があります。例えば、「何秒差」だとか、「何位」という結果、あるいはその分野を代表するような位置に到ることです。ところが仏の教えを学び修行する者には、何分とか何位という数字はありません。また達成点もなければ評価をする方法もありません。どんなに深く学び修行を重ねても、成果の有無を表すことが出来ません。目標となる到達点はないと言っても過言ではないでしょう。だから仏道については、「徳かぎりなし」と言う他はないのだと思います。

（佐川弘海）

海水毛塵は数えて知るべくとも　真言の教法は窮限あること無し（宗秘論）

【海の水量や毛や塵の数量は、やがて数え切ることができる。しかし、真言の教えは無限であるから終焉がない】

◉『空海散歩』の読み方　本書『空海散歩』は『空海名言辞典』（高野山出版社刊）がベースになっています。辞典掲載の名言二千百八十句を一般の人々に理解できるようにした法話集です。弘法大師のことばには霊告あふれる語句が無尽蔵にあり、その聖語を集めた書籍は多種類ありますが、弘法大師法話全集は本書が唯一です。『空海名言辞典』は、仏光編、法輪編、僧伽編、苦界編の四編に組み、それを三十四章、百九十項目に分類しています。『空海散歩』はこの分類にそのまま沿っていますから、一巻ごとに、苦悩、無常、扶助、錬磨、伝道、経文、悟境、密教、仏力、大日如来へと、読者を昇華させていきます。

この世のモノゴトには限りがありますから、根気よく続ければ目的に到達します。私は「海水毛塵は数えて知るべくとも」というこの名言に励まされ、果てしなく思える空海名言収集とこの名言を全て法話にするという作業を三十四歳から四十年間、一途に続けています。

四国八十八ヶ所霊場会の協賛をいただき、総本山善通寺で毎年十二月に開催される新任先達授与式に、この『空海散歩』が先達の教科書として贈呈されています。高野山大学のある学生は、就寝前に空海名言一句を繰り返し読みながら眠りに入り、起床時にまた同じ名言を唱えて真言密教の勉強をしているといいます。私の弟子は、朝の勤行が終われば、目をつぶって『空海名言辞典』をランダムにめくり、紙面に指が止まった名言を今日一日の柱にしているといいます。私の講話は『空海散歩』の拾い読みをテーマにしています。本書を車中で読みながら帰省される人が多いからです。

空海名言に親しむ日常を続ければ、弘法大師という最高の伴侶をいただいて暮らすことができます。日々にお大師さまを思念してこその真言僧であり、大師信者であり、遍路修行であり、社会浄化であります。本書は真言密教の入門書です。空海名言の一字一句は悟りの境地から述べられていますから、悩みや迷いの原因を知るヒントになります。空海名言一句を暗唱しながらの散歩もいいものです。お大師さまのことばで心身を潤していただきたいと願っています。

（近藤堯寛）

法雨普ねく霑《うるお》すは平等の義　分別を断除するは如来の意（宗秘論）

【教えを世間に広く説くのは仏の平等精神であり、迷いの考えを断ち切るのは如来の願いである】

◉般若心経　私は和歌山県伊都郡高野町花坂にある神社で生まれ育ちました。その神社では、毎月十日夜の八時から供養会を行っていて、「般若心経」をお唱えしますので、幼いころより「般若心経」をおぼえて、お唱えしていました。

また、神社の境内には、納経殿という建物があり、皆さま方が書かれた般若心経の写経を納めさせていただいています。なので、般若心経をお唱えすることや、写経をすることは、とても大切なことと思っていますので、今もお唱えし、写経をさせていただいています。

般若心経は、亡くなった方々の霊を慰霊するとても大切なお経と教わってきましたし、その心でお唱えさせていただいています。日々、ご先祖や、ご縁のある方々、英霊や迷い悩める霊の慰霊のために、般若心経をお唱えさせていただいています。

高野山のあるお寺で働かせていただいているとき、ご住職が亡くなられる少し前に、そばにいた奥さんと私に「拝め！」とはっきり言われ、般若心経をお唱えさせていただいたことを、今、ありありと思い浮かべることが出来ます。

先日、道元禅師ゆかりのお寺にうかがいました。そのお寺でも般若心経は大切なお経として唱えられているとのことで、仏さまは、あらゆる人々に平等に教えを説こうとされておられるのだな～と改めて感じました。

般若心経は、自我の思い（悩み、苦しみ、迷い、憂い、怒り、あせり、悲しみ、恨みなど）を解き放つことが説かれた聖句です。ですから、一語一語に心をこめて、このお経が、霊の救いになるようにと、真心をこめてお唱えすることが大切です。

また写経については、ただひたすらに、一字一字ていねいに書いていくことが大切です。そうすることによって、般若心経の浄化の力がはたらき、霊が鎮まっていきます。そして、さらには般若心経の浄化の力を私たち自身も大きくいただくことができ、如来の願いである迷いの考えを断ち切り、より自信をもって、いきいきと人生を歩んでいくことが出来るようになっていきます。

（福井清光）

金仙《こんせん》一乗の法は義益最も幽深なり　自他兼ねて利済す　誰か獣と禽とを忘れん（三教指帰下）

【釈尊の教えは極めて奥深く、自他ともに利益を施し、その功徳は禽獣にも及んでいる】

◉**無住涅槃**　テーマは、青年大師がお釈迦さまを讃嘆する詩文の一節です。お大師さまの青年期のご労作『三教指帰《さんごうしいき》』は、儒教・道教・仏教という当時の時代社会を動かした思潮を比較しつつ、ご自身の進むべき道を確認された、謂わば旧社会の桎梏《しっこく》への決別の書でありました。

私たち仏教徒が求める理想、目指すところの究極の境地を「涅槃《ねはん》（ニルヴァーナ）」と言います。漢訳すれば「滅」、つまりメラメラ燃え盛る煩悩の炎が消え鎮まった状態です。お釈迦さまは、死線をさまよう長い苦行の時と菩提樹下での深い深い瞑想の末「涅槃」を得られ、覚れる者（ブッダ）になられました。仏陀になられた後のご生涯を伝道に尽力なさいますが、人々はその温厚篤実で崇高なご人格に心から帰依し、八十歳で入滅なさるとお釈迦さまは「最高の涅槃」に入られたと考えました。活動の滅した静けさの中に人生の最高の境地を認めた訳です。

一方大乗仏教の説く仏陀は、この歴史の中に消えていった釈迦ブッダと釈尊がご生涯に説かれた教えの両様の特性を併せ持っています。大乗仏教のブッダは時間を越えた永遠性と限りない智恵・限りない慈悲といった究極の人格性を持ち、智恵は迷いからの解脱《げだつ》の為に働き、心に永遠の静けさを実現します。小乗の涅槃観に通じます。慈悲は悩める者一切の救済に向かいます。

「大智」の故に迷いに留まらない一方、「大悲」の故に悟りの静けさにも安住しない。大乗仏教徒はこのブッダの「永遠の大慈大悲の活動」こそ「最高の涅槃（無住涅槃）」の姿と見、尊ぶ訳です。必然、小乗仏教に対しては「彼らは仏陀の大慈大悲の精神を見失った」と厳しく批判し、大乗の「涅槃」を讃えて、それこそあらゆる人の〝心の故郷《ふるさと》〟であり、一切の命あるものが仰ぎ見る〝究極の光〟であるとする所以でもあります。『三教指帰』の中で、自ら大乗仏教の徒として登場された青年大師は、大乗の説く仏陀の大慈悲の人格性と、時間を越え生けるものすべてに働き掛ける活動性を信じ、帰依されたのでした。

（田中智岳）

仏法無尽

万象《まんしょう》を一点に含み　六塵《りくじん》を縑緗《けんしょう》に閲《す》べたり（性霊集一　山に遊ぶ）

【すべての現象は一点の中にあり、あらゆる欲望は書籍に記されている】

◉**学べ、学べ、大いに学べ**　『遍照発揮性霊集』（略称、性霊集）は空海の漢詩文を集成したもので、編者は若年より空海に師事した真済（八〇〇－八六〇）で「入唐以後の空海の後半生の代表的な作は網羅されて」、「平安初期のわが国の各分野の状況を生き生きと伝える漢詩文集」とされています。

この名言は、「性霊集」の巻頭作品「山に遊びて仙を慕ふ　幷《なら》びに序」という一〇六句から成る詩文の七七句・七八句目の十字「万象含一点　六塵閲縑緗」です。序文に「五百三十言にして成る。五十三字を勒《ろく》して摠《すべ》て陽の韻《いん》を用ふ」とありますが、この名言の脚韻の文字は緗（あさぎ色。また、その織物）で、縑（より合わせた糸で堅く織った絹）とともに縑緗（書物の表装に用いるあさぎ色のうすぎぬ。転じて、書物をいう）を表します。

名言の意味するところは冒頭に説明されているとおりですが、『弘法大師 空海全集第六巻』(筑摩書房)の語注によれば、一点は「阿字の不生を示す空点で、ンの音を有する。諸仏自証の円徳をあらわすといわれる。現象するものすべて」で、六塵は「色・声・香・味・触・法の六つを塵といい、六根(眼・耳・鼻・舌・身・意)と接することによって種々の欲望が生まれ、種々の煩悩が起こるという」と説明されています。

阿字については、「大師は『ア』の一字をもってその存在性を表現される。アは、すべての言葉の字母・母体であるだけでなく、根源の存在感を自己の中に自覚させる神秘体音」(土生川正道・高野山大学選書第一巻)で、『理趣経』廻向句の結び「同一性故入阿字」は、まさしくあらゆる対象と自己が同一性のゆえに大日如来(ア字)の世界に帰入することを表現しており、「ア字の子が、ア字のふるさと立ちいでて、また立ち帰るア字のふるさとの祈りそのもの」と述べられています。

ちなみに、この短歌は、空海が亡弟子(実の甥)智泉の四十九日忌法要の時に詠まれたそうですが、生死のすべてが端的に言い表されていると思います。

(髙橋良久)

智よく円《まどか》なるが故に為さざる所なく　法よく明かなる故に自他兼ね済《すく》う（性霊集六　藤中納言願文）

【仏の智慧は円満であるから作用しないところがない。また、仏法はすべてを明瞭にするから自他ともに救われる】

◉修行の目的とは　秋田県出身の浄土真宗本願寺派の僧侶多田等観師は、西本願寺大谷光瑞法主の要請に応え、明治四十四年五月に、京都に来日したチベット僧のツァワ・テイトウー師の世話係兼通訳としてチベット語を学ばれました。

翌四十五年一月には、テイトウー師に同行してインドに渡られました。ちょうどヒマラヤ山中で、仏蹟巡拝のため、インドを訪れていたダライラマ十三世に謁見し、チベット入国の希望を伝え、認可と便宜の約束いただきました。チベットでは、セラ寺へ入寺し、ラマ教の研究に没頭されました。チベットでの仏教研究の課程は、論理、般若、中論、戒律、倶舎論を二十年以上の修学を要して卒業。倶舎論を卒業したものにはゲシェー（博士）の称号が与えられます。多田等観師は入寺三年目に論議にパスし、ゲシェーの次の座席チュンゼが与えられました。ダライ・ラマ十三世の恩顧を受けつつ、側近の方々の援助を得て、十年間、修行と研究に没頭し、大正十二年春に、貴重なチベット仏教文献二万四千点を日本に請来し、帰国しました。その文献は、東北大学などに所蔵され、チベット仏教の研究に多大なる貢献をしています。

仏法とは「経典の教え」と「日々の行ない」が対比されていて正に車の両輪、片方がなければ何処にもたどり着けません。仏道修行で言行一致の困難さを乗り越えれば、智慧を本質として成立する〈悟り〉の境地に至れます。

チベット仏教では、あらゆる仏陀の大慈悲を集約して、一身に体現する本尊として、観自在菩薩を位置づけています。歴代ダライ・ラマ法王も観自在菩薩の化身だと信じられています。チベットの人々は毎日の勤行で「ダライ・ラマ法王の長寿と生きとし生けるもの全ての幸福」と祈りを行じております。

私達も日々の仏法の実践において、自身の修行だけでなく、周りの人々の幸福を祈り、世界平和の実現に向けて自利と利他の両面を願って、実践の歩みを止めてはならないと思います。

（菅智潤）

法水汲めども尽きること無し　仏力用いて窮らざらん　無尽の法水を灑いで無辺の有情を沐す（性霊集八　弟子真境亡考）

【仏法の水はいくら汲みあげても尽きることがなく、仏力をいくら用いても終わりがない。すべての生き物はこの恩恵を受けて生かされている】

◉自分を捨てたところで汲み尽くせない法水に出会う　この御文は、弘法大師のお弟子さんの真境の亡父の四十九日の旅立ちの日に設けた斎会《さいえ》の時に大師がお作りになった願文の一節です。この前文に「心蓮を敷《ひら》いて〝円鏡〟を鑒《かんが》みん」とあります。この〝円鏡〟とは、阿閦如来の大円鏡智のことです。この大円鏡智の鏡には曼荼羅（金剛界一千四百六十一尊・胎蔵四百十四尊）のすべての尊形《そんぎょう》が写し出されております。そして、そのそれぞれの尊の説かれた教えを〝一切経〟（八万四千の法門）と言っております。「法水を汲んで尽くることなく」の〝法水〟、「仏力を用いて窮《きわま》らざらん」の〝仏力〟とは、この鏡から法水を汲む、そしてこの「仏力」を用いるわけですから

〝法水〟も〝仏力〟も〝尽きる〟ことも〝窮《きわま》る〟こともないわけです。

次の「無尽の法水を灑《そそ》いで無辺の有情を沐《もく》して」とは、この次の御文に「早く常楽の覚路に遊ばん」とありますので、この法水をたくさん灑《そそ》ぎ入れて〝無辺の有情〟弟子真境の亡父ももちろんのこと、今生きている人々も、亡くなった人々も、生きとし生けるもの（無辺の有情）皆がこの法水に沐《もく》して、早く菩提涅槃の常楽の世界に遊々してほしいものである、ということがここでは書かれています。「今生きている人も亡くなった人も」ということは生死を越えた立場であることがわかります。

山本玄峰師（一九四七年、臨済宗妙心寺派管長に）は二十二歳に失明し、放浪の末に裸足詣り七回の願をかけて四国八十八ヶ所の遍路を志します。そして、七回を打ち終えました。それから徐々に肉眼が回復すると共に心の眼が開かれたといわれています。この山本玄峰師は、生死を越えたところで「大死一番」という体験をしました。これを臨済禅では、「円転」と呼んでいます。「大死」とは、幼少期から父母、社会によって作られた仮の自分の死であり、これがはがれ落ちて本当の自分に転じることであり、これを弘法大師は「発心・修行・菩提・涅槃の四転」と呼ばれています。自分を捨てたところで汲み尽くせない法水に出会うのです。

（畠田秀峰）

我が仏思議し難く　我が心広にしてまた大なり（十住心第九／宝鑰第九）

【私が仏であるということは容易に理解することはできない。あまりにも広く、あまりにも大きすぎるからである】

◉サムシンググレート　子供の頃、いたずらをすると「お天道さまが見てござる」とか、「ののさまがみてるよ」といって、咎められた人もあろうかと思います。この世には目には見えない何か大いなる存在があって、いつも見られているから誰にも分らないと思っても悪いことをしてはいけない。大体こんなニュアンスで、何となく悪いことはしちゃいけないもんだと恐れを抱いていた気がします。

遺伝子工学の第一人者であった村上和雄博士は、「世の中には、人智を超えた、人間の力を超えた何か偉大なる存在というものがある」と言われました。「サムシンググレート」と名付けられたその大いなる存在は、勿論、私たちの人智の及ぶところではありません。思議することができないから不可思議だというのです。

人体をミクロの世界まで分析し、ＤＮＡという遺伝子レベルの研究をされた先生は、

「人体の約六十兆といわれる細胞の一つ一つにＤＮＡがあり、そこに記録された暗号によって人は生命を保っています。いわば人体の設計図です。遺伝子工学によってその情報の解明がいくら進んでも、その暗号の最初は何ものによるのか、人に生命の原理は分かっても、命そのものを作り出すことはできないのです」と言われています。そのサムシンググレートとは、私たちにとっての仏さまだといえましょう。

私たちは、目の前に一枚紙きれを置かれただけで、もうその先は見えません。見えないのと無いのとは違います。明治の金子みすゞは「昼のお星は目に見えぬ。見えぬけれどもあるんだよ。見えないものでもあるんだよ」と歌いました。

私たちの心の中には、本来、仏性という穢れのない清らかな心があるといいます。しかし、さまざまな迷妄に心を波立たせ、そのことに気づこうともしません。静かに澄んだ水は、鏡のように周りのものを映し出します。心を澄まして我が心中の仏を念ずれば、そこには森羅万象に潜む無限の仏性が顕現されているというのです。

真理は目に見えず、形にも表せません。時空を超えた超越的なものを感じ取る心によって、わが心に内在する仏性にも気づくことになろうかと思います。（河野良文）

巨岳は衡石《こうせき》の量るべきに非ず　玄虚は尺丈の弁ずる所に非ず（宗秘論）

【山岳の重さは計量できない。また、大空の広さも寸法がとれない】

◉たいしたものではない自分　現在は科学万能の時代と言われています。でも地震や台風などの自然災害が毎年のように起こり人々を苦しめています。最新の科学をもってしても、防ぐことはできないのが現状です。一番近くにある自分の身体に生じる病気でさえも、まだまだ解明がなされずに難病に苦しんでいる方がたくさんおられます。大宇宙で起こることや小宇宙である人間の身体で生じるホンの一部しか科学では解明されていないのだということを認識する必要があります。人間は大宇宙の前では無力であり、真理は何もわかっていない、これを仏教では「無明」と呼んでいます。

「無明」の正体は、煩悩です。人間には、三大煩悩というものがあります。「貪」「瞋」「痴」です。これ以外に「慢」「疑」「悪見」を加えて六大煩悩、もしくは根本煩悩と呼ばれているものがあります。ここではこの中の「慢」についてお話しします。

「慢」といって思い浮かぶのは、「我慢」「慢心」「自慢」という言葉です。「我慢」は、①自分をえらく思い、他を軽んずること。高慢、②我意を張り他に従わないこと。強情、③耐え忍ぶこと。忍耐。

「慢心」は、おごりたかぶること、またその心。「自慢」は、自分や自分に関係の深いものを自分でほめ人に誇ること（『広辞苑』第七版　岩波書店）。いずれの言葉も自分と他人を分けた上で、自分を他より優れていると思い、人を見下す心やうぬぼれの心を指しています。

「欲しいものがあっても我慢しなさい」、親がよく子供に向かって言う言葉です。ここでは忍耐や辛抱のことを教えているのですが、この「我慢」という言葉は決して良い意味ではないことを知らないといけません。「我慢」というのは我の慢心。これを無くしていけば、忍耐や辛抱という「我慢」は必要ないのです。自分が自分が、という気持ちをなくすことができれば一番いいのです。自分はたいしたものではない。自分ができることなどわずかでしかない。そういう謙虚な気持ちを皆が持っていれば、世の中はもっと暮らしやすくなるかもしれません。

（大咲元延）

広大無辺

生滅を超えて改めず　増減を越えて衰えず　万劫を踰《こ》えて円寂なり　三際に亘って無為ならん　あに皇《おお》いならずや　また唐《たくま》しからずや（三教指帰下）

【仏の智慧は、生滅も増減も超越して変わることがなく、永遠に円満であり、偉大にして広大である】

◉金剛《とわ》のほとけ

時々『和文経典』というお経本でお勤めしています。真言宗の根本本尊である大日如来について説かれた『理趣経』の和文を紹介します。

「一、いとも優《すぐ》れたる、さまざまの如来《ほとけ》となりて、それぞれに金剛《とわ》のいのちを加持《かじ》する広大無辺のこころを成就し、二、いつまでもつきぬ宝を灌頂《みそぎ》する如来《ほとけ》の冠いただきて三界《このよ》の主《ぬし》となりたまい、三、あらゆる如来《ほとけ》のすべてをば、しろしめす瑜伽《こころしずめ》を自在に得て、四、一切の如来《ほとけ》の一切の智印《あかし》に映える平等《ひとしき》愛のくさぐさの事業《しわざ》をなし、ありとあらゆる人の意願《ねがい》をば、みなことごとく円満《えんまん》し、五、昔と今と後の世の三世のすべてをつらぬきて、身と言《こと》の葉と意《こころ》との三つの妙《たえ》なるうごきをば、金剛《とわ》にあまねく示しますその大毘盧遮那《おおみひかり》のみ仏が」。
『理趣経』のことを正式には『大楽金剛不空真実三摩耶経般若波羅蜜多理趣品《だいらくこんごうふくうしんじつさんまやきょうはんにゃはらみったりしゅぼん》』と言います。お大師様の『理趣経開題』によりますと、「大楽とは大日如来。金剛とは阿閦《あしゅく》如来。不空とは宝生《ほうしょう》如来。真実とは無量寿《むりょうじゅ》如来。三摩耶とは不空成就《ふくうじょうじゅ》如来なり」と解説されています。無量寿とは阿弥陀如来のことです。和文の一が阿閦で、世の中で平穏に暮らす人達を襲う悪魔を降す仏様です。二は宝生で、世の中の価値のあるものを見いだす仏様です。三は阿弥陀で、慈愛の仏様です。四は不空成就で、私がついているかぎり安心して行動して下さい。ボディガードのような仏様です。五がサンスクリット語でマハーヴァイローチャナタターガタ、マハーは大、ヴァイローチャナは光輝く、タターガタは如来。大日如来です。「除暗遍明《じょあんへんみょう》」智慧の徳で一切の闇を除く、一切の煩悩を除く。「能成衆務《のうじょうしゅうむ》」慈悲の働きで、ありとあらゆるものが生かされて全て成就する。「光無生滅《こうむしょうめつ》」如来の真理は永遠に不滅にして生滅を超越した無始無終《むしむじゅう》の無限の光です。大日如来には上にあげた三つの徳があります。

（伊藤全浄）

三千は行歩《こうほ》に隘《せま》く　江海は一甞《いっしょう》に少《すくな》し（性霊集一　山に遊ぶ）

【仏の力量を表現するには、虚空は歩くのに距離が狭く、海洋はひと嘗めするのに量が少なすぎる】

◉すべては仏の計画通り

全て上手くいっていたはずなのに、一体どこで間違えたんだろう……。込み上げる思いにひたすら涙がこぼれました。中学二年生の冬、私は強迫性障害という精神疾患と診断され、学校にも通えなくなりました。当時は、なんで私が……、という思いでいっぱいだったのと同時に、この先、自分はどうなってしまうんだろうと不安で仕方ありませんでした。

突然の不登校と精神疾患……。苦しくてしょうがない毎日。そんな思いをぶつけるようにお大師さま、仏さまに必死に縋《すが》りつきました。母親と祖父母が信仰をしていたのをきっかけに私も信仰の道を歩みはじめました。夜中に泣きながら母親と大師堂にお参りしたこともあります。雪の中、片道一時間徒歩で大師堂へ向かったこともありました。苦しい時期を経て、今の私は高野山大学に通って真言密教を学ぶ学生として学業に励んでいます。　実は私はもともと語学が好きで外国語大学に行きたいと思っていました。

しかし、道は大きく変わり、お大師さまが「その道ではない」と仰っているかのように導かれ、高野山大学にご縁ができました。当時は死に物狂いで生きていた私、生き地獄のような大きな大きな苦しみが、お大師さまや仏さまのお力によって大きな大きな希望へと変わりました。

この名言のように、仏さまのお力は、一切を包括し擁する虚空よりも、地球全体の七〇パーセントを占める海よりもはるかに大きい、何にも比較することのできない程の大きな大きな力です。言葉ではとうてい表しきれません。当時の私は八方塞がりで生きる希望すらありませんでしたが、全ては私を信仰の道へ入らせるため、そして高野山へ行かせるための仏さまの大きな大きな計画だったのだと実感しています。時折、なんでこんなことが起きるんだろう……、と悩み苦しむことがあります。しかし、それは人間の思考を超えた仏さまの大きな大きな計画であってどんなに苦しいことがあっても私たちがそれを生かしさえすれば、大きなチャンスとなる。そんなことを日々実感しながら高野山で幸せに生きています。

（草野叶南）

契実《かいじつ》の妙高くして頂き無く　応物の権《ごん》広くして際め叵《がた》し（性霊集六　桓武達嚫）

【仏法が真理にかなう道理は、頂点を極め、物に及ぼす力も計り知れない】

◉仏法の真理は限りない功徳　仏教の教えは、この上なく崇高なもので、限りない功徳があるということを、言っています。お釈迦さまは八万四千の法門といわれるほど多くの教えを残されました。お経には、私たちが生きていく上での指針となる珠玉の言葉がちりばめられています。内容は広大で、崇高な哲学書です。その頂点を極めようじゃありませんか。この文章は、桓武天皇（七三七－八〇六）の菩提を弔うために、嵯峨上皇（七八六－八四二）が紺紙《こんし》金泥《こんでい》の『法華経』を書写されたのに対し、弘法大師空海さまが天長三（八二六）年の法事で嵯峨上皇や淳和天皇（七八六－八四〇）に『法華経』を講じられた際の願文に書かれています。

契実の妙とは、一乗実相の妙理つまり法華経でいうところの仏法の真理を表し、応物の権とは衆生済度の方便力つまり人々を救う力のことですね。その計り知れない力を表しています。仏教の頂点を極めれば、必ず救われるというのです。

まずは、お経を読み、その意味を解釈し、できる限り実践しましょう。仏教を学ぶ者は、お経の意味がわかればわかるほど、その内容の奥深さに感銘し、もっと勉強したくなる。言うのは簡単ですが、それを実際にすることは、プロの僧侶でもなかなかできるものではありません。

けれども、その功徳は計り知れないものがあります。まずはお経を読むことから始めてみましょう。『法華経』を全部読むのはなかなかできませんが、第二十五番目の『観音経』だけなら二十分もあれば読めます。『般若心経』なら十分もかかりません。まずはここから。そして、その意味がわかるようになったらしめたものです。たとえば『観音経』には、困った時、苦しい時に、観音さまを念ずれば、どんな厄災からも逃れることができるということが、延々と書かれています。

お経を読んで仏さまにおすがりする。読んだだけではイメージが湧かないといわれる方は、仏さまに会いに行きましょう。どこの寺にも仏さまはお祀りされています。たとえば観音さまの優しいお姿に触れたいなら観音さまをお祀りしている寺に行きましょう。優しく迎えてくださるはずです。


（柴谷宗叔）

広大無辺

奇なるかな逸婀《いつあ》の徳　皇《おお》いなるかな五転の鑁《ばん》　千門を津梁に闢《ひら》き　万戸を抜済に廓《ほがらか》にす（性霊集六　右将軍願文）

【奇特かつ広大なる大日如来は、無数の教えによって衆生を済度なされている】

◉生涯忘れられない倫社の授業　多くの方々は、学校教育課程で様々な授業を受けて来られたと思いますが、私には生涯忘れられない一コマの授業があります。

それは、一九七二年、高校二年生の倫理社会の授業です。学生運動によって一九六九年の東大入試が中止になったこともあり、私たち生意気な高校生は権威を批判することに時代の風潮のある種カッコよさのようなものを感じていました。格好のターゲットは、比較的おとなしい倫理社会の教諭でした。多様な哲学の概論を紹介する授業で、それらの哲学書を読破したのかという私たちの問いに対して、教諭が正直に読んでいないと答えたものですから授業は紛糾し、収拾がつかなくなってしまいました。ニーチェの『ツァラトゥストラかく語りき』において「神は死んだ」という言葉があります。これは、絶対的な視点は存在しないという意味でもあるのですが、A君が、「神なんてもともと存在していないのだ」と発言します。科学的に証明されていないというのです。教諭は、絶句し私たちはしたり顔でした。その時、家業がお寺のB君が立ち上がって、「そんなことを言うのだったら、君たちは自分が一体どこから来たのか説明することができるかい」と、問いかけました。私たちは味方からの思いがけない反撃にお互い顔を見合わせました。この出来事があった後、私はある哲学者が説いていた〝宇宙の背後にある大いなる真理〟という言葉に得心し、神の存在は信じられないけれどもこの言葉には共感を覚えるようになりました。

普段当たり前だと考える自然の摂理には一定の法則性があり、人智を超えた何らかの意思が働いているように感じられたからです。宇宙の全ては大日如来の種字である阿字に集約され、阿字一字からすべてが流れ出ていると言われています。大日経と金剛頂経に描かれるすべての諸尊は、姿、形のない永遠不滅の心理そのもの、宇宙の真理を現す絶対的中心の本尊、大日如来の徳の顕現であると説かれています。今、五十年前のあの授業で、神はいないと発言した生徒は医師に、私たちに反撃してきたあの彼も、呼吸器科の医師として活躍し、同時に僧籍も取得されています。（花畑謙治）

塵沙の徳海　談ぜんと欲するに舌を巻く（性霊集六　東太上願文）

【仏の功徳は海のように無尽蔵で、語り尽くすことができない】

◉「あー良かった」に感謝

この願文は、嵯峨天皇が伊予親王のために、白檀の釈迦牟尼仏、観世音菩薩、虚空蔵菩薩を彫刻し、明王、菩薩や天王達の像を描き菩提を弔われたときのものです。これらの仏像などの行いによって、故人が死後も幸福になることを祈り、また嵯峨天皇やすべての人々に仏のご加護がいただけるようにと法要が執り行われました。その際にお大師様は、仏さまからの恵みであるご加護は、塵や砂のように無数にあり、海のように広大で語り伝えようとしても不可能である、と説いています。

「そんなご加護はいただいたことがない！」と思われる方がたくさんいらっしゃると思います。でもそれは考え方次第なのかもしれません。ある信心深い有名な経営者の方が、渡し船で水難にあった時「ひどい目にあった」と落胆せずに、「あー夏で良かった」と思ったそうです。その方は自分は運が良いと常に思っていらっしゃったそうです。仏さまから守られていたのでしょう。

二〇〇七年に発生した大きな山火事で、カリフォルニア州にある私の家が全焼してしまいました。四百軒近い家が焼失した大規模な山火事でした。火が迫っている真夜中に、警察官が一軒ずつ家を回って避難勧告をしてくれたおかげで、二匹の愛犬とともに家族全員無事に非難することができました。持ち物のすべてを失いましたが、しばらくしてその経営者の方の言葉を思い出しました。物はまた買うことができます。でもいのちより大切なものなど何もありません。「ご加護をいただき、いのちが助かって本当に良かった」と思っただけでポジティブになれます。この仏さまからいただいたご加護を大切にするためにも、いち早く生活を立て直したいと思いました。

仏さまを身近に感じられない方もたくさんいらっしゃると思いますが、少し見方を変えると、自分の周りのすべてのことで「あー良かった」と思える瞬間がたくさんあると思います。その時は仏さまのご加護をいただいているのだと思います。些細なことでも、「あー良かった」に感謝する習慣は、毎日の生活を豊かにしてくれるものではないでしょうか。

(雪江悟)

衆宝の心殿は高広にして無辺なり　光明の日宮は遍ぜずという所なし（性霊集七　奉為四恩）

【大日如来の心は広大無辺にして、光明を満遍なく照らされている】

◉宇宙のように心を広く　仏教の世界観では、私達が住む世界を須弥山を中心にした一つの世界であると考えます。それを千集めて小千世界、その小千世界を千集めて中千世界、さらにその中千世界を千集めて大千世界、そしてそれらを総称して三千大千世界とし、広大無辺の世界を表現しています。

現在の天文学では、宇宙には太陽のような自ら光を出している恒星が約千億個集まってできた銀河がさらに約千億個存在しているといわれます。宇宙は百三十八億年前にビッグバンによって生まれ、今も膨張し続け、観測可能な宇宙の果ては四百六十四億光年先までで、その外側はまだ不明だそうです。光は毎秒三十万キロ進みますが、火星まで約二分、太陽まで八分かかります。一光年は光が一年で進む距離です。私たちの銀河の端から端まで約十万光年。億光年になればもう想像が出来ませんね。最近ではビッグバン以前から宇宙が存在して無限に続いていたとイギリス・リバプール大学の物理学者ブルーノ・ベント氏が新説を発表しました。まさに計り知れない不可思議、広大無辺の世界なのです。光はこの世で最も速く進みますが、物に当たるとその先には進むことができません。しかしスーパーカミオカンデという巨大な装置によって観測されたニュートリノという極めて小さな粒子は、宇宙に充満していて大宇宙そして地球にも降り注いでいて、私達の身体にも一秒間に何兆個も通過しているそうです。

この大宇宙の中にある数えきれない大小さまざまな星々も、私達と同じように誕生と滅亡があり、過去から未来へと永遠に続いています。私達が大宇宙の中のこの地球という一つの惑星に生まれ、そして今現在生きていること。それは限りなくゼロに近い確率です。それを考えると、私達はただ「生きている」のではなくて何か大きな存在によって「生かされているのではないだろうか」と感じるようになります。それが宇宙の根源・根本原理とされる大日如来であるとお大師様は説かれます。「大日如来の御心の宮殿は広大無辺であり、その光明はすべてを照らす」というお大師様のお言葉。宇宙を知れば知るほど、お大師様のスケールの大きさには感服します。

（藤本善光）

仏の三密何処《いずく》にか遍ぜざらん（性霊集八　藤左近先妣）

【仏の働きが及ばないところはどこにもない】

◉太陽に照らされるように、仏の救いのシャワーを浴びる　新型コロナウイルスの猛威が世界中を襲い、人類は歴史的な経験をしました。世間では「三密」サンミツが叫ばれ、是を厳守する日常生活が続きました。が、本来の「三密」は仏道修行、仏に成るための大変重要な仏教の用語、修行徳目で、身体の働き〝身密〟、言葉の働き〝口密〟、心や意識の働き〝意密〟が本来の三密です。また、三密は大宇宙に遍満され厳然と活動する大生命である「仏」そのものでもあります。

私の若き日。師匠の勧めで開教師として米国ハワイに渡り、足かけ九年、ハワイ開教布教に従事する貴重な経験を頂きました。高野山真言宗では北米アメリカ、南米ブラジル、タイ国、オーストラリア、台湾や中国にも関係寺院や開教区が設定され、現地の人々の心の拠り所として布教伝道に邁進しているところです。

明治以降、国策や個人の意志によって海外への移民が始まり、世界各地で悪戦苦闘しながら日本人としての誇りを持ち勤勉に生き抜かれた先人、そこには日々神仏に手を合わせ、真摯に祈り信仰する姿がありました。

常夏の楽園、ハワイへの移民が始まったのは、明治元年頃。当時、主な産業であったサトウキビ畑の労働者として広島、山口、福岡、福島、新潟、和歌山などから多くの労働者が渡布。プランテーションが各島に設けられ、そこでの厳しい労働に汗を流し、日本に錦を飾るべく日々奮闘する人々。そんな中に日本を離れるときに親から授かった仏像や弘法大師の尊像や掛け軸の前に毎月二十一日、人々が集い、お大師講を組織し熱心に祈る姿がハワイ全島に広がっていきました。後には寺院が建立され日本から僧侶が派遣され、信仰の輪が弘がっていきました。

サンサンと照る太陽の下、馬に乗り鞭を振り回すルナ（監督）に監視をされる重労働、異国での生活、病気や不安の中で「南無大師遍照金剛」と念じながら仏のご加護を感じながら艱難辛苦を乗り越える力を頂いたと、現地の古老から教えられた事が今も忘れることが出来ません。世界のどこに居ても、同じ太陽や月に照らされているのです。「遍照金剛」のご加護も同様で、衆生済度の大願をお持ちなのです。（中谷昌善）

広大無辺

殿を大虚《たいこ》の無際に構え　都《と》を妙空の不生に建つ（性霊集八　公家仁王講）

【仏の殿堂は虚空にひろがって無限大に構築され、仏の国は果てしない真空世界に構えている】

◉無限の極み　お大師様の時代の地理的認識は、日本・中国・朝鮮半島に限られていました。そのほかの領域は魑魅魍魎の魔物が住む異界と呼ばれるものでした。目の前に広がる大海や雪を頂く深山も異界とされます。大和政権の浸透によって異界は征服され、日本人の世界に次第に取り込まれていきます。お大師様は知識を漢籍に求め自らも深い山野を闊歩し広大な異界を発見していきました。特に辺地修行を通じて異界に入り、その世界を体験します。異界は魔物が住む領域であるとともに、神仏がおられる至高の領域でもあるとお大師様は早くから認識していました。

幼き頃お大師様は地元善通寺周辺の山野を闊歩し、自然の素晴らしい景観に感動していきます。その経験を通じて自然の中に何か規則性を見いだし、それを曼陀羅世界の構築に生かしていきます。大自然の中で曼陀羅世界宇宙の全容を知ろうとお大師様は格闘します。その結論として、宇宙は尽きることなく広大無辺大日如来の世界と同一だということを発見します。仏の世界は広大無辺で、深く探求しても前に恐ろしい高山が幾つも現れるように尽きることがありません。広大無辺の世界はすべて大日如来から端を発する、尽きることのない仏の世界なのです。広大無辺とはただ広い空間世界と捉えがちですが、お大師様は広大無辺の世界を虚空の如しだと捉え、文字や言葉では説明できない深遠な大日如来の世界と捉えています。まさに大日如来が説く秘密真言の世界は広大無辺で捉えることができない世界なのです。

その広大無辺の大日如来の世界に入る方法として、真言密教では習熟した弟子に師匠から直接秘密の教えを授ける伝授というかたちをとります。正しく伝授された教えを理解し実践できた弟子は、一段と高い段階に高められ秘密曼陀羅の広大無辺の世界を理解していきます。大日如来の境涯に近づくため、お大師様は諸仏も僧侶も常に高みを目指し努力修行しなければならないと説きます。広大無辺の世界は限りない世界を表すと同時に我々日常の世界にある高みを目指す姿勢境涯でもあります。生きとし生けるすべての命が日々大日如来の境涯を目指し努力し続けることが即身成仏の本質です。

（長崎勝教）

五眼高く照らして赫日《かくじつ》の光 儔《ともがら》に非ず　四量普ねく覆うて靉雲《あいうん》の冪《おおい》何ぞ喩えん（性霊集八　公家仁王講）

【仏の洞察眼は太陽の比ではない。仏の慈愛はたとえようもなく広大である】

◉**日々実践**　この名句は、淳和天皇の勅命により、大規模な仁王講（『仁王般若経』を講説する法会）が行なわれた時の表白文の一節で、広大無辺な仏の徳を讃えた言葉です。時は、天長二年七月十九日、東寺を賜った二年後になります。

性霊集は、お大師さまの詩、碑文、願文、表白文などがおさめられています。原本は漢詩文集です。現代語訳と語註を頼りにではありますが、四六駢儷態の美しい文章に驚嘆します。お大師さまは何時も下書き（草稿）無しで書かれたとか。読み進めていくとお大師さまの思想や生涯はもとより、わが国の平安時代初期の様子をうかがう事ができます。そういう視点で読んでおられる方も多い事と思います。

少し前ですが、悉曇講習を受けるために会場の東寺に時々通っていました。お大師さまの遺徳を偲ぶ場所はいくつかありますが、東寺はいうまでもなく最高のロケーションです。昼休みに伽藍で諸仏拝観。講堂の立体曼荼羅を前に瞑想したり、講習会の帰りには、金堂と講堂の西側の柵の横あたりにある礎石に腰掛け考えを巡らせてみたり、少しでもそういう時間を作るようにしていました。

この密かな楽しみは、講習会での心地よい緊張と東寺のロケーションが手伝っていたと思いますが、回を重ねるうちにとても貴重な時間となっていきました。私は、不思議なパワーを受けてリセットされたような気持ちになって、また、明日から精進しようと晴々として帰路につくようになっていました。狭量な私は置いて帰ります。

信仰のある生活は、誰にでもこういう素直になれる機会を与えてくれます。

この名句は、仏の広大無辺な力を喩えたものです。太陽に勝る智慧の光や慈雨は私たち誰もが持っている仏性の種を芽吹かせてくれます。

我々真言行者が大切にするのは日々の実践です。人をいつくしみ、いたわり、人とともに喜び、いつも平静で平等な心を保つ四つの仏の徳を実践して、この芽を育てていきましょう。

（森堯櫻）

理趣の道《どう》　釈経の文《もん》　天を覆うこと能わざる所　地も載すること能わざる所なり　塵刹の墨　河海の水も　誰が敢てその一句一偈の義を尽すことを得んや　如来心地の力　大士如空の心に非ずよりは　あに能く信解し受持せんや（性霊集十　理釈経答書）

【理趣経とその理趣釈経は、天空を覆い、大地に載せきられないほどに意味が深い。海水ほどの墨の量で書いても、その一句一字の解釈を言い尽くすことはできない。これを理解するには、大地のような如来の心の力、虚空のような菩薩の心でなければ理解は不可能である】

◉青龍寺の桜　春分の時節、西安青龍寺内の桜はもはや矜持も顧みず、園内いっぱいに綻んで、満開の花は春風に吹き撫でられることを享受しながら、可憐で愛嬌のある美しさを顕し尽くし、訪れる人の心の琴線を動かします。世間はこういった桜の性格を熟知していて、開花の瞬間を睨んで、我先に一目見ようとやってきます。青龍寺は観光客で賑わう季節を迎えます。朝の陽射しがこぼれ、薄霧を払いのけると、花見の人々の姿が少しずつはっきりと視えてきます。少女らは樹々の間を行き交い、白い衣と紅の裳の青春をスマホに撮っています。白髪老人は境内の石に腰かけて、舞い散る花びらとその寂しげな美しさを堪能しています。長簫を吹く青年は優美な古楽で風に舞う花の嵐に伴奏しています。黄衣の僧侶達は軽やかに漂う青い煙の中で、声高らかに梵音で衆生の煩悩を洗い落します。このような景色は、少女からは美しい恋唄に聴こえ、老人からは意味深長な絵巻に見えて、音楽家からは美しい音色の歌曲になるし、僧侶の眼には無常で空虚の一瞬に見えてしまうのでしょう。人々の胸にある思いや感得が各々異なっても、花見のご縁で青龍寺に集まってきた以上、必ずや弘法大師の事跡を知り、入唐僧空海という名前を記憶するに違いないでしょう。

千二百年前に、空海様が青龍寺を訪れ、二か月半の間に師の恵果阿闍梨から胎蔵・金剛界・伝法阿闍梨などの灌頂を受けました。これほど短期間で深遠の密法奥義をすべて心に受け納められた人物は、ほかならぬ、きっと「大地のような如来の心の力、虚空のような菩薩の心」を持っている人なのだろう。後に、師の遺言を胸に受けた空海様は、一生涯かけて唐の密教文化を日本に移植し発展させました。今日の青龍寺に咲く桜もまた、日本から移植された樹木です。千年前の一大事の因縁はこうやって未だに語り続けられていて、日中両国の友情の証となっています。

（洪涛）

菩提

いかんが菩提とならば　いわく実の如く自心を知るなり（十住心　序／同　第八／同　第十／宝鑰第八）

【悟りとは、自分の心を正しく知ることである】

◉自分自身を知る　菩提とは世俗の迷いを離れ煩悩を断って得られたさとりの智慧の意。悟りという漢字は「心」と「吾」と書くところから仏教的には、自分の悪い煩悩を断って涅槃に入ることです。分かり易く言いますと、「貪瞋痴」の原因は自分自身から発するものだから、実の如く吾心を知ることが大切なのです。「さとり」という漢字には「覚」もありますが「覚《さ》める」と読み、心の迷いから醒《さ》めるという意味です。この心の迷いから醒める方法をお大師様は「十住心論」で十の段階を経て達すると説いておられますが、この句はその序文であり本書の初めなのです。

この間、街中を歩いていますと「占いの館」とか「手相占い」の看板を掲げた店舗を結構沢山の人が出入りされている状況を見る機会がありました。出てこられた方々の表情は、占いや手相の結果を聴かされた後だからだろうか一喜一憂して様々でした。そこから、もう一歩踏み込んで自分の心や命の源《みなもと》を考えて自分自身を深掘りする事が大切ではないかと考えさせられました。

それは丁度「息」を考えるのと同様です。「息」という漢字は「自」と「心」であり、また息は「呼吸」とも言います。私たちは呼吸ができなければ生きていけません。この呼吸についても日頃はあまり意識しない人が多いのではないでしょうか。

以前に聞いた話ですが、砂浜に打ち寄せては引いていく波のリズム数が一分間に十八回だそうです。この回数は自然のリズム、地球のリズムだと考えました。そうすれば人間の一分間の呼吸も吸う息が九回、吐く息が九回にすれば理想的で心が落ち着いた状態になると思います。

さらに、十八を倍にしますと三十六、これは人間の基礎体温になります。さらに三十六を倍にしますと七十二、これは一分間の脈拍です。さらに七十二を倍にしますと一四二、最近の医学では高血圧と云われる血圧値になるというのです。

大自然の中に身を委ね地球のリズムと呼吸を合わせて心をリフレッシュしてみましょう。

（糸数寛宏）

菩提

菩提心を因と為し　大悲万行を縁と為して　三密方便を修行し　娑羅樹王《さらじゅおう》の万徳華果を成就す（十住心第九）

【まず悟りの心を起し、そして大慈悲の心で実践し、仏の働きと同じ修行をすれば、沙羅樹王の万徳を結実させることができる】

◉マンダラチャート　大リーグの大谷翔平選手は、二〇二一年シーズンにおいてピッチャーと打者との両立を成功させました。バッターとして四十六本のホームランを放ち、走者としても本塁への盗塁を成功させるなど二十六盗塁を決め、投げても九勝とチームトップの成績でした。野球の神様ベーブ・ルースと並ぶほどの未曾有の成績を残してシーズンは終了しました。

顧みれば、右肘靭帯手術を行いリハビリに専念したのが二〇二〇年シーズンでした。そして、再起を期した二〇二一シーズンでしたが、だれがこれほどの活躍を予想できたでしょうか。大谷選手は高校一年の時から、野球選手としての自分の夢を達成させるためにマンダラチャートを作り実践しました。マンダラチャートとは、いわゆる目標達成シートとしてよく知られています。大谷選手がこのチャートで緻密に自己研鑽して素晴らしい結果を残したので知られるようになったのです。マンダラとは言ってもお坊さんが作ったわけではなく経営コンサルタントの方が三×三の九マスの構造を金剛界曼荼羅に倣って構築されたのです。

そもそも曼荼羅は、この世の仕組みや仏をヴィジュアル化、即ち図像化・象徴化することによってより一層理解しやすくして森羅万象、宇宙の真理と自己のこころの世界が本来同一であることを観想して真理を感得するものなのです。座禅や瞑想と言えば、じっと黙って心を無にすることは知られていますが、この思考を無くすことを「止」、それに対して、心に移り行く心象を連想していくことを「観」と言い、合わせて「止観」と呼ばれるのが仏教瞑想法であり「観想」と言われるのです。

高校時代の大谷選手は、ドラフトで八球団から一位指名をされることを最大の目標として、「運」や「人間性」、「メンタル」や「体づくり」といった小目標を可視化してその目標達成のために緻密に自己実現していったのです。二〇二一年シーズンの大谷選手の再起のマンダラチャートを見てみたいものです。

(瀬尾光昌)

菩提心は能く一切諸仏の功徳の法を包蔵するが故に　もし修証し出現すればすなわち一切の導師となる（宝鑰第十）

【悟りを求める心には、諸仏の功徳の法が包まれているから、修行の成果が現れればあらゆる部署の指導者になれる】

◉電車に乗る勇気　自分自身の心の中を、自分自身で完全に理解することは難しいことです。その為には周りから刺激をもらい、一つ一つ学び続けることです。しかも心は同じ失敗を何度も繰り返しながら次第に成長していきます。ただし、向学心が無かったり、自己満足に陥ってしまうと前に進めません。万事思い通りにならないことが学習心をくすぐるのであって、すべて自分の思い通りになっていると思っている人は自分のことしか見えていない状態なのです。

例えば、勇気をもって電車に乗れば自ずと目的地に到達出来ます。道中次々と駅を通過し、景色も変化し、出会いもその中に有ります。そんな経験の積み重ねが学びとなり、それが次第に智慧となり、思いやりの心も深まります。人生と同じで、山あり谷あり、トンネルを抜け、右へ左へカーブしながら目的地に向かうのです。決して途中下車せず、初心を忘れなければ、必ず修行の成果が現れてきます。即ち、電車に乗る勇気こそが菩提心に通ずる道だということなのです。

この文では、「悟りを求める心（菩提心）には、諸仏の功徳の法が包まれているから」と説かれていますから修行の成果が現れたなら諸仏の功徳の深い智慧と温かい慈悲が御威光となって自分の中から噴出することでしょう。ただし、今日、明日に成果が出るわけではありません。されど、信心を捨てることなく、一生を掛けて修行し続ければ必ずや成果が現れるでしょう。

前述の「功徳」とは、〝善行の結果生じる良い報い〟ですから、仏教の経典の内容は、総て諸仏の成し遂げた良い結果そのもので、それを信じて学び実践し修行すれば必ず成果が現れてきます。

また、「功徳」には「功徳を積む」のように、〝良い成果を生むための善行〟の意味もあります。すなわち、お経を学ぶことは諸仏の善行の足跡を辿ることになるのです。

（大塚清心）

菩提心が起す所の願行及び身口意　悉く皆平等にして一切処に遍じ　純一妙善にして備《つぶさ》に衆徳を具す（大疏要文記）

【悟りを求めようとする願いとその修行は、すべて平等であり、あらゆる場所に影響を及ぼし、純粋かつ最善の特性がある】

◉命より大切なもの　「皆さんには自分の命より大切なものがありますか」という質問に、どう答えられますでしょうか。その答えは人それぞれだと思います。名言冒頭に語られる「菩提心」とは、大乗菩薩の心であります。上求菩提と下化衆生、つまり自利と利他、智慧と慈悲を備えた尊い仏さまへと通じる心を意味します。ジャータカというお釈迦さまの前生を描いた物語があります。幾重にも渉る輪廻の生涯において、この菩提心を持ち続けながら、たとえ動物の生涯に自身が在っても自利利他の活動を続け、時には命を賭してでも菩提心を捨てなかったことで、お釈迦さまがついには仏になれたのだとそこに説かれています。ここで菩提心を捨てるとは「菩薩の死」を意味し、真言宗の戒しめの中でも最も重い罪とされています。『華厳経』というお経の中に「初発心時便成正覚」というお言葉があります。初めて菩提心（お釈迦さまのお悟りを自身も得たいという心）をおこした時、既にお釈迦さまの正覚（お悟り）に通じています、という不思議な因縁の事態を教えて下さっています。

ところで、昨年夏に、コロナ禍のため一年遅れて東京２０２０オリンピックとパラリンピックが行われました。パラリンピック水泳のメダリスト富田宇宙選手のインタビューを見る機会がありました。彼はある時、ふっと自分は何のためにパラリンピアンとして水泳をやっているんだろう？」と考えたことがあった、と。彼は幼い頃から目が不自由になった大学生時代を通して水泳一筋に、世界一を目指して努力に努力を重ねてきた自分の生涯を、改めて振り返った時。それは、「自分のために水泳をやって、日々努力しているわけだけど、そのことが、実は多くの人たちに感動と勇気を与えている事実であることに、パラリンピックを通して初めて気づかせてもらいました」という発言に、筆者は菩提心のこの文章を想起させたのでした。

（山田弘徳）

菩提

人法《にんぽう》二我の所執とまた諸の驕慢とを除いて　菩提涅槃を得（大日経開題　大毗盧）

【ものごとへの執着と心の乱れを除いて悟りが得られる】

◉基本は精神統一につきる　「この身このままで仏になることができる」というのが真言密教の教えですが、心に乱れがあっては目的が達成できません。「ものごとへの執着を離れる」、そして「心の乱れを除く」にはどうすればいいのかというと、要するに精神統一をするということになるのでしょうが、これはなかなか難しいことです。余計なことを考えないでおこうと思うと、かえってあれこれ考えをめぐらせてしまうのが人間というものです。実際には、「余計なことを考えない」ことを目指すのではなく、「ひたすら一つのことに打ち込む」ことが、精神を統一することにつながるのではないでしょうか。

私は少々格闘技をたしなみますが、頭の中で余計なことを考えていると見事に隙だらけになってしまい、あっという間にやられてしまいます。反対に一つの技に全身全霊をかけて集中していると、頭が澄み切って何とも言えないいい気分になり、面白いほど技が決まります。同様のことは茶道や華道にもいえ、お茶の点前《てまえ》（作法のこと）に集中したり、花を生けるのに熱中したりしていると、暑さ寒さもそれほど感じなくなるものです。私はこれもやりますが、基本は格闘技と同じです。

何かに対して一生懸命になるということは、「余計なものに執着していない状態である」ということであり、「心が乱れていない状態である」ということでもあるのではないかと思います。禅宗では座禅をする際に「何も考えずに無」になることを目指しますが、実際にやってみると「何も考えない」ということはかなり難しいものです。そのため呼吸の数を数えてそれに没頭するという方法がよく使われます。

では真言宗の場合はどうでしょう。真言宗の座禅と言われる「阿字観」においては、口に真言を唱え、「阿字」の描かれた掛け軸などを見つめ、頭では「阿字」が全ての根源であることをイメージしながら瞑想を行います。どのやり方が一番、というわけではないのですが、これも「何かに集中している時こそが無心になれる」という原理を応用したものであるとも言えましょう。

（佐々木琳慧）

能くこの二善を修し四恩を抜済《ばっさい》し衆生を利益するときは　自利利他の功徳を具し　速かに一切智智の大覚を証す　是れを菩提といい　是れを仏陀と称し　または真実報恩者と名づく（理趣経開題）

【福徳と智慧を修め、恩に報いて人々を救えば、自他ともに功徳を積み、完成された智慧と悟りを速やかに得る。これを菩提、仏陀、真実の報恩者という】

◉この世を生きる教え　人が幸せにより良く生きて行く教え、それが仏教です。その有り難い教えの一つに、「八正道」という八の正しい道を説いているものがあります。

「正見」とは、自分の価値観で判断せずに、ものごとをまっすぐに素直に見ること。

「正思惟」とは、自分だけでなく、この世の全ての人が幸せになるように考えること。

「正語」とは、他人の心を傷つけるような悪口言ったり、罵ったりしないこと。

「正業」とは、絶対に命あるものを殺すことなく、人として正しい行いをすること。

「正命」とは、時間を大切にし、自分の人生を大切にして生きてゆくこと。

「正精進」とは、過ちは誰にでもある。それを素直に認め正し、一心に生きること。

「正念」とは、仏の教えによりこの世の真理を理解し、揺ぎ無い思いで生きること。

「正定」とは、常に心の中に湧きあがる執着による煩悩を認識し、それにとらわれることのないように精神を統一し、心を穏やかに整えるようにすること。

中でも「正語」の教えが日常において気を付けるべきだと思います。というのは、この人間社会において人と人とを結びつける大切な方法、それは言葉だからです。

良き言葉というのはある時は人を癒し励まし、幸せにする尊いものですが、悪しき言葉は人の心を傷つけ苦しみや悲しみを与え、その上相手に怒りをかい憎しみまで受けてしまい、その関係が終ってしまうこともあるのです。なぜそうなるかを考えると、「言葉には魂が宿る」からだと思います。

人はひとりでは生きてゆけません。ですからこの社会においてお互いに認め合い、協力し合っていかなければならないのです。「八正道」の教えは、まさにそのことを説いているのです。この教えを心の糧として思い行いを整え正すことにより、この社会が思いやりに満ちた世界になると思うのです。そして人は大きく菩提（悟り）に進んでいけるのではないでしょうか。


（木藤清明）

菩提

我れ今この心の所得の浄菩提心を観ずるに　已に造作を離れたる法なり　本来宛然としてこれ有り　本より是れ我が物なり　今更に求めて得べき者に非ず（秘蔵記）

【今ここで私が清らかな菩提心を観想するのは、既存の方法論であり、もとから自然にあり、もともと自分のものであり、今さらに求めて得るものではない】

◉オン　ボウジ　シッタ　ボダハダヤミ　この言葉は「発菩提心真言」と言い、在家勤行経典の中に出てくる御真言です。発菩提心とは菩提心を発すことです。すなわち自分の心の中に仏さまの心を発すことであり、これが悟りの境地なのです。悟りの境地を得る為には先師の教え通りに修行する以外に道はありません。

真言宗の僧侶になるには加行《けぎょう》という修行をいたします。読経だけではなく、仏さまを直接供養するお作法を学びます。それらを通じ悟りの境地を体感するのです。加行監督（修行者の面倒を見てくれる先輩）からはお作法の間違いなどは指導していただけますが、菩提心の本質は教えていただけず、「仏さまのみ心なので自分の中で体得すべきもの」と言われました。加行中は仏さまの心を自分の心の中心に置いて修行しますが、道場を出るとすぐその心は失われ、お腹が減ったとか足が痛いとかの煩悩に置き変わってしまいました。

加行を終え、新米の僧侶として一を踏み出した時は、常に実感としての「菩提心」を求めました。奥の院の行法師や信者さんの多い霊場で役僧をしていた時には、御参拝の方の深い悲しみや苦しみに触れ、その都度一生懸命護摩を焚き、仏さまにお願いしました。その中のお一人から「心臓発作で死の淵をさまよいましたが、皆さんが手を尽くしてくださり助けられました。これは母の信仰のおかげであると気づき、今は心を入れ替えてお参りとボランティアに励んでいます」と聞かされました。その人が自分の中にある菩提心に気づいた瞬間でした。

恩返し、よりそい、ボランティアなど、人を慈しむ大悲心、慈しみの心を元にお手助けすることが菩提心であると思います。これらができない人は自分の中の菩提心にまだ気づけていないだけだと思います。

（亀山伯仁）

菩提心は珠に似たり　内外に瑕垢《かく》なし　円明なること大虚に等し（宗秘論）

【悟りを求める心は玉に似ている。内にも外にも傷や汚れがなく、その明るさは大空と同じだからである】

◉自分の仏様に出会おう　菩提心とは何か、菩提には二通りの解釈があります。一つ目は「悟り」、二つ目は「死者の冥福を祈る」という意味です、菩提心とは「悟りに向かって進もうとする心」です。

「金剛頂経」には「我れ、自心を見るに形、月輪の如し」と説かれてあり、自身の清浄なる心を表しており、人が本来持っている「仏性」であると私は考えています。

さて、私が高校生の頃の話です。空手の練習では突き・蹴りのほかに「形」があります。そこでは呼吸が重要視されます。スッと鼻から息を吸い、お腹に力を入れ息をしながら突く、丹田に気を溜めながらハッハッと吐き切り受ける。「形」をする時、呼吸を意識すると自然に精神が集中します。そして、さらに精神集中について勉強しようと思い、瞑想に興味を持ち、図書（インド瞑想法）を購入し実践しました。すると、数日後、突然に目の前五十センチくらいから強烈なフラッシュをたかれたようになり、全身が光りで包まれました。その後は瞑想していなくても光が見えはじめ、瞑想を続けるにはしっかりとした先生や指導者が必要であると考え、瞑想をやめました。

その後僧侶になってからお大師様が室戸岬の洞窟での修行中に「明星が口の中に飛び込んだ」という体験をされたことを知り、私の体験も紛れもない同じものだと感じました。そして「阿字観」という密教瞑想法の伝授を受けました。「阿字観」とは吐く息、吸う息に集中し、ひたすらいのちの根源である「阿」をお唱えし、天地と呼吸を通わせ、「阿」の声と一つになって宇宙（大自然）と一体になります。在家の方も高野山金剛峯寺や宿坊・各地のお寺等で体験できます。師僧の体験では胸の辺りに大きな水晶（これが自分の仏性）を観じ瞑想しているとお腹の辺りに「ドーン」と光が飛び込んでくる、その状態を楽しむそうです。

私はまだまだ修行中で、お大師様や師僧のような神秘体験は滅多にありませんが、「密教の瞑想は根源にある本来具有の仏性を覚醒し、開顕せしめるものであります」と山崎泰廣僧正（密教瞑想法）はおっしゃっています。皆さんも自分の仏様に出会える瞑想をしてはいかがですか。

（吉森公昭）

菩提

菩提心とは即ち是れ諸仏の清浄法身なり　また是れ衆生の染浄の心なり　本を尋ね根源を遂うに本より生滅なく　十方にこれを求むるに終《つい》に不可得なり（秘密仏戒儀）

【菩提心とは、仏の清浄なる身体であり、かつ衆生を清らかに染める心である。もとより心の根源は生滅も変化もしないから、各方面に心を求めても分るものではない】

◉雲のような微細煩悩　ここ数年間高野山大学で学びこの環境にいることはとても幸せに思います。青空に白雲が浮かび、高野槇香る中、梵鐘の響きも、雨や風の音も、諸仏の法身説に聴こえてきます。深呼吸をすれば、体内も浄化された気がします。いっぽう、心に聴こえ、本来清浄だと学びながらも、日ごろ微細な動きは心で絶えず生滅するのです。些細な煩悩も空に浮く雲のようでよく見えたりします。

ある冬の日、高野山大学の体育実技授業があるので、早めに体育館を開け、入りました。ネットフェンスを張り、重厚な扉も開け、準備したところ、チャイムが鳴りました。誰一人来ないので、はじめて休講と気がつきました。私だけがチェックできていなかったのです。ムダに準備したことなど誰も見ていないし、笑われて恥ずかしいわけでもないですが、やはりなんとなく、自分のうっかりぶりにショックを感じました。このショックの気持ちこそ、心に浮かんでくる雲のようなもので、煩悩です。心の外側に起きた結果や現象に刺激されて五蘊が動くのです。一瞬ですが、微細の情動をチェックせずにいられませんでした。一昔前なら、きっと「ショック！」「恥ずかしい！」と呟き、染か浄かの内心勝負戦で、揺れ動く不清浄な煩悩心に軍配が上がったと思います。順調時は平常心も清浄心も保たれますが、いざ予想外の境地に立たされたら、やはり、微細ながらも、心が動いてしまいます。今回は、咄嗟に心の動きを観察しようと思い、両手を胸に当て「落ち着け！　わずかでも動くな！」と自心に言い聞かせました。

さとりは自心外で求め得られるものかと問いかけ、ふと見上げたら、体育館の上空は、雲のない澄んだ青空でした。煩悩の雲が飛ばされたかのように思えました。青空の証拠写真は撮れましたが、微細な煩悩心が清浄心に変わった刹那の写真は撮れませんでした。

（松本堯有）

菩提心とは白浄信心の義なり（異本即身義六）

【悟りを得ようとする心には清らかな信心がある】

◉清らかな信心　弘法大師が編んだ『即身成仏義《そくしんじようぶつぎ》』には、高野山御影堂に納められた自筆本と伝えられる一種の他、六種の異本が現存しています。しかしそれぞれの内容に少なからず相違が認められることから、その真偽については真言宗内でも様々に語られているのが実情です。例えば、江戸中期の周海がまとめた『即身成仏義述讃《じゆつさん》』巻上には、異本六種をすべて弘法大師の真作とする鎌倉前期の道範《どうはん》、中期の頼瑜《らいゆ》、室町前期の聖憲の見解と、逆にすべて偽作とする室町前期の宥快《ゆうかい》の見解の双方が紹介され、併せて異本はいずれも弘法大師の直弟子の聞き書きだったのではないかとする周海自身の推論も挙げられています。たしかに冒頭の一句は自筆本には確認できず、真偽の定かでない異本の一種に挙げられたものですが、私は弘法大師の菩提心に関する認識を的確に表現したものと理解しています。

そもそも『大日経』には、仏の智慧について「菩提心を因とし、大悲を根とし、方便を究竟《くきょう》とす」と記されており、真言宗ではこれを密教の真髄と位置付け、「三句の法門」と称しています。仏の智慧を得るためには、悟りを求める菩提心が起点であり、衆生を救済する慈悲心が根幹であり、菩薩行の実践こそが極致であるというのです。そして、その起点である菩提心については、「実の如く自心を知る」ことであるとし、心は実体が存在しない空《くう》であり、本来清浄なるものと結論付けています。これは『十住心論』や『秘蔵宝鑰《ひぞうほうやく》』などの骨子にもなっている重要教理です。

翻って考えてみれば、弘法大師が長安で師事した般若三蔵《はんにやさんぞう》は、『四十華厳』の翻訳者でもあります。この『四十華厳』は、菩提心について多種多様な比喩を用いて詳細に論じる経典であり、入唐前に東大寺で華厳教学を学び、華厳宗の境地「極無自性《ごくむじしょう》心《しん》」を第九住心とし、真言密教の最高境地である「秘密荘厳心」に次ぐものとして評価している弘法大師のこと、識者をうならせるような専門的な理論で菩提心を説明することも容易だったでしょう。しかし、あえて「白浄信心の義」などというシンプルな表現を用いて解説している点に、私はとても趣深《おもむきぶか》いものを感じます。菩提心とは清らかな信心のことであり、それ以上でもそれ以下でもないのです。

（愛宕邦康）

菩提

菩提は身を以て得べからず　心を以て得べからず　何を以ての故に　身は無智の故に　心は如幻の故に　是くの如く正知するを菩提を得と名づく（雑問答一七）

【悟りは、身体で得るものでも、心で得るものでもない。なぜならば、身体には智慧がなく、心は幻のようなものだからである。このことを正しく知ってこそ悟りが得られる】

◉**バランス**　私たちは心と体のバランスが崩れると病気になることがあります。ストレスが原因で心の病気になる人もいれば、同じストレスが体の病気の原因になる人もいます。最近の研究では、とにもかくにも日々の生活の中で、できるだけストレスを溜めないことが必要だと報告されています。「ストレスは万病の元」、しかし今や私たちはストレス社会に生きているといっても過言ではないでしょう。

近年の新型コロナウイルス感染拡大によって生活が困窮したり、廃業や倒産により職を失ったり、学業を続けることができなくなったりといった話をよく聞きます。更に色々なハラスメントの話が増えてきているように思うのは気のせいでしょうか。

ワクチン接種が進み、重症化する方が少なくなることで、医療の逼迫が少し緩和されるなど、少しは明るい兆しが見えてきたとはいえ、いつ果てるとも言えない戦いの日々に私たちは晒されていると言えるのではないでしょうか。でも、この現状を嘆いているばかりでは前に進むことはできません。これから先を見据えて、今から準備をしましょう。そのために必要なことは何でしょうか。

私は、バランスだと思っています。この明言に、「菩提は身を以て得べからず　心を以て得べからず」とあるように、心と体どちらかだけが整っていてもそれは不十分であり、両方の健康が必要だと思うからです。

数年後自分がどうなっているのかを想像し、あるいは予測し、目標を定める。今はできないことでも数年後にできるように自身を鍛えていかなければなりません。自身のルーティーンを確立させて、それを日々のくらしに組み入れる。そうすることで私たちは生きていくことができると思っています。体が元気だと心も軽くなります。今はなりたい自分になるための準備をする期間と思って、今後も自分のできることをしていけたらと思っています。

（中村光観）

この菩提心　何を以てか体とし性とし　何を以てかそれ用とするや　不可得は是れ体　清浄照は是れ性　大慈大悲は是れ用なり（雑問答一九）

【悟りの本体と性質と働きとはいかなるものか。それは不思議が本体であり、清らかに照らすことが性質であり、慈悲が働きである】

◉みんなで幸せになる宣言　家庭や学校、職場における人間関係のトラブルもなく、経済的にも恵まれ仕事も学業もすべてが順調、さらに食事も美味しく夜もぐっすりと眠れる健康的な充実した毎日を過ごす。誰もがそうした日々を願っています。

四国遍路では、各札所で発菩提心真言の「おんぼうじしったぼだはだやみ」をイキイキと力強い声で唱えると不思議と身も心も軽くなって明るくなります。特に四国は、阿波（徳島県）、土佐（高知県）、伊予（愛媛県）、讃岐（香川県）それぞれが発心、修行、菩提、涅槃という菩薩様の修行階梯とされています。まず、悟りたいと心から願います。次に、修行して悟りとは何かを知り、最後は悟りを得て心がおだやかになって生きとし生けるものすべての幸せを願います。

なぜ「四苦八苦」するのでしょうか。悟りの本体と性質と働きとは何でしょうか。悟り（幸せ）とは、慈悲を根本とし他を慈しみ（照らし）、その照り返しによって自分も一緒に輝く生き方、相互に慈しみ合う心を大切にすることなのかもしれません。

以前、足摺岬のお寺を目指し早朝から歩き遍路したことがあります。途中、一匹のトンボが道案内してくれました。休憩するたびに錫杖の先に止まり、歩きはじめると相棒のように横に並び一緒に先を目指しました。そのとき「発菩提心真言」を無意識に唱えていることに気づきました。

菩提心とは一体何でしょうか。それは、直接目で見ることも触れることもできませんが、お互いの心と心に伝わり届く「やすらぎ」のようなものだと思います。見返りを求めることなく他の誰かのために何かできることを素直な気持ちでおこなう、感謝の心で「互いに支え合ってみんなの幸せを願うこと」、そのように感じます。それは、みんなで一緒に幸せを目指そう、ともに悟りの岸へ渡ろう、「みんなで幸せになる宣言」です。またあの相棒に逢いに四国を訪ねたいです。

（雨宮光啓）

不可得とは是れ菩提なり　不可得と覚るをば即ち仏菩提の義と云うなり（雑問答二〇）

【認識されないことが悟りである。不思議な作用を知ることが仏である】

◉価値観が大きく変わることが悟り　仏教説話に「欲深い長者と便所掃除の女」があります。清らかな心を持つ者は仏となるという話です。

昔、インドに大金持ちの長者の屋敷で糞尿を始末する便所掃除の女がいました。ある日、お釈迦さまは便所掃除の女に「どんなに衣服が汚れていようとも、心も汚れているとは限らない。あなたは清らかな心を持っている。私の説法を聴いて修行しなさい」と教えを説き聞かせました。もともと清らかな心を持っていた便所掃除の女は、修行の階段をよどみなく歩き、悟りを開きました。お釈迦さまの教えに触れることにより、便所掃除の女は価値観を変えることができました。

また、四国八十八ヶ所霊場開創にまつわる衛門三郎の伝説があります。衛門三郎は伊予国の長者でしたが、欲深く民の人望も薄い人物でした。ある日、托鉢のため衛門三郎宅の門前に立っていた僧侶に腹を立てた衛門三郎は、僧侶が持っていた托鉢用の鉢を竹ほうきで割ってしまいました。その後、衛門三郎に不幸が続きました。八人いた衛門三郎の子どもたちが次々と亡くなってしまったのです。悲しみに打ちひしがれる衛門三郎の夢枕にお大師さまが立ち、托鉢に来ていた僧はお大師さまだったことに気がつきました。衛門三郎は自らの振る舞いが不幸を招いたことを知り、懺悔の気持ちからお大師さまにお詫びするため四国巡礼の旅に出ます。しかし、二十回巡礼してもお大師さまに会うことができず、逆順に巡礼していた途中で病に倒れます。衛門三郎は焼山寺（現在の四国八十八ヶ所霊場　第十二番札所）へ向かう山の中腹で死期が迫りつつあるときにお大師さまと出会うことができ、自らの罪を詫びることができました。衛門三郎はお大師さまと出会うことで価値観を見直すことができたのです。

仏教説話の便所掃除の女も、四国八十八ヶ所霊場開創にまつわる衛門三郎も、お釈迦さまやお大師さまによって価値観を大きく変えることができました。価値観を変えることが仏の作用であり悟りなのです。

（中村一善）

自心の外に菩提を求むる心を生ず　是くの如く求むる人はいずれの劫にか得ることあらん　故に知んぬ　心性は是れ菩提の性なり（雑問答二〇）

【心の外に悟りを求めようとするが、この求め方ではいつまでたっても悟りはほど遠い。心は悟りの種を発芽させる土壌である】

◉光明真言との出会い　救いをもとめる人はたいてい、その苦しみの素が外にあると思って、外側に手を伸ばします。もちろん、環境や他者が原因の多くを占めている場合も少なくありません。表層を変化させることによって解決する問題もあります。それでも本当に大切な課題については実際には、逃げず深層に触れることでしか解決できない場合が多いのです。それは現代社会を普通に生きていては易しいことではありませんが、この課題を解決できなければ、ふたたび来世に持ち越します。つまり「いずれの劫」にか解決できるかもわからないが……という消極的な言い方になります。

この句を積極的に生きるにはどうすればよいでしょうか。お大師さまは、外ではなく内に手を伸ばすことを勧めていらっしゃいます。両手を内に向かわせる、まずは形で表してみましょう。胸の中央に手を置いて、どこまでも深く入り込んでいくイメージを持ちます。両掌が身体の中にめりこんでいく、そんな感じです。そうすると、胸の前で合掌することが自然にできるようになってくるでしょう。形から入ることをためらわないでください。

ここまで来たら逃げの姿勢からはほど遠くなりますから、そのまま、身体と心を光で包むための光明真言をお唱えしてみましょう。

「オンアボキャベイ　ロシャノウ　マカボダラ　マニハンドマジンバラ　ハラバリタヤウン」。この音を自ら繰り返し発音していくうちに無心になってきたでしょうか。ただ一心にお唱えするのがご真言です。

これは自分の心から逃げることを止め、覚悟へと向かわせてくれます。それでいて優しく温かく人間を包んでくれます。すっぽりと自分の心の中に入り込むことができたとき、苦しみは苦しみのままですっと離れていってくれるのです。光明真言の読誦はそれを助けてくれます。

（佐藤妙泉）

心は幻の如し　求むれども得ず　是くの如く正知するを菩提を得と名づく

（雑問答二〇）

【心は幻のようである。心の所在を探しても得られないからである。このように正しく知ることが悟りである】

◉いのちの価値観　実体がないことの例えとして、私たち僧侶はよく玉ねぎの話をします。それは、中心にあるのであろう玉ねぎの実体を求めて一枚また一枚と最後までめくっていきますが、結局はその中に何も見つけることができないというものです。

正知する、つまり正しく知るとはこの世の全てが諸行無常であり諸法無我であることを自身の主観で感じ取ること、と私は思っております。わかりやすい表現に直すと、人それぞれが自然との繋がりを感じ、自然に愛されていて決して孤独ではないということを感得することでしょうか。人の一生はまるで水の滴のようなものです。大河からほんの一滴を取り上げてそれに名前を付けてみても、大河に戻してしまえばその存在はたちまち見えなくなります。でも、厳然としてその一滴はその大河の中に、そして自然の中に存在し続けるものです。

私は、この世の全てのモノはお互いを生かす役割を果たすために存在するので、究極の話としてこの自然界において意味のない存在はないと思っております。そして、この考え方を実践するとなると全ての生き物は平等となるため、当然ながら人間社会のあらゆる差別感覚もなくなると思います。ただし、個人的に好きか嫌いかという問題は依然としては残りますが、これはまた別の話です。

この約二年間、コロナ過において自分自身の存在意義にまで疑問を感じてネガティブな気持ちや差別意識に苛まれている人はとても多いと思います。だからこそ、改めて正しく生きることの意義を問い質し、シンプルに、そして素直に生きることで、生き物としての本来の生き方に気づくことができるのです。それこそが正しく知ることであり、正しく知ることで得られる悟り、つまり幸せとなるのです。私たちは自然の息吹やリズムを感じながらこの世に顕現し、日々育ち、育て、そして一つの役割を終え次の姿へと変化していくのです。

（山本海史）

菩提の体は不可得なり（真言二字義）

【悟りの真相は不思議なものである】

◉変われますか？　『種の起源』を著したダーウィンは「最も強い者が生き残るのではなく、最も賢い者が生き延びるのでもない。唯一、生き残ることが出来るのは、変化に対応できる者である」と遺しているそうです。歳をとるとだんだん頭も身体も固くなりますね。頑固になり、融通が利かなくなっていきます。でも、柔らかく柔らかく。畑の土と同じです。固いところに何も入ってこないし、固いところから何も生まれてきません。力を抜いて、リラックス、リラックス……。

「転石　苔付かず」には二つの意味があるようです。日本風に言えば、「じっくり腰を据えて取り組まないと〝苔（良いものの例え）〟が付かない」。逆に、「じっと動かないでいると〝苔（悪いものの例え）〟が付く」なら欧米風。両方大切でしょうか。情報の溢れる社会にあって、取捨選択の能力が人生を大きく左右します。

仏さまは不思議です。父と呼べば父となり、母と呼べば母となり、真理の世界から縁によって現れます。親となり子となり、男となり女となり、赤でも青でも黄にでもなって、その場その場必要に応じて自在に姿を変えて、私たちを救いに来てくださいます。敵となり味方となり、厳しくもあり優しくもあり、色んな姿をして私たちを供養し、私たちは仏さまに供養されているのです。人間の苦しみ醜さ弱さに合掌し供養しあっているのです。排除する方法ではないのです。何と尊いことでしょうか。

わたくしたちも仏さまのいのちをいただいているのなら、その場に応じた行動をしたいものです。動物とは違い、人は行動を選択する機会と自由をいただいています。一歩とどまって自分を見つめ、いま自分は何を言うのか……。浅はかな考えで徳を積むチャンスを逃してはいけません。但し、我慢は良いことではありません。ストレスは心身を蝕みます。難しいことですね。目の前にいただいた環境に感謝するのですが、そのためには一度真理の世界に帰ることが大切です。仏さまのいのちに帰るのです。本来の姿に一度帰ることで、どこへでも行くことができるのです。何にでもなれるのです。いつも心に手を合わせます。ゆったりと大きな呼吸をします。何にでも感謝をする、懺悔ができる。全てが一気に昇華転換していきますよ。

（阿形國明）

既に有無の境を絶す　即ち是れ不可得の理なり　是の理を即ち菩提と言うなり（真言二字義）

【有限とか無限という時空間を越えた不可思議な世界が悟りである】

◉不可得　悟りの世界を語ることは難しいです。お大師さまはそれを一言で「不可得」と言われています。不可得とは文字で見れば「得ることは出来ない」ということですから、そうなりますと、「悟り」は「得ることができない」ものとなってしまいます。悟り自体が得られないというのではなく、悟りというものは目に見えない不思議な世界であり、限定した考えなどを超越した世界であるという意味なのです。

お世話になったお坊さまが亡くなられた時のお話です。亡くなられたお坊さまは大変離れたところにお住まいでした。すぐに会いに行ける距離ではありませんでした。そのお坊さまは自分が亡くなることを事前に察し、お葬式の内容や呼ぶお坊さまたちの配役まで決めておられたのです。そして、残念ながら亡くなられたのですが、その時に配役としてあてられていたお坊さまたちは、みんな不思議と来ることができるスケジュールとなっていたのです。一日でもずれていたら、色々なことが重なり、来ることを断念せざるを得ませんでした。そうして有縁の方々がお通夜に集まりますと、葬儀の内容や配役がすべて亡くなったお坊さまによって指示されており、指名されていたお坊さまだけが丁度集まっていたのでした。

この事実を、お導師をお勤めになられたお坊さまは「不可得」だといって私たちに諭して下さいました。仏さまの力でも加わらなければ、絶対に出来るはずがない、お引き合わせとしか思えない状況を目の当たりにしたのでした。私自身も、訃報を聞いた際、絶対に伺いたいと思いつつ、学校の校務でどうしても抜けることができない状況でした。半分諦めていたのですが、驚くことが起きました。その数日前から少しずつ、インフルエンザで欠席する生徒が出ていたのですが、訃報を聞いた当日、インフルエンザに罹った人数が急激に増え、休校となったのです。そして何の気兼ねもなく葬儀に向かうことができたのです。

「不可得」な世界は必ずあるのです。

（富田向真）

出世間心とは是れ何の心ぞや　答う　大菩提心を謂うなり（真言二字義）

【俗世間から離れる心そのものが悟りである】

◉あしたはどっちだ　親のいない孤児の矢吹丈は東京山谷のドヤ街に流れ着き、鬼姫会のならず者をのして進退窮まったところ、拳闘狂の丹下段平に助けられ、段平の指導によりボクシングを始めることに。ところがジョーは至って不真面目。段平からなけなしの契約金をむしり取り、ドヤ街のガキ連を従えて、パチンコ、当たり屋、盗品捌き、挙句の果ては福祉詐欺で捕まって鑑別所から少年院送りとなります。それでも段平は見捨てません。葉書に小さな字でボクシングの基本を書いて通信教育。自暴自棄の丈にあしたのための道を示し続けます。針穴からの光のようなその一筋の道に、ついにジョーはしがみついたのでした。

あしたのために……、あしたのために……、それまで有象無象をぼんやりと眺めるようだったジョーの眼は、そこにはない別のものを見るようになります。先を行く強きライバルたちを追いかけ、輝かしいリングへと続く真っ直ぐな道を、真剣に進み始めたのです。段平のおっさんが、少年院の仲間が、ドヤ街の連中や子供たちが、みんながジョーを応援し、そして自らもそれぞれ自分の道を前に進もうとします。吹き溜まりのようだった世間から、道を見出して、心奮い立たせ一歩足を踏み出す、これこそが発菩提心ということなのです。発心すれば即ち至る、一度は破り刻んで捨てた「あしたのため」の葉書を拾い集め、見出したその道はジョーを大きく変えました。あしたとはジョーにとって自ら為すべきことの道標であり、あしたの道の先にあるのは真っ白に燃え尽きた世界、仏教ではこれを涅槃といいます。

世界最強のチャンピオン、ホセ・メンドーサとのタイトルマッチ。ジョーや段平セコンドの西、そして武道館に集まった人々みんなで視線を上げて上空を望む一場面、それぞれの顔が輝いて見えます。

（テレビシリーズ予告編の丹下段平になぞらえて）さぁ！　世間に流されて、泡沫のようなものごとを追い求め、三界の巷を堂々巡りしている俺たちの、あしたはどっちだ！

（佐伯隆快）

大菩提心とは何を以てか体性とし　何を以てか用とするや　答う　不可得は是れ体　清浄照は是れ性　慈悲は是れ用なり（真言二字義）

【悟りの本体やその働きは何か。それは、特定されないことが本体であり、清らかな光明が性質であり、慈愛がその働きである】

◉愛のかたち　自坊近くの古い街道沿いにお地蔵さまがあります。文化年間の銘が台座に刻まれ、石垣が積まれた小高い場所に静かに座っておられます。その徳を慕ってか、お地蔵さまを取り囲むように幾つかのお墓が佇んでいます。街道は通学路でもあり、私も小さいころから毎日のように歩いてきました。大人になった今でも散歩やサイクリングで通るおなじみの道です。

数年前から、そんなお地蔵さまを掃除させていただく役目となりました。共同で管理されてきたご近所のグループの皆さんが高齢となり、私の寺で管理することになったのです。幼い頃から目にしてきたお地蔵さまを、お正月やお盆、お彼岸の前に掃除するのは何か新鮮な感じがして、「お地蔵さま、いつも見守ってくださってありがとう」と心の中でつぶやいてからお掃除するのを楽しみにしています。先日お掃除をはじめようとすると、お地蔵さまの赤い前掛けの下に土でできた蜂の巣があるのに気づきました。ここは蜂さんにとっては居心地いいのかな、申し訳ないなと思いながら取り除いていくと、蜂は既に巣におらず空っぽの状態でした。巣は高いところに作られていたので、お地蔵さんを抱っこするような体勢で慎重に掃除していきます。ふとその時、お地蔵さまから「ありがとう」という声が聞こえたような気がしました。はっとして振り返ると、近所のお馴染みの檀家さんが「ありがとう、掃除してくれてたんやな」とにこやかに声をかけてくれました。その檀家さんも一緒に掃除を手伝ってくれて、思いがけず早く掃除を済ませることができました。

お地蔵さまの声はきっと、気のせいではなかったのでしょう。地蔵菩薩さまは子供たちの守護者ともいわれます。私たちを見つめるまなざしは、まさに親がわが子を見守るような、見返りを求めない本当の愛のかたち。菩薩さまとして人々を慈愛で包み込んでくださっているお地蔵さまに、檀家さんや地域の人がみな親しみと敬愛の念を持っていることが感じられた、そんな秋のお彼岸の一日でした。

（曽我部大和）

菩薩

妙法蓮華とはこれすなわち観自在王の密号なり　すなわちこの仏を無量寿と名づく　もし浄妙国土に於ては成仏の身を現じ　雑染五濁の世界に住せばすなわち観自在菩薩たり（法華経開題　開示）

【経題の妙法蓮華とは観自在菩薩のことであり、無量寿如来ともいう。悟りの世界では仏の位であるが、この世では観音菩薩の姿になって活動なされている】

◉清らかな心　冒頭に挙げた一文は、代表的な大乗仏教の経典の一つである『妙法蓮華経』（略称『法華経』）のタイトルを解説した『法華経開題』の一節です。

弘法大師は、『妙法蓮華経』は観自在王如来の悟りの境地を説明した経典であると述べておられます。観自在王如来は、西方極楽浄土（浄妙国土）の主として知られる無量寿如来とも呼ばれる阿弥陀如来の別名です。密教の曼荼羅の中では、阿弥陀如来は定印を結び深い瞑想に入って、真理について自由自在に観察しておられます。そのため「観自在王」と呼ばれるのです。そして、阿弥陀如来が、われわれが住む俗世界で衆生を救済なさる際には、観自在菩薩すなわち「観音さま」の姿になって現れると、弘法大師はおっしゃっています。

観音さまのさまざまな功徳を説いた『観音経』（『妙法法華経』「普門品」）では、観音さまは、観世音菩薩と呼ばれ、人々の悩みや助けの声（世音）を聞き分け、素早く救いの手を差し伸べてくださると説かれています。

いっぽう密教では、観音さまはもっぱら観自在菩薩の名前で呼ばれます。曼荼羅に描かれる観音さまのお姿に注目すると、手にハス（蓮華）の花を持っていて、その花をじっと見つめておられます。ハスの花は、池や沼の泥の中に育ちますが、その花は、決して泥に汚されることなくいつも清らかです。それと同じように、われわれ人間は、欲望や怒りなどの煩悩が渦巻く俗世界（濁世）に生きていながら、本来的に、善行を喜び、他人を思いやる清らかな心を具えています。観音さまはハスの花を見つめながら、一人ひとりの人間が、本来は清らかな存在であり、皆が平等に尊いことを、慈悲の眼差しでもって自在に観察しておられるのです。

私たちは、自分の清らかな心に気付き、それを大きく育ててゆかなければなりません。

（川崎一洸）

菩薩は一切の法に生を見ず　死を見ず　彼此を見ず　尽虚空界ないし十方合して一相とす（一切経開題）

【菩薩は、すべての存在に生まれることも死ぬことも、双方の対立もなく、全世界を一丸として把握されている】

◉別々のもの同士にある共通点　「彼此」とは、「彼」は川を挟んだ向こう側の岸「彼岸」であり悟りの境地を指し、「此」はこちら側の岸「此岸」であり迷いある私たちの世界を指します。さて、悟りとは、迷いや苦しみがあるからこそ認識されるものです。仮にこの世に迷いも苦しみもなく悟りのみがあるなら、それが当たり前の状態であるのでわざわざ「悟り」という認識は持たないでしょう。迷い苦しみとは、悟りを認識するための絶対条件でもあるのです。

また、生と死は、これまた反対の言葉でありますが、生も死も、自分の意志で操作できるものではありません。仏教用語で「生死」といえば、「人力ではどうにもならない苦しみ」という意味で用いられます。また生がなければ死もなく、死がなければ生という認識もないでしょう。生と死を語るには、そのどちらか一方を欠いてはならないのです。

例えば「AとBは同じものだ」というと、同じものだと言いながらその言葉の中にはAとBは別のものだという認識があるから生じる発想なのです。このように、ものごとを認識するためには反するものや別のものの存在を双方とも肯定しなければなりません。「男」と「女」というと別のものとして区別できますが、これを一つに「人間」といってしまえばそこに区別がなくなるようなものです。

菩薩というと、悟りの成就を目指して勇猛に精進する者のことでありますので広い意味では仏道修行者はすべて菩薩です。なかんずく観音菩薩や地蔵菩薩など仏様としての菩薩は、既に悟りの境地にある仏様が迷いのある世界に目線を向けて、私たちを導くために彼岸に留まらず此岸で活動される姿を示されているのです。その様な仏様の活動の視線では、宇宙の十方（東西南北とその間を入れた八方と天地を合わせた十方向）全ての現象の区別を認めつつ、その万物は根底で繋がっている一つの相（すがた）として見えているのでしょう。

（大瀧清延）

菩薩は利生の為に縁に随って化して尊となる（宗秘論）

【菩薩は他人のために働き、縁ある人々を教化していく。だから尊者である】

◉一本の小さなヒューズ　私は北海道の小さな仏教幼稚園に務めて約二十年になりますが、二十代の頃年長児童の担任をしていた時のことです。

幼稚園の一大イベントである運動会の開催当日。早朝から雲ひとつない快晴です。ほどなく開始される開会式に向けて放送席のテントで最後に音響設備のチェックをしていました。野外用のアンプとマイクの電源を入れました。しかし電源が入っているにもかかわらず何故か音楽もマイクも鳴りません。会場となるグラウンドには意気揚々と園児のほかご家族や地域の来賓の方が続々と集まってきています。行進曲の音、挨拶や進行のマイク。スピーカーから音が出ないのでは話になりません。頭が真っ白になったその時、保護者のひとりが異変に気づき様子を見に来てくれました。機材を見るとすかさず踵をかえし、自宅から一本の小さなヒューズを持ってきてくれました。

どうやら機材に内蔵されているヒューズが切れていたというのです。まさに地獄に仏で、無事にスピーカーから開会式の行進曲が流れました。

困っているのではないか。他の人を見て、実際に身を寄せ、助け（られ）ること。あなたにもそのような経験はないでしょうか。菩薩とは仏道を求め他人を救済し、さとらせる者。日々の縁や環境により菩薩と出会い、救われ、教えられるものです。そう菩薩は実は身近にいるものだと実感します。

さて菩薩とは仏になる前の衆生であり、そのあり方には菩提（上）を求めるあり方を「上求菩提」、衆生（下）に向かって教化し救済するあり方を「下化衆生」と呼びます。お大師さまの教えの重点にこの「下化衆生」があります。自利行である菩提を求め向上するあり方で終わることなく、利他行としてあらゆる者・衆生を利益する行いこそ菩薩の実践行だからです。

困っている人を助け、役に立ちたいと願い、実行する。そしてその智慧や実行する姿が世の中に広がってゆく。そんな行動がすばやくできる人はまさに菩薩なのです。それは私にもあなたにもできる「菩薩」の「利生（利益衆生）」ではないでしょうか。

（伊藤聖健）

第二章

ほんらい

心王は猶し池水の性の本より清浄なるが如く　心数《しんず》の浄除は猶し客塵《かくじん》の性浄なるが如し（宝鑰第七／十住心第七）

【心は池の水のように清浄である。数々の煩悩を除くということは、浮いている汚れを取り払うことである】

◉水の免罪　古代中国の戦国時代。七つの国が天下を争いましたが、最も強国だったのは、のちに天下を統一する秦《しん》の国でした。そのため隣国の韓《かん》は、常に秦からの進攻に怯えており、鄭国《ていこく》という名のスパイを秦の国へと送り込みます。

彼は表向き水利技術者でしたので、秦王に大規模な灌漑工事を勧め、莫大な資財を投じさせ、秦の疲弊を画策しますが、この陰謀は露見し、反逆者として死罪を申しつけられてしまいました。しかし、いつしか工事に熱中し、民の暮らしを豊かにすることを夢見た鄭国は「工事はこの国に利益をもたらす」と必死の説得をし、言葉を信じた秦王も工事の続行を許可します。そして工事が完成した時、彼の言葉通り、荒地は豊かな農地に変わり、秦の天下統一の布石となり、鄭国も罪を赦されました。

最初の動機が策謀に満ちた邪なものであっても、一心不乱に工事に打ち込み、民を豊かにするという、鄭国の良い意味での変節が、結果彼の命を救うこととなりました。

仏さまのように心に一点の曇りもなく、生涯を送ることができれば、それが理想です。しかし生きていれば、なかなかそうもいきません。大切なのは自分の心が完璧であると錯覚せず、水に浮かぶほんの少しの汚れを、無きものと判断しないことだと思います。清浄な水に浮かぶ汚れが、ほんのひとかけらのうちなら、気づきやすいかもしれません。ですが、これが積み重なって汚物にまみれてしまえば、本来、そこが清浄な場所であったことにも、気づかなくなってしまいます。

弱肉強食の戦国の世で、鄭国が純粋さを求めて方針転換することは、勇気のいることだったと思います。しかし、その純粋さ、いや水を求める純水さでしょうか、最初の一塵をすくい上げ、深い汚泥の、権謀術数の世から解き放れた彼は、生きながらに仏さまの世界を垣間見ることができたのではないでしょうか。


（穐月隆彦）

清浄

一道無為住心の所説の法門は　是れ観自在菩薩の三摩地門《さんまじもん》なり　ゆえに観自在菩薩の手に蓮華を執って　一切衆生の身心の中に本来清浄の理あることを表す（十住心第八）

【第八番目の一道無為住心は、天台宗が説く法華経の境地で、相対的な対立を離れ、空を越えた片寄りのない観音菩薩の境地である。観音は蓮華で象徴され、すべての衆生はもとより清浄であることを諭している】

◉欲の定期健診　「一道無為住心」は「如実知自心」ともいわれます。本来人間は「自性清浄」で、そのこころは蓮華のように清浄であることを知ることが仏となる第一歩であるとお大師さまはいわれます。人間のこころは移り気で捉えようがないのですが、「真の自らのこころを知ること」がなぜ仏となる第一歩なのでしょうか。

ひとは眼、耳、鼻、舌、身（皮膚など）という仏教用語で五根といわれる感覚器官で、それぞれ色、声（音）、香、味、触（触覚）を認識し、「意《こころ》」（意識）に伝えます。それをもとに「意」は「法」（知覚）を認識します。その「法」をどのように使い、思慮分別するかはこころのなかの「欲」次第です。欲というと悪いもののように感じますが、欲はこころの血液のようなもので、本来こころより流れ出る欲は清浄ですが、こころに「執着」という菌が入ると「小欲」という悪玉に変わり、人間は「移り気」を発症します。小欲とは欲が少ないということではなく自我の欲です。執着が迷いを生み、本来清浄であるはずのこころが怒りやむさぼりのこころを起こす小欲に変わり、煩悩を生み、その煩悩が新たな煩悩を生み出し、こころを埋め尽くし苦しみます。一方清浄なこころを保てれば、欲は「大欲」という善玉のままです。大欲とは自他へだてのない欲で、煩悩をも善玉に変える力を持ちます。大欲のままで煩悩を育めば、効率よく煩悩が消費されてエネルギーとなり、こころに余裕が生まれます。余裕があるからこそ、こころのなかに大きなエネルギーをため込むことができて、さとりの糧となります。

誰でも仏になれると説く法華経は、法の華《はな》と書きます。泥水に咲く蓮華の白い花は、泥に染まらず清浄そのもので、観音は蓮華を胸元で持っています。それは清浄心こそがさとりの本質であることの証明です。すでに持ち合わせている清浄なこころで生活することは、持続可能な「こころのＳＤＧｓ」といえます。

（中村光教）

無明三毒の泥中に沈淪し　六趣四生の垢穢に往来すと雖も　染せず垢せざること猶し蓮華の如し　是れ本来清浄の理なり（十住心第八）

【無明にして煩悩の泥に沈み、苦悩に満ちた人生を歩んでいても、悪に染まらないことは蓮華のようである。本来が清浄だからである】

◉懺悔を通して　よく愚痴や弱音や不平不満を口にしてはいけないと言わます。人が仏として歩む為の戒めとして十善戒というものがあります。

身体の働き、つまり行動の戒めとしての不殺生・不偸盗・不邪淫の三つ。口の働き、つまり言葉の戒めである不妄語・不綺語・不悪口・不両舌の四つ。心の働き、意志、意識を戒める不慳貪・不瞋恚・不邪見の三つ。これらを合わせて十の戒めです。

そのうち口の戒めが他の身体と心の戒めと比べて一つ多い四つあるということから、言葉の扱いがどれだけ大切かを示していると思います。やはり、人前では愚痴や弱音を吐くことは極力控えた方が良いでしょう。

しかし、日々の暮らしの中でどうしても不満や不安がつのり、ついつい言葉に出やすくなります。それを我慢することでストレスが溜まり、ついには体調を崩すこともあるでしょう。では、それを防ぐにはどうすれば良いのでしょうか。

それは人前ではなく、お大師様、その他仏様の御宝前にて吐き出してみることです。「仏様の前で愚痴や不平不満や弱音を吐くだなんて、何て罰当たりだ」と、驚かれるかもしれませんが、考えてみて下さい。仏様は常に我々に寄り添い見守って下さっています。ですから皆様の日頃の行動や言動や想いをしっかりとごらんになっておられるのです。お見通しなので、既にどんなことで悩み、不満を抱いているか等はご承知なのです。

つまり、大切なのは、いまの自分自身を素直な心でしっかりと見つめ直すことです。そして心に積もり積もった余計な荷物を下ろしていくことが肝心なのです。

私は懺悔とは、御仏の御宝前にてありのままの自心をさらけ出し、自らの罪や過ちを見つめ直すことであり、同時に余計な我欲を払い、本来清浄なる自心を取り戻すことだと思います。

（成松昇紀）

明鏡瑩《みが》いて浄ければ　妍蚩《けんし》の像これに現じ　清水澄み湛《たた》うれば大小の相《かたち》これに影《うつ》る（宝鑰第四）

【鏡を磨いて綺麗にすれば、美醜すべてがそのままに映される。水が清らかに澄めば、大小の姿がそのままに影を落とす】

◉鏡よ鏡　タイトルから想像できる『白雪姫』の話は、一度は読んだり見たことがあるかと存じます。この名言を見て瞬時に、「そのままではないか？」と私の頭に浮かびました。この話を絵本や童話で知ることが多いと思いますが、本当は強烈に奥深いものでございます。

昨今、海外の心理捜査官などはこの鏡を実に巧みに扱いながら、難事件を数多く解決している事例もございます。彼らはいつもその鋭い眼差しを磨くことを惜しまず、常に冷静に判断し、相手の嘘を見抜いていくのです。彼らの多くはその人の癖を観察します。そして最も注目しているのが「眼球や表情筋」でございます。

皆さまも一度は聞いたことがあるかもしれませんが、「目は心の窓」と表現されることが古今東西多いのです。まさしく「目が物語る」と、彼らは口にいたします。その証拠となる映像などを拝見いたしますと、本当に一秒にも満たない細かな眼球の動きにそれが如実に出ているのでございます。

また有名な女優の方が最近メディアで、たくさんの役者の出演作品を見て勉強することが多い、という非常に興味深い話をしておりました。その時に注目するのが（やはり）「目」。「どんなに巧みな演技をしていても、目だけは嘘をつかないし、つけないですね。だから私は常に目を見つめます。自分が演技する時も、相手の目を見つめます」と大女優になった今も、謙虚に勤勉にされていることを知りました。

余談ですが、芸能や古典芸能と呼ばれる世界は本当に「宗教の世界」に酷似していることが多く、例えば師弟関係や専門用語などは宗教より生まれた証拠でもございます。この女優の方は常に初心を忘れず勤勉であり、心善い人格者でもあられます。まさしく芸能の世界で心を磨く修行者でもあると、彼女を見る度に感じることがございます。そんな彼女の言葉はまさに「鏡よ鏡」で、「そこにそのまま真実が映し出されている」ということを時空を超えて伝えているのだと感じております。

（伊藤貴臣）

一心は本より湛然として澄めり（宝鑰第七）

【心の根源はもともと静かに澄みわたっている】

◉花からの面授　令和三年の夏、北国では珍しいほどの猛暑に加え、雨の降らない日が二週間ほどつづきました。この日照りであっても喜んだのが蓮の花です。大阪府泉南郡岬町の友人から、この春に贈られてきたレンコンを鉢に植えて育て、花が咲いた時のお話です。

初夏を過ぎたころ、水面に小さく円形の葉を浮かせ、続いて元気よく立ち葉が伸び、葉を大きく広げて次々と繁らせました。次に蕾が顔を出し、気がつけば親指の先ほどの蕾をつけた茎が五十センチ程に伸びてきました。日毎にふくよかになり、開花が近づくにつれて、さて一体どのような花が咲いてくれるのかなぁと、今か今かと待ち遠しく心を弾ませました。

七月十三日、早朝。陽を浴びつつ、蕾の先が指一本入るぐらいに開きました。開花前兆と思われます。そして翌早朝の四時半ころ、イスに腰かけて蓮の鉢植えの前に陣取り、観察です。蓮は少しずつ東から力強い陽を浴びます。私は辛抱強く観察して、肉眼でとらえられないながらも、花びらが内から外へと開く証があることに気がつきました。花びらが一枚ずつ開こうとすると、風も無いのに蕾が揺れるのです。まるで「開きますよ！」と意志を表しているかのようです。一枚ずつ花弁を開かせるごとにかすかに揺れるのです。何度もユラユラと揺れる動きをくり返します。ついに朝五時二十分ごろ、最後まで堅く閉じていた蕾の先が、一瞬の間と溜めをつくります。その刹那、「パッ」と中心を開かせました。この溜めの「静」から、勢いのある開花の「動」への変化の瞬間を目の当たりにした時、大自然の恵とそして、その尊さを訴えかけられた気が致しました。

中心の花托からは甘い香りがただよい、青空の下、陽の光で清らかに咲き続ける姿が愛おしく感じ、時を忘れてながめていました。ふと「あなたの心にこそ、このお花を咲かせましょうね」と蓮の花に諭された気がします。ご縁という巡り合わせで仏さまのご勝縁に感謝の手を合わさずにいられません。心に清らかな蓮の花が咲いたことでしょう。

（阿部真秀）

自性清浄法性を得たまえる如来とは観自在王如来の異名なり　すなわちこの仏を無量寿仏と名づく　もし浄妙国土において成仏の身を現じ　雑染五濁の世界に住せばすなわち観自在菩薩となる（法華経開題　重円）

【本来清浄を悟る如来とは、観自在王如来の別名であり、この仏を無量寿仏ともいう。悟りの世界では仏の位にあるが、煩悩に渦巻くこの世では観自在菩薩として救済活動をされている】

◉観音様はいずこにおわす　「観音様の功徳がよく分かるような大人向けの絵本を作ろうと思うんだよ」。出会った頃の師僧は楽しそうな口ぶりでよくそんなことを仰っていました。有言実行、数年の後に完成したその本は、絵と文字が半々という取っ付きやすさ故か、お寺に来られた方々が買い取っていかれる一番の売れ筋となりました。折々には観音経といって観音様を拝む功徳を説くお経を読誦しているものの、単に字面を追っているだけで意味を理解してはいませんでしたが、冒頭の師の言葉が観音様に興味を持つきっかけとなりました。

観音様は「観自在菩薩」の一般的な呼び名です。自在という名が示す通り、有形無形を問わず様々なお姿をとって人々を救済するという誓いをたてられた仏様です。千手観音様や馬頭観音様という風に観音とつく仏様の多さをみても、その変幻自在な様子は明らかでしょう。柔らかで優しげな表情が人に安心感を抱かせるのか、日本に現存する最古の説話集である日本霊異記《にほんりょういき》にも観音様を拝む功徳を称える説話が散見され、奈良時代の末期にはすでに観音信仰が世間に広まっていたことがみて取れます。

このように古今を問わず人気の観音様ですが、すでに悟りをお開きになった阿弥陀如来様があえて、衆生を救うために菩薩、すなわち悟りを求め修行する者として現世に姿を現しているとされています。

この如来と菩薩の関係性は私たちにも当てはまるように感じます。私たちは大日如来様という宇宙の根源より悟りの種を託されており、その種を芽吹かせ咲かせるために現世で修行しています。私たちも悟りを求めると同時に、人を救うことをのぞまれている菩薩なのです。人は一人で生きていくことは出来ません。今まで差し伸べられてきた多くの優しさは、それ即ち菩薩の慈悲に相違ありません。今度はあなたが誰かにとっての観音様となってみませんか。

（髙田堯友）

諸の妄想なくば唯心清浄なり（一切経開題）

【妄想を起こさなければ心は平安である】

◉自分を知り他人を認める大切さ

よく耳にする言葉に「最近の若い者は……」というものがあります。その言葉を発するのは得てして高齢の方が多いようです。私はなぜこのような言葉を発するのか、その言葉の奥には何があるのかを考察したことがあります。

「最近の若い者は……」の「……」の部分が、若い者を肯定したり誉めたりする内容でしたら気持ちよく聞くことができます。しかし否定的であったり、貶《おとし》めるような内容であったりしたらどうでしょう？　聞いている者も不快に感じてしまうでしょう。そもそも「若い者」というのは誰のことでしょう？　それはその言葉を発した高齢の方の息子・孫の世代にあたります。ひいては自分の息子や孫を否定・貶めることを言っていることになります。そのような発言になる根本的な理由が親の育て方・教育の仕方にあるからです。しかしそれに気づかずにそういった言葉を口にしています。そして最も重要なことですが、時代が経つにつれて生き方や生活様式も変わっているということです。

結局、何が言いたいのかというと、否定的な言葉を発する方たちは時代の流れについて来られない、ということです。スマートフォンなどのような新しい技術や発明品がどんどんと現れてくる時代、生活スタイルが変わらない方がおかしいのです。それについて来られない方たちが自分たちの過去の栄光と今の時代とを比較して、時代についていけない自分を認めることができず、自分自身を肯定するかのように発する言葉が「最近の若い者は」という否定的な言葉になるのです。

ある意味で、自分自身の中にある一つの妄想に閉じこもっているともいえます。自分自身とはどのような人物なのか、年齢はいくつで、今はどのようにして生きているか、といったことを知れば、現状を認め、妄想から離れることができるでしょう。「今の若い者」に対する認識と許容も生まれるはずです。「最近の若い者」=「新しい世代」=「現代を担う世代」=「自分たちが作り上げた時代をさらに飛躍させてくれる世代」だと私は回答したいと思います。

（千葉堯温）

心性は清浄なり　是れ即ち菩提なるが故に（雑問答二〇）

【心の性質は清らかである。心によって悟るからである】

◉みえるもの

この世界は素晴らしい風景であふれています。空を流れる雲も、風にそよぐ木々も、大地を走る水も。自然が織りなすその姿は、時に心を癒し、何かを感じさせてくれます。しかし、この風景はだれの目にも同じように映っているのだろうか？　そんなことを考えたことはありますか。私の目に映っている景色は、あなたの目にも同じように映っているのでしょうか。

子供のころに夢中になったものに「だまし絵」というものがありました。その絵は若い女性が後ろを向いている姿に見えるのですが、ある人にとっては老婆が横を向いている姿に映ります。同じ絵を見ているのに、見え方が違うのです。私の目に映っている絵と同じ絵なのに、私が見ている風景と違う景色を見ているのです。

この世の風景は人それぞれに映っているのでしょう。では、何がそうさせているか。

きっと、それは私たちの心というものの働きなのだと思います。心に余裕がある時には、自然の織りなす美しさにも気づくことができますが、心に余裕がない時には、自然の風景自体が目に映らないのかもしれません。目で見ていると思っているものは、実は心でとらえているのでしょう。

仏教では私たちの心には仏さまの心が最初から備わっていると説きます。誰しもが仏の子であり、仏さまの心を持ち合わせているのですが、それと共に欲望や自我といった人としての心も持ち合わせています。なので、本来清らかである心が曇ってしまう時があるのです。美しい光を放つ月が雲で覆われ、その光が届かず暗闇になってしまうように、仏さまの心を煩悩という雲で覆い隠し、本当の清らかな光に気づかない。

その曇りの元である欲望や自我を省みて、本来の尊い心に気がつき、その心で世界を見ることができれば、もっともっと素晴らしい世界を感じられるのかもしれません。目で見ている世界はあなたの心の様子で変わるのですから。あのだまし絵のように、苦しみの世界と映る時も、視点を変えると、もしかしたら違う姿が現れるかもしれません。何かで苦しい時、苦しさに目を向けるのではなく、深呼吸して違う見方を探してみましょう。きっとそこには違う景色が広がっています。

（岩崎宥全）

本有

如来の無碍知見は一切衆生の相続の中に在って　法爾に成就して欠減あること無し（十住心第十）

【如来の円満な智慧は、すべての衆生が生き続けている中にあって、的確に活用されていて欠点がない】

◉満月の美しさを伝える心　無碍知見とは、とらわれのない認識です。全てをあるがままに認識することだと考えます。私たちの深層意識の認識と考えます。

右のお大師さまの名言から、私たちの心は大日如来と同体であり、私たちの心の奥底にある深層意識も大日如来と全く同じであると理解します。

お大師さまは続けて、大日如来は無碍知見によって「全ての世界はもともと常に真理の世界であると明らかに知る」と著しています。私たちが生きている世界は大日如来の認識からはそのまま真理の世界であるから、私たちもこの世界に生きながら深層意識でそのまま真理の世界を認識できることになります。大日如来が別の世界で存在しているのではなく、私たちも大日如来であると理解します。

以下は、本書（第九巻）の拙稿「満月を美しいと思う心」（三四六ページ）の続きを書きます。

私たちは、満月を見て美しいと思って感動した時、満月が出ていることを誰かに伝えます。私たちの菩提心が二利（自利と利他）の性質を持っているからだと考えます。私たちは満月を美しいと思い、その感動を誰かに伝えて、誰かが同じように感動することに喜びを感じます。そして、その感動を互いに喜び合うことでさらに喜びを感じ合います。私は満月が出ていることを誰かに伝えることと他を悟らせる利他に違いはないと考えます。お大師さまは私たちを悟らせようと教えを説きます。私たちは教えに感動します。私は満月が出ていることを伝えることと同じだと考えます。

月はこの世界で輝いています。大日如来はあるがままに認識します。私たちの心は満月に感動します。感動した私たちの心は月と同じように輝きます。伝えた他者の心も同じように輝きます。お大師さまは、私たちが大日如来と全く同じ心を持って生きていると教えています。満月を美しいと思う心は、悟りを開く心と同じです。悟りを開いた心は大日如来と全く同じで満月輪となって輝きます。

（細川敬真）

一切衆生無始より来かた　皆本覚有って捨離する時無し（三教論上）

【すべての人々には悟りの可能性がある。だから捨て去ることができない】

◉先生、生命を語る　風とともに生きる人々の共同体「谷」で、族長の娘でありながら小さな学び舎を営む先生のもとに、ある日、古い友人が訪れました。

先生「お元気そうね。工場は順調かしら」

友人「ぼちぼちだよ。地層から発掘したエンジンを使えるように修理できるのは、うちだけだからね。君は先生をやってるんだって？　どんなことを教えているの？」

先生「今は旧文明の古文書をいくつか読み解いています。例えばこれを見て。『一切衆生には皆本覚有り』と読むそうです」

友人「へー、どういう意味なの？」

先生「私なりに解釈すると、個々の生命にはすべて、生命の普遍的な法則性が宿っているということかしら。例えば森は、一本一本の木に生命があると同時に、森全体が一つの生命なの。もし人間が木を伐りすぎて調和を崩すと、森は大きな犠牲を払ってそれを取り戻そうとする。まるでそれが一つの生き物であるかのように」
友人「分かるような気がするよ。僕もエンジンの修理をするたびに、いいエンジンってのは生態系のような、全体と調和した構造なんじゃないかって思ってるよ」
先生「個にして全。全にして個。ある偉大な蟲も言っていたわ」
友人「そういう生命の本質をみんな持っていて、捨てられないってことだね」
先生「私たちはこの世界で生きていく限り、生命の普遍的な法則性に逆らっては生きられないと私は思うの。だから、自分の内なる生態系に気付いて、それを理解することが必要なんじゃないかな。そのことを忘れてしまった旧文明は、あんなに高度なエンジンの技術を持っていたのに、結局自らを焼き滅ぼしてしまった。私たちがそうならないために、必要な智慧を伝えるのが私の役割だと思っています」
友人「なんだかすごいね。ってことは、この小さな木の実にも生命の法則が宿っているのか。パクッ。うーん、味は相変わらずだけど、長靴いっぱい食べたいよ」

（この文章はフィクションです）

（坂田光永）

無明住地に辺際なく　我慢の須弥《しゅみ》に頭頂《ずちょう》なしというと雖も　しかも一心の虚空は本よりこのかた常住にして不損不滅なり（吽字義）

【煩悩の数には限りがなく、慢心の高さにも頂点がない。しかし、悟りの世界は常に存在し、損なうことも減ることもない】

◉愛猫ミーちゃん　まだ時代は平成の頃、檀家のTさんがお盆に亡母の墓参りに行くと、水汲み場で一匹の子猫が駆け寄ってきました。その子猫は水汲みの間も、お墓参りの間も、Tさんを待つかのように後ろで居座り、お参りが終わって車に戻ろうとすると、自分の体よりも高い段差の階段を、懸命によじ登って追いかけてきます。「ここまでされたらしょうがないな」、Tさんはその子猫を拾って帰ることにしました。「それ何？」、Tさんの手のひらに乗るほど小さな動物を見て、奥さんは驚きました。顔は皺くちゃ、痩せて手足の細長い姿が異様に映り、すぐに猫とわからなかったのです。後日判明したそうですが、墓地内に居ついていた地域猫が、五匹でいたところを、残酷にもカラスの餌食になり、Tさんが持ち帰った子猫は、唯一難を逃れた生き残りでした。「恐い思いをしただろうに……」。食事はよく食べましたが、就寝中はTさんの脇の下に潜り込み震えていたそうです。Tさん家族は、子猫をミーちゃん（雌）と名付け、極度の怯え性になった彼女を受け入れ、理解を深めようと努められました。

私がTさん宅でのお盆参りの後、ミーちゃんは物陰に隠れ、酷く怯えている様子でした。私はこの度の名言が頭に浮かび、一見理解されにくい状況は動物も人も多く、それは際限のない煩悩が理解を遮る大きな要因なのではないか、と感じました。

俗に言う「ひきこもり」はいい言葉ではありません。好きでひきこもっている訳ではないからです。しかし外に出ていても、誰にも理解されず、否定され、尊厳を傷つけられ、心緒が外に出られなければ、それもまた似たような苦境です。その結果、自他のいのちに価値を見出せなくなれば、時に抑制が効かず傷害事件になりかねません。

Tさんは愛猫について、「ちゃんとわかってあげたら、ミーちゃんも私とボール遊びするようになったし、出来た事を褒めたら喜んでいるのもわかるし、ボールで私を喜ばせたい、という顔をするのもわかってくるんです」と語ります。このように煩悩にとらわれない損減ない理解があれば、彼女もさぞ安心したでしょう。

（村上慧照）

風水の龍その波瀾を動ずることを得ず　業転《ごうてん》の霧その赫日《かくじつ》を蔽《おお》うことあたわず（大日経開題　法界）

【風水を呼ぶ龍といえども、仏法の波及を止めることはできない。また、業の霧によって仏の光を覆うこともできない】

◉インドの仏教ルネサンス　仏教は今から二千六百年前にインドで生まれました。日本へは六世紀に仏教が伝来して以来、今日まで法の灯が受け継がれていますが、インドでは仏教は十三世紀にほぼ滅亡します。

しかし近代のインドで大規模な仏教復興運動が起きているのはご存知でしょうか。その中心となった人物がアンベードカルです。インドではガンディーと並ぶ偉人として尊敬されている人物です。最下層カースト出身ながらインドの初代法務大臣となり、インド憲法の草案者にもなりました。一九五六年十月、アンベードカルはカースト制度に苦しんでいた五十万もの不可触民の人々と共にヒンドゥー教から仏教へと改宗します。インドにおいて仏教徒が一定の社会的集団として復活したのです。しかしアンベードカルは改宗のわずか二か月後に『ブッダとそのダンマ』という著書を遺して他界、アンベードカルと共に改宗した仏教徒は心の拠り所を失ってしまいます。

そこへ夢のお告げに導かれるように現れたのが何と！ ひとりの日本人僧侶佐々井秀嶺さんです。四十年以上、一度も日本に帰国せず、アンベードカルの志を引き継いでインドの仏教徒と共に生き、不可触民と呼ばれる人々を救済するために仏教改宗運動を続けています。また、病院や孤児院の運営などの社会活動のほか、仏教遺跡の発掘、ブッダガヤの大菩提寺の管理権返還運動など、その活動は多岐にわたります。

アンベードカルが人々と共に改宗し、佐々井師が今も活躍する都市の名前は「ナーグプル」。日本語に直訳すると「龍の都」。龍は天気を制御する力を持ち、釈尊が禅定に入り悟りを開くときに降り続く雨からその身を守護したとも言われています。大きなインドのど真ん中で、高齢の日本人のお坊さんが一人でインドの仏教復興に励んでいると思うと、私の心が熱くなります。かの地において仏教が再び人々の心の拠り所となり、仏法と仏の光が仏教発祥の地に広がることを願ってやみません。（小西凉瑜）

本有

三部の諸尊宛然《えんぜん》としてしかも具し　三妄の衆障忽爾《こつに》として現ぜず　無量の福智求めざるに自ら備わり　無辺の通力営まざるに本より得たり（大日経開題　法界）

【諸仏には、必要なものがそのまま完備している。執着は少しもなく、福徳や智慧、勝れた能力が得られているから何も求めなくてもよい】

◉仏心は満月の如し　大乗仏教の教えに「一切衆生悉有仏性」とあります。人間はもちろん、生きとし生けるものは、全て仏性という仏になる可能性を持っています。

しかし仏性を自分自身で見ることはできません。それは私達には貪・瞋・痴の三毒という迷いの煩悩があるからです。この迷いに覆われているので見ることが難しいのです。本来備わっている仏性は覆っている迷いを除かないと見ることができません。

お大師様の説かれる真言密教の教えやものの見方に導かれて、私達は仏性の芽を吹かせ、煩悩を払い悟りの境地が開けられる様、自分自身の仏性を見つめてみたいもののです。

仏性は綺麗な満月に例えられます。その月を見たいと思うのですが、雲があり見え隠れします。時には覆い隠されてまったく見えないこともあります。しまいにはその雲が邪魔になってしまい、雲を払うことばかりに夢中になって月の存在自体意識から遠ざかってしまいます。

お大師様は自分自身の本来持っている綺麗な仏性の月を見るには、その月自体に座ることで見ることができると説いています。また「如実知自心」という密教の根本の教えを説かれ、自分の心を深く見つめてみることを示されています。

私達の心の本質は本来清浄無垢であります。

自分自身のありのままの心を見つめ本質を知ることができれば、本来持っている菩提心に目覚め、迷いや執らわれのない清らかな本来の心に近づくことができると言われています。心を知ることから始まり、教えが展開されていきます。

密教の教えによる法の実践を続けることで、徐々に自身の心を知り、自ら求めることもなく、自分に必要な徳や智慧は既に備わっていることに気がつくのです。

（天谷含光）

心王の大日は三身を孕んで円円のまた円　心数の曼荼は十地を超えて本有のまた本なり（大日経開題　衆生）

【心の王である大日如来は、すべての仏を含んでいて円満きわまりがない。ここは無数の諸尊が集まった無階級にして本来さながらの世界である】

◉**親ガチャ**　最近、「親ガチャ」という言葉が出てきました。これは、子供の立場からは親は選べず、運まかせのような意味を表します。昔は駄菓子屋にありましたガチャガチャに小銭を入れレバーを回し、何が出て来るか楽しみにしたものです。それが逆となって、今の境遇は生まれてきた親によって生じるものとして、諦めのような意味に使われます。

実際、世の中で起きている殺人事件の多くは身内や親子同士であります。最も身近と思われる家族の中にこそ、実は大きなストレスがあるといっても過言ではありません。自分が産んだ子供だから、自分の思い通りになるという思い過ごしもいけませんし、親のせいで辛い境遇にさせられたとも言い切れません。辛い境遇をはねのける人もいますし、恵まれていると思われる境遇でも、親子関係が健やかとは言い切れないのです。

実は親も子も独立した存在であるにもかかわらず、互いを期待しすぎて依存し過ぎると、その期待通りにならないことがストレスとなるのです。高校で生徒と過ごしていますと、このようなことが原因のトラブルはよくあります。子は親に反抗する。しかし、親は子を締め付けようと必死で、子が何を求めているかわからない。子はただ自分を信じて欲しいだけなのに、信じてもらえていないことへの反抗が関係を悪くしているのです。そういったことを冷静そして客観的に見れば、真実が見えてきます。

誰一人として無駄な存在はありませんし、それぞれの命を生かす方法が必ずあり、生きている意義も必ずあります。そんな大日如来の心を誰でも持っていることに気づけば、親のせいにしたり、子のせいにしたりすることはないのです。それぞれの境遇を生かして、命を輝かす方法が必ずあるはずです。とはいえ、冷静になるのは、やはり大人の方であり、真の大人となって子供に無限の仏を感じて接すれば、「親ガチャ」などとは言われないはずです。

（富田向真）

本有

心仏衆生は本性和同なること空と光との如し　無始無終にして断滅あること無し（大日経開題　大毘盧）

【心と仏と衆生は、空と光のように同一である。始めもなく、終わりもなく、途絶えてなくなることもない】

◉心の中にいらっしゃる仏様　現代の日本には数多くの寺院が存在しています。その数は実に七万以上にもなるといわれています。どのお寺にも必ず本堂があり、仏様がお祀りされています。また全国各地には様々な霊場が存在しています。こうした霊場を参拝する巡礼や遍路は古来より多くの人々により伝承され今日まで受け継がれてきました。

仏様というと、お寺にお祀りされている姿を想像される方もいらっしゃるかと思います。最もイメージしやすいのはお寺にお祀りされている姿かもしれませんが、仏様がいらっしゃる所というのは寺院だけではありません。至る所に遍満されているのです。私たちの中にも仏様はいらっしゃいます。

首題のお言葉はお大師さまが仏様と私たちの心について説かれたものです。心と仏と衆生は空と光のように同一であると仰っています。私たちの中にある心というものは、まさに仏様であるのです。

私は中学生の頃、剣道部に所属しておりました。当時の剣道部の監督の発案で、その年の冬に私の自坊に部員を集め、住職である父が護摩を修法して必勝祈願を行いました。本堂では護摩修法の間に部員全員で不動明王のご真言「ノウマクサンマンダバザラダンセンダンマカロシャダソワタヤウンタラタカンマン」と一心に唱え続けました。

多くの部員がお不動さまの真言を唱えるのが初めてで、最初は唱えるのに苦労していました。また寒さや正座による足の痛みに気を取られ、思うように唱えることが出来ませんでした。しかし次第に慣れてくると部員全員の息が合うようになりました。そして最後には寒さや足の痛みも忘れ、部員の心が一つに合わさったご真言が堂内に響き渡りました。私はこの瞬間、お不動さまと部員全員が一体になったのだと感じました。

（杉本政明）

本有

如来は正覚円満洞達するが故に大覚という　因縁所生の覚に非ず　是れ法然所得の覚なり（大日経開題　関以）

【如来は正しく円満な悟りに深く達しているから大覚という。原因や条件によって次第に得られた悟りではなく、もとからある悟りである】

◉仏に学ぶ暮らしを　空海さまの著述は、経典の一語一句の読解から説かれています。仏さま、如来は全てが整って完成しているということを、その経典を解釈することで述べておられます。密教思想の中核である「大日経」をお読みになり、法要や講演の際にメモ書きされて残された中のことばです。本有《ほんぬ》とは、もともと有るものということです。ですから、如来、仏さまはさまざまな勉学や修行をされるまでもなく、もともと大覚《さとり》に至っておられるのです。それに対して「因縁所生」というのは、仏に倣ってさまざまに善行を積み、仏に近づく結果顕れる覚りということです。これは、修《しゅ》生《しょう》といって、本有に対して修行することによって生まれてくる功徳によって、仏と同じ働きができるということを説かれているのです。「本有の表に修生の裏あり、修生の表に本有の裏がある」と言われるように、仏さまの覚りも、修行して得る修生の覚りも一体のものということです。

ですから僧侶など修行者も、大衆の人々もみなもともと仏と同じ覚りを得ることができる本性をもっているから、日常に修行を続け（仏さまの教えに従って生きるということ）、仏さまの智慧、仏さまの慈悲を学び、仏さまに代わって人々を苦しみから救い、幸せに導く働きをしていけば、もともと悟りをもって働いておられる仏さまと変わらない働きが出来るということです。

空海さまがあたりまえのことをあたりまえに申されているのは、実は後者の修して生まれる覚りを修得することが大切、僧侶衆生に対して「本来人には仏性が備わっている、そのことを自覚し、仏心を生かし、仏と変わらない働きをしなさい」ということです。一般社会の事象をみても、これに当てはまる活動をしておられる方が大勢おられます。人々の幸せのために、賢い智恵と温かい慈悲をもって「仏と同体」の働きをしておられるお方が各所におられます。空海さまの教えの中に現代にも生き続ける福祉の原点をみることができます。

（野條泰圓）

独尊大空は機根を超えてしかして本具の蔵絶絶たり　雙如《そうにょ》一心は建立を寂にして以て性海の徳離離たり（寂勝王経開題）

【仏の世界はあらゆる対立を越えて超絶としている。しかも、深海のように静寂で、無限の徳は我々の理解の及ぶところではない】

◉**病に薬があるように　悩みには教薬あり**　仏様の教えを受ける人がそれを聞いて理解し、より良い人生を送る能力、資質、度量は、その人が無限の過去から潜在意識に溜め込まれた本来有する業因によりますから、私たちはそれを知る事はできません。

仏教においては過去の業因の果報は自らが受ける自業自得の宿命論ですが、これは心の捉え方と努力でいくらでも未来を輝かしいものに変える事が出来ます。

広く知られたお話の『師に握拳なし』では、お釈迦さまは教えを全て説いて握りこぶしに隠した教えはないとありますが、古い経典の中に〝シンサパの葉の喩え〟があり、お釈迦さまはシンサパ樹の森で説法をされた時、その葉を一枚とって「私が手にした葉と、森に残した葉とどちらが多いか」、と弟子たちに聞きますと弟子たちは「それは森に残した葉のほうです」と答えるとその通りで、私の説いた教えは葉の一枚ほどで、未だ説かない教えは森の葉のごとく無数にあると説法されております。

お釈迦さまは有限なお身体でこの世に現れた仏様ですから時間に限りがあり、説くこと無く残した教えが高度に進んだ金剛大乗の密教です。

密教は現実を否定して煩悩も起こらず、生死に煩わされない寂滅境に住するのを求める教えではなく、現実を否定せず現実に生きる教えです。

現実の生活は、世間の荒波にもまれて心が折れそうになったり病に罹ったりと苦難の多いものですが、病気に薬があるように、苦難には現実に生きる密教の教えが教薬となり、信仰する者に大安楽をもたらすのです。

私たちはそれぞれの持つ過去からの因縁により苦難や迫害が眼前に立ちはだかる時があります。しかしそれは自らがいつの世かで蒔いた種が芽を出したものに過ぎず、その消息を理解し他を恨んだり呪ったりせず、お大師さまの教えで逆縁も順縁と同じく有難く受けとめ感謝する大人格を得て、現実世界を勇往邁進していくのが密教の眼目です。

（篠崎道玄）

菩薩は　本性は湛然常住《たんねんじょうじゅう》にして一切の妄想は本自不生《ほんじふしょう》なり　一切声塵《しょうじん》の万法は本来不生にして説くべきことなしと見る（一切経開題）

【菩薩の心は常に静かで変化がない。あらゆる妄想や煩悩はもとよりないから、煩悩は説く必要はないものである】

◉煩悩の捨て方　私たちはゴミや残り物などを惜しみなく捨てます。捨てることによってリフレッシュしています。大切なものはなかなか捨てられませんが、やむを得なく手放すこともあります。

さて、贅沢を捨てられますか？　贅沢には満足があり、誇りがあり、自慢や気位を保つことができます。しかし、日常になくても差し支えないものが多いようです。贅沢をなくせば暮らしが楽になることは確かなようです。

不要なモノを断ち、ガラクタを捨て、所有欲から離れるという「断捨離《だんしゃり》」は、ヨガ指導者の沖正弘氏が提唱した思想です。この用語をやましたひでこ女史は登録商標にして家庭内の「片づけ術」を広報しています。

さて、意地やプライドを捨てられれば大したものです。プライドが捨てられれば喜劇役者になれましょう。意地が捨てられれば大したものです。プライドは人生の砦であり、人格の仮面です。この仮面は自我意識や自己主張の武装にもなります。しかし、気位の高いプライドから解放されれば、肩の荷が軽くなり、新しい道を歩くことができましょう。

お大師さまはこの名言で、「本来の心は常に静まりかえっていて、妄想や煩悩の波が治まった状態が菩薩である」と、述べておられます。本来の心は湛然《たんねん》としています。しかし、環境の作用や人間関係によって、さまざまな煩悩に触発されて波が立つわけです。意地やプライドを捨てるときには、「気づかせていただいて有難う」と、自分に褒美をあげたいものです。

菩薩は、嫉妬、怨念、物欲、情欲から離れています。迷ったならば、菩薩の心になって今の問題を冷静に考えてみましょう。煩悩が空《くう》じられれば、視野が広くなって新しく気づくことができるでしょう。発明や発見は、これまでの研究や実験からいったん離れたところの閃きからヒントが得られます。

（近藤堯寛）

吾が自身の中に浄菩提心清浄の理あり（秘蔵記）

【この身体には悟りを求める清らかな心がある】

◉**君をどこまでも信じる！**　「私たちの体の中には、清らかな悟りを求める心が宿っていて、どんな迷いの道に入ろうとも、どんな人生を生きようとも決して汚染されることはない」。これがお大師さまの基本的な人間観です。この心を浄菩提心といい、泥中でも汚されることなく咲き出る蓮の花に譬えられることはご存じのとおりです。私は、「性善説」や「性悪説」について、本当はどちらが正解なのだろうとよく考えます。人間は誰も無心の赤ん坊から始まるのであって、赤ちゃんに悪心が宿っているとは到底考えられません。それが人生の垢により次第に汚れていくのです。ならば「性善説」が正しいことになります。過ちを犯しても、浄菩提心によって、人は、回心し再生できるはずです。

しかし、現実はなかなかそうはなりません。「十善戒」を完全に守るのはかなり困難でしょう。犯罪もあります。矯正もなかなか困難な場合があります。そのような人々を、不動明王は圧倒的な力によって正し、救おうとします。忿怒の相は単なる怒りではなく、我が子の立ち直りを願う父親の切なる慈悲を内に含んでいます。言い換えれば、仏教は剛強難化の人々が存在することを想定すると同時に、その立ち直りをも信じているのです。特に小乗仏教には、「十善戒」以外にもたくさんの戒律がありますが、釈尊が初めにすべてを決めたわけではありません。大勢の修行者の中には、集団の規律を破る者も現れます。釈尊は実態に合わせてその都度、新たな戒を設けたのだといいます。彼らの自主的な集団規律獲得を期待したのです。このことから現代の私たちは多くを学ぶことができます。卑近な例では、中学校などの「校則」問題があります。ぜひ、自分たちで考えて行動する若者を育てたいものです。人は愛され、信頼され、受容されることによって自信を持ち、それに応えられる人間になりたいと願うからです。

自分を信じ、同様に他者を、とりわけ、子どもたちや若い人をもっと信じ、大切にする世の中となることが強く求められています。

（友松祐也）

本有

雲霧日月を弊《かく》す　雲霧披《は》れて日月を見るに　日月今更に生ずるに非ず（秘蔵記）

【雲や霧は、太陽や月を隠したり現わしたりするけれども、日月は厳然として在り、新しく生まれたのではない】

◉月に叢雲

「月に叢雲《むらくも》　花に風」とか申しますが、月を仰ぎ、花を賞でている最中に掛かる一叢《ひとむら》の雲、吹き来る花散らしの風に、人々はどれ程かやるせない思いを抱くものです。大師の詩文『中寿感興詩』に次のような描写が見えます。――我が心の中天に日・月・星辰が朗々と輝き、とそこに、何処から湧き出でたか無明煩悩の浮き雲が漂う――。もし私共が目指す仏の心が満月に象徴されるものであるなら、その輝きを覆い隠す叢雲は何としても拭い除かねばならないもの、という事になります。密教以前の顕教諸派は、「行《ぎょう》」の主眼・工夫のしどころをそこに置いていました。

しかし雲を払う事に力を注ぐあまり、いつしか「月を指《さ》せば指を認む」（『大仏頂経』）で、月を見ないで月を指す指そのものに意識を集める事になりがちでした。「日月同様に仏性もいつでも、誰にでも具われど、煩悩の為に見えない事がある」（『吽字義』）。雲を払おうとするばかりで、何故本来有している仏性（月）そのものを磨き上げようとしないのか。このあたりの事に触れ、お大師さまの高弟実慧《じちえ》大徳は「直住《じきじゅう》月宮《がつくう》」（ただちに月に坐る）という言葉を使っておられます。月（仏性）を遮る雲（煩悩）を払う事に躍起になるのは、私たちが月を視線の向こう側に置いて見ているからです。私たち自身が月に坐りを置けば、雲は何の妨げにもならない、謂わば発想の転換を述べられているのです。では、具体的にどんな方法があるのでしょうか。

真言密教の観法に「月輪観《がちりんかん》」というのがあります。先ず、浄らかな満月を心中に描き、それを自身の目前、一メートル許《ばかり》の処に取り出すと観じます。やがて瞑想の中で取り出した月輪を徐々に膨らませ遂には宇宙大にまで拡げます。この時、本尊も自身も忘れ、「自身即ち月輪」といった無分別に身を置く事稍《やや》久しくして、今度は月輪を徐々に小さく収斂させ、最後に自身の胸中に納める観法です。繰り返し修すれば、月輪はたとえその姿が隠されていても、自在に元来の姿を求める事が出来る様になります。

（田中智岳）

本有

幽蘭《ゆうらん》心なければも気遠く　美玉《びぎょく》深く居て以て価《あたい》貴し（高野雑筆三）

【蘭は深い渓谷に咲いて気品があり、宝石は地中に埋もれて価値を秘めている。才能ある人は奥ゆかしさがあり、他にひけらかすことがない】

◉移ろいやすきは人の心　この名言は、弘仁六（八一五）年四月、空海が密教経典の書写流布を下野国大慈寺広智禅師のもとに弟子の康守に持たせた依頼状の前文です。

この前文からは、都から遠く離れた下野国（今の栃木県）に止住し、布教活動に励む広智禅師に対する空海の深い思いやりの心が窺われます。都から離れている間に、自分の存在が忘れられてしまうのではないかという不安感を除くために、あなた（広智）の活躍ぶりや名声は自分（空海）のところ、つまり都までよく聞こえておりますよ、と称賛し労わる言葉であったろうと思います。

さて、十二年後の天長四（八二七）年三月一日、空海は「十喩を詠ずる詩」を詠んで広智に贈っています。注記によると、十喩は「真言の行を修するとき生ずる十の妄想を打破すべきものとして、如幻・陽焔・夢・影・乾闥婆城・響・水月・浮泡・虚空華・旋火輪の順に喩えをあげて詠じたもの」とあります。空海はこの詩に、「この十喩の詩をひとたびとなえよむならば、無数の経巻の深い意義に達することができ、ひとたびその内容を観じ念ずれば、無数の巻軸の経典の教える真理が得られるであろう。故に筆をふるって東山にいます広智禅師のもとに贈る次第である。この書を見れば、わが意図するところが察せられるであろう。千年の後々の人もわが思いを忘れることのないようにと祈るものである」（性霊集 十）と認めた手紙を添えています。

年譜によれば、空海が密教経典の書写流布を広智に依頼した同じ弘仁六年八月に、最澄が「東国地方を巡化し、上野・下野の両国に『法華経』二千部一万六千巻を写し安置する」、さらにその二年後の弘仁八（八一七）年「この年、最澄、『法華経』六千部を書写し、天下に流布しようと発願する」と記載されています。

下野国大慈寺が栃木市に現存する小野寺山大慈寺ならば、かつ「東山にいます広智禅師」が下野国大慈寺の広智禅師ならば、「十喩を詠ずる詩」は、六情（眼・耳・鼻・舌・身・意の六識）の迷妄を破ってもとの幽蘭・美玉の広智に戻れ、という空海の心のこもった詩とも読め、あと数年で千二百年を経る今も詩に込められた空海の言霊は読む者の胸を打たずにはおかない。合掌

（髙橋良久）

本有

一切衆生自心の中に三部三昧耶の諸尊　因果を遠離して法然に具す（異本即身義五）

【生きとし生けるものの心の中に、多くの仏が事象を越えてそのまま厳然として具わっている】

◉郷土愛とは　東京都港区浜松町にカサイホールディングス株式会社があります。社長さんは香川県小豆郡土庄町出身の笠井寛さんです。笠井さんは、二十五歳まで大阪で働き、その後東京に移られ、昭和五十二年に、三十歳で港区浜松町に笠井設計事務所を設立され、浜松町・大門地域で街づくり事業に携わってこられました。

長年地元の浜松町・大門地域を離れることなく、営みを続けてこられました。その一方、生まれ育った故郷・小豆島を片時も忘れておられません。港区では、「人に優しい街づくり」を、瀬戸内小豆島では「美しい山と海の里山創生事業」として株式会社カローレ小豆島、夕陽ヶ丘みかん園の運営を手掛けておられます。

真言宗で『金剛頂経《こんごうちょうぎょう》』と共に重要経典である『大日経《だいにちきょう》』に、在家の道徳として次の菩薩の四摂法《ししょうぼう》がのべられております。

一、布施摂　真理のほどこしと財のほどこしによって人びとをおさめとること。

二、愛語摂　情愛のこもった親しいことばをもって人びとをおさめとること。

三、利行摂　集団生活において人びとを利益しおさめとること。

四、同事摂　はたらく人びとに応じて、それぞれ同じかたちをとって人びとのなかにあってともにはたらきながらおさめとること。

これらの四摂法はいずれも共同社会における生活態度を示したものです。まるで笠井さんの言動そのものに思えます。笠井さんは、今は事業を役員方に任し、損得を抜きにして地元港区と故郷・小豆島の為に、物心両面からの支援を続けておられます。この精神は、物心付いた頃から具わっておられたのだろうと思います。急な思い付きだけでは継続出来ないでしょう。

社寺関係のお世話では、芝東照宮（東京都港区）の責任役員、川崎大師平間寺の信徒総代、総本山善通寺の信徒総代に就任されています。地元と故郷愛、神仏を敬う心を本当に大切にされておられる事に対し、万感の敬意を表したいと思います。

（菅智潤）

日輪は雲の為に悉く隠蔽《いんぺい》せらるれども滅壊するに非ず　また猛風雲を吹き除いて日顕わるれども始めて生ずるに非ず　是れすなわち本覚の日輪　無明の雲の為に既に覆障せらるれども滅する所なく　実相を究竟じて正覚円極すれども増する所なきに相似せり（雑問答四）

【太陽は雲によって隠れるが、なくなったわけではない。風が吹いて太陽が現れるけれども、新しく太陽が生れたのではない。もとからある悟りの日輪は、煩悩のために隠されるけれども、悟りの可能性がなくなったわけではない。悟って円満になれば真実の世界が増えるというわけではないことと似ている】

◉雲晴れて　のちの光と思うなよ　もとより空に有明の月

こういう有名な歌があります。〝雲晴れて　のちの光と思うなよ　もとより空に有明の月〟。風が吹いて雲が晴れると、それまでの間も雲がお月さまを隠していただけで、お月さまはいつでも私たちを照らしてくれているという意味です。この御歌は名言の太陽をお月さまに置き換えただけで、私たちに教えていることは同じであると考えられます。

先ず、この名言の意味で一番身近なのは、仏さまは恒に私たちに救いの光を差しのべて下さっているのですが、その光が見えないのは私たちの方に原因があって、私の貪り、愚痴、我の心の「迷いの雲」をなくせば、仏さまの救いの光に沐することが出来るということです。

また、次の段階では私たちは生まれながらに誰もが尊い仏性を持っている、と説いているのですが、大人になるにつれ、知らず知らずの間に「煩悩や妄想の雲」に覆われてしまい、この仏性を見失ってしまいがちです。しかし、その雲を払ってしまえばそこに変わらずに仏性があることに気がつくはずです。それから最終段階では、大日経というお経に、「菩提とは実の如く自心を知るなり」と説かれています。

私たちは、幼年期からお父さんやお母さん、家庭、社会によって作られてきた仮の自分を一度捨てて（擬死）、「本当の自分を探す」（再生）ことがここでは求められています。そして、日本古来の修験道や、四国八十八ヶ所の遍路の最終的な目的もここにあります。ここでは、幼児期から形作られてきた自分がはがれ落ちること（脱皮）を雲が晴れる、本当の自分が顕《あらわ》になることを太陽や月に例えております。（畠田秀峰）

心性すべて無しと云うに非ず　自性清浄にして改転なきが故に本不生と云う　虚空の性の有に非ず無に非ざるが如くこの心また爾なり（雑問答一七）

【心の性質はすべて無しということではない。清らかにして変化がないから心の本源は不可思議なのである。これを本不生という。空の性質が有でもなければ無でもないように、この心もまたそれと同じである】

◉清浄なる心の本源　幼子が無心に遊ぶ姿は、傍目にもかわいいものです。物事に熱中している時は、余計なことをあれこれ考えず、一つのことに集中して余念がありません。無心といっても心そのものが無いわけではなく、邪念を離れている。一流のアスリートがその能力を最大限引き出している時も無心なる集中力だといえましょう。

とはいえ、私たちの心は常に揺れ動き、一瞬たりとも留まっていないのが普通です。時には同時にいろんなことを考えます。お経に説かれる時間の単位で一弾指というのがあり、力の強い男が一度指を弾くきわめて短い時間のことをいいます。一弾指は六十五刹那だとされ、一刹那は七十五分の一秒だと計算した人もいます。あとさきを考えず、今だけを楽しもうとする刹那的な快楽主義はいただけませんが、一刹那一刹那に私たちの心は揺れ動き、時には、すべては無だと絶望的になったり、反対に、欣喜雀躍してこの一瞬の永続を願う時もありましょう。

そのように時々刻々変化する心も、その心の本質は清浄なものだとされます。煌々たる満月が群雲に覆われて見えなくなるように、本来の清浄心がいつしか煩悩の霧に覆われて見えなくなるというのです。煩悩の霧とは、飽くなき欲望の心、満たされても満たされても満足しない心であったり、自分の思い通りにならないと目を点にして怒り出すような瞋恚の心であったり、物事の道理を正しく知ろうとしない愚かな心がその代表です。貪・瞋・痴の三毒煩悩と言われます。誰もが本来持っている仏のような清浄な心が、知らず知らずの内に煩悩の霧に覆われて、遂にはその本来の心を見失ってしまう。その心の本源をありのままに知ることが大切だとされます。

あらゆるものは縁起により生滅し、実体はないというのが仏教の考えです。しかし、現象として物は存在しています。有るようで無い、無いようで有る。これを空と表現します。清浄なる心も、また、煩悩にまみれた心も、空なるものであり、執着してはなりません。

（河野良文）

実相

声字分明《しょうじぶんみょう》にして実相顕わる　いわゆる声字実相とは即ち是れ法仏平等の三密　衆生本有の曼荼なり（声字義）

【音声や文字が明らかになれば真理が現れる。それは仏の談話であり、平等の活動であり、あらゆる生命がもともと持っている本質だからである】

◉「ありがとう」の実相

空海は生涯にたくさんの著書を残されました。人に自分の意思を伝達する手段として、言葉で話すこと、文字に記して伝えることが一番確実であると考えたからです。

仏が衆生を悟りに導くためには、言葉と文字を伴う、すなわち声字によらなければならないというものです。ただここまでは通常の仏教でいう言葉によって口を通して行う説法の考え方です。

ただ、空海はそれで充分ではなく、密教においては、声字は、単なる意思伝達手段ではなく、大日如来から発せられるものであるとしています。実相であるということです。声字実相というのは、大日如来の身体・言語・心の三密全体を指しています。またそれは衆生が本来持っているところのありのままの真実の姿、あらゆる現象の奥にある真実の相であるというのです。

大日如来は、様々な形で物事の本質を衆生に伝達しておられます。春になって花が咲くと生命の息吹が感じられます。秋には徐々に木の葉が散り始め、物事の無常をあらわします。我々の周りの様々な自然現象は如来からのメッセージです。でも覚醒していない衆生にはなかなか伝わりません。そこで声や文字による説法が必要となります。本来、説法は三密（身密、語密、意密）全体に関わっているのですが、語密に主眼をおいてなされます。

我々の日常生活においても言葉や文字は大切です。言葉は正しく相手に伝わるようにしなければいけません。「ありがとう」の言葉も、心がこもったものにしていくことで、我々の中にある実相、すなわち真実の姿、嘘偽りのない心からの感謝の想いを伝えることができるのです。

「ありがとう」の言葉の奥に、仏さまの存在を感じられるようになりたいものです。なにしろ、我々の中にはその本質としての仏性があるのですから。

（大咲元延）

無生は是れ正性にして　無相は実相を成ず（宗秘論）

【生じないこと、形のないこと、これが真の姿である】

◉この身を投げだせ　悲しいかな、私達人間は生まれた瞬間から四苦八苦の苦しみと向き合うことになってしまいます。生老病死の根本的な苦しみと愛別離苦《あいべつりく》（愛する人やものと別れねばならぬ苦しみ）、怨憎会苦《おんぞうえく》（嫌いで憎んでいる人やものと会わねばならない苦しみ）、求不得苦《ぐふとっく》（有形無形にかかわらず求めても得られない苦しみ）、五蘊盛苦《ごうんじょうく》（人間の肉体と精神が思いどおりにならない苦しみ）が複雑に絡み合ってどんどん苦しみが増していきます。

苦しみに向き合えば、誰でもそこから逃れたいと考え、原因を探って取り除こうとしますが、原因は自分の外ばかりでなく内にもあるのです。仏教は外より内を重要視し、内には身心を悩ませ、かき乱す精神作用が潜んでいます。これを三毒（貪《とん》＝むさぼり・瞋《じん》＝いかり・痴《ち》＝愚痴、おろか）の煩悩と言います。

真言宗では煩悩を断ち切るために身・口・意の三密行を修行します。お大師様は『即身成仏義』に「手に印契《いんげい》を結び、口に真言を誦じ、心三摩地に住す」と説かれています。合掌して仏様の印を結び、仏様の真言を唱えて、心に仏様を観じる瞑想に入ると仏様が私に入り、私が仏様の境地に入りひとつとなる。仏様と私が互いに渉入《しょうにゅう》し融合する入我我入《にゅうががにゅう》の境地。煩悩が断ち切られた涅槃の境地を得ることができるのです。

高野山大学で実に五十年にわたり奉職され教鞭を執られた田中千秋先生は『田中千秋著作講話集』（高野山出版社）で、「私は日々新に如来の加持をうけつつ生きるのが真言宗の行人信者のいき方だと思うている。如来との感応相応ということは自分が力んで独相撲をすることではない。むしろこの身と心を神仏にそなえ、ささげ、なげ出すのである。捨身するのである。するとみにくい小さい私はきえて、直下に仏さまの身心をいただくのである。行人と仏がとけあって一になる三密行のねらいは、ここに実現している」と、自身の日々のお大師様に対する信仰生活を通じて真言宗の修行のあり方についてご教示されています。

（伊藤全浄）

高山漢《そら》を干し曾台天《おかそうだい》を切ると云うと雖も　しかも損減せざるは大虚《だいこ》の徳なり　劫水《ごうすい》地を漂《ただよ》わし猛火台を焼くと云うと雖も　しかも増益せざるは大虚の徳なり　一心の虚空もまたまた是くの如し（吽字義）

【天空を切るように聳える峻険な峰であっても、虚空は減少しない。大地を流す洪水や山林を焼き尽くす火事であっても、虚空は微動だにしない。現象に左右されない心の本源も、虚空と同じである】

◉悟りとは動じない心　『吽字義』の中で、虚空を説明する部分に出てくる言葉です。高山とは仏教の世界観で中心に存在する須弥山のこと、曾台とはそれを構成する九層の台のことです。劫水とは、成・住・壊・空の四劫の中の壊劫の終わりに起こる火・水・風の三災の大洪水を指し、火災の猛火で曾台が焼き尽くされるというのです。そのような大惨事が起きても、虚空は増減することなく、不変の存在であると言っています。このような虚空の性質を踏まえて、一心の虚空、つまり絶対の悟りの世界も何事にも左右されない不変の存在であるというのです。なかなか極めることができない絶対の悟りの世界ですが、本来常に存在する絶対不変のものであるから、何があっても揺らぐことがないのです。難しい言葉がいっぱい出てきましたが、つまりは悟りというのは堅固な存在であるということを言っています。お大師さまは、仏教の宇宙観を踏まえて、このような壮大な場面を描き、それを論文にしています。こけおどしと感じるかもしれませんが、そうすることで持論の優位性を示しているのですね。

いったん悟ってしまえば、もう何物にも動じることは無くなってしまうのです。なんと素晴らしいことでしょう。経典を読んで仏教の勉強をして、修行で心身を鍛え、悟りを目指しましょう。言うことは簡単ですが、私たち凡夫はなかなか悟りにたどり着くことはできません。

どうしたらいいのでしょうか。ここにヒントがあります。虚空とは不変の存在であると書いてあるじゃないですか。まずは虚空に習って、何事にも動じない心を養えばいいのではないでしょうか。人間、俗世間にまみれていますと、いろいろ周囲のことが気になって、自分のことができなくなってしまいます。そこはぐっと我慢して、勉強なり、修行なりに専心しましょう。何事にもとらわれない心ができてくると、安心《あんじん》の境地に近付くのではないでしょうか。

（柴谷宗叔）

不変

三密の虚空は本よりこのかた湛然《たんねん》として損もなく減もなし（吽字義）

【仏が活動されている虚空は、本来より満ちていて、損なうことも減ることもない】

◉私たちは、どこへ行くのか

三密とは身、口、意の三業。手に印を結ぶ身密、口に真言を唱える口密、心に本尊を観念する意密を指す言葉であり、仏と一体となる即身成仏のための修行を意味しています。現在のコロナ禍の状況では、全く異なる意味で使われることが多くなりました。

子供の頃に宇宙の果てを想像して眠れなくなった経験をお持ちの方は多いと思います。宇宙について考えることは、自分自身がどこから来てどこへ行くのか、思春期特有の自我の確立のための通過点なのかもしれません。

ビッグバン理論では、宇宙の成り立ちは、今から一三八・二億年だと推定されています。それは、銀河が地球に対してあらゆる方向に遠ざかっており、その速度は地球から各銀河までの距離に比例していることを一九二九年に発見したエドウィン・パウエル・ハッブルの研究をもとに逆算して推計された数字です。誕生の瞬間、宇宙は超温高密度のエネルギー塊だったという仮説です。更に、宇宙はこのような膨張と収縮を無限に繰り返しているという振動宇宙論が紹介されると、やはり宇宙は始まりもなく終わりもない魔訶不可思議な存在だということになります。

このような理論は、宇宙は大日如来である阿字に集約され、阿字からすべてのものが生れ出ているという密教の教えと絶妙に符合していると思われませんか。

両界曼荼羅（胎蔵界曼荼羅と金剛界曼荼羅）は、惠果阿闍梨がまとめて表したもので、八〇六年に弘法大師様が唐から持ち帰っています。胎蔵界曼荼羅は真理を理（現象世界）に、金剛界曼荼羅は智（精神世界）としてとらえていると考えられています。

大日如来は、過去、現在、未来にわたって法身でありながら説法を行う存在だと説かれ、すべての虚空に存在する万物の慈母とされていますが、衆生教化の際は憤怒の形相の不動明王として現れ、行者を守護し菩薩を成就させるという存在です。

ともすれば、日々の生活に忙殺され星を見上げることも少なくなり、心中にまき起こる感情のさざ波にばかり気を取られ、子供の頃の素朴な疑問をすっかり忘れている現代生活の中で、大日如来の説法に耳を傾ける必要性を感じています。

（花畑謙治）

不変

遍計の蜃楼《しんろう》を破し　依他の幻城を壊《え》すれども　三密の本法にあに毀傷あらんや（吽字義）

【因縁の法則を潰しても、仏の活動に傷がつくことはない】

◉仏さまの働きの中で生きる　この一文は「吽字《うんじ》」を説明した『吽字義』というお大師様の著作の中の言葉です。阿吽の呼吸の吽です。サンスクリットという古代インドの言語に漢字をあてはめたものです。サンスクリットの悉曇《しったん》文字（梵字《ぼんじ》）の字母の配列は、阿から始まり吽で終わっているのです。「吽字」はさとりを求める心（菩提心）を象徴する種子と呼ばれる字なので、密教思想の本質だとお考えだったようです。

この一文は「汗字《うじ》」の説明の際に使われています。「空である世界を存在すると思いこむ煩悩の蜃気楼を破り、因縁の世界という幻の城を壊しても、さとりの世界である仏さまの三密（身・口・意）の神秘的な働きは損ずることもなく減ることもない」と、さとりの世界の仏さまの絶対性を説いているのだと思います。

『吽字義』を著したお大師様は独自の言語観を持ち、「ことば」一つひとつの深い意味を徹底的に追究し、そこに隠された本当の意味を理解することで、密教のさとりへの智慧が得られるとお考えでした。さとりの智慧が得られる「ことば」とは、密教の世界観がわたしたちの前に現れ、それを感じ取ることができる不思議な「ことば」だと思います。それは発した「ことば」通りになるという、言霊のような不思議な力を持つものかもしれません。ＬＩＮＥなどであまりにも気軽に「ことば」のやり取りをしている私たちに、「ことば」は不思議な力があるのだから大切に使う必要があるのだと、お大師様がおっしゃっているようです。

お大師様が説く密教の世界では、いかなる状況においても仏さまの神秘的な働きは不変であり、それは私たちの毎日の身・口・意の正しい行いと相応するとおっしゃっているのです。つまりは私たちは仏さまの働きの中で生きているのです。これは数々の自然災害や病気などで苦しむ現代人にとって、とても心強いお言葉だと思います。

（雪江悟）

虚空質礙《ぜつげ》となるといえども　この法あに能く遷《うつ》らんや（金勝王経伽陀）

【虚空に異変が起きても、仏の教えは変わらない】

◉お大師様の御教えは永久に不滅です　お大師様は、青年の頃に大峰山や太瀧嶽などの山々に登り、夏は照りつける太陽の下で、冬は極寒の風雪の中で厳しい修行を続けられました。春は新緑、秋は紅葉と、季節ごとに山川草木の風景は変化します。動物の世界では、弱く小さな生き物は大きな生き物に捕食されます。しかし小さな生き物はそれ以上に数を増やして生き延びようとします。草食動物は肉食動物に捕食されますが、大きな肉食動物の遺骸はカラスや小動物や虫が食べ、その残りはバクテリアによって分解されて土に返り、植物の養分となります。

このような食物連鎖の命のつながりの世界をお大師様は山野での修行の間に観察され、少しも人為的な力が加わらないあるがままの姿、つまり法爾《ほうに》自然《じねん》の大自然の在り様に大日如来をお感じになり、人間も大自然の一員でありその恵みの中で生かされていること、大自然の中には無駄なものは何一つなく、皆それぞれが役目を持ち、相互に依存し合っているという物事の本質を洞察されたのだと思います。

魚が水面近くにいる時はその姿は見えますが、深く潜ってしまうと見えなくなります。しかし魚はいます。夜空の星は、昼間には見えません。しかし星はちゃんとあります。そのようにすべての生き物も寿命が尽きればその姿は無くなりますが、大自然の生命の不思議のように、私達も目に見えない世界「おおもと」へと帰っていき、縁があればまたこの世に生まれてくるのだと考えてみましょう。その「おおもと」とは、般若心経の「空」のように生じたり滅したり、増えたり減ったりするような目に見える物（物質）の世界ではなく、始めも終わりもない根源的なもの、私たちの思考の範囲を超えて言い表すことができない、いのちを産み出そうとする法則のようなものです。それを大日如来の尊像や梵字の「阿字」で表します。それは物質ではないので永遠に変わることなく存在し続けることができるのです。お大師様は阿字観という真言密教の瞑想法によって永遠の命である大日如来と自分がひとつであること観じることができるのだよと教えて下さっているのです。

お大師様の御教えは永久に不滅です。

（藤本善光）

如とは即ち自性の別名なり　自性は自性に住して動ぜざるを如と名づく自性は無等等の故に名づけて自性とす（一切経開題）

【如とは、ありのままの本体そのものをいう。自性とは、動ぜざる本体であるから如という。自らの性質をそのままに現わしているから自性という】

◉自分の殻を破ろう　一九八〇年代のアメリカで知人の車に乗せていただいた時の事です。車を駐車するのに十分なスペースが無く、駐まっている車のバンパーに自分の車で押し当て移動させ、自分の駐車する空間を作るという大変ショッキングな場面に遭遇しました。日本では絶対にあり得ません。見る物、聞くもの、自分の今までの経験から「心」に作られた常識が通用しない事に気づき、同時に新しい発見をする貴重な経験となりました。

「心」は私達自身の生まれ育った家族や家庭、地域の環境の影響を受けながら形成されます。喜怒哀楽もこの「心」によってわき上がってくるのですが、笑いの壺や、涙する場面も個人によって違いがあります。地域や民族によって考え方が違うのは風土や経験知の違いが異なるから当然かもしれませんが、良く観察すると共通する「心」の部分が有るように感じます。「純粋な心」「無垢な心」とも言えるかもしれません。その「純粋・無垢な心」は生命を尊び、慈愛の心、仏の心とも言えるのです。

赤ちゃんの無垢の心も成長と共に独自の心の殻が形成されていきます。意識する事は無いかもしれませんが、私達の視点は常に外向きで有り、他人に向けられています。自分自身の内面、「心」に目を向けると意外な発見が出来るのです。人種を越えて地域を越えて共通する「心」は宇宙が誕生して以来、途切れること無く現在に至る大生命と共に有ります。その心を「自性」「如」「無等等」とも称し変わることが無い不変だと私達を諭しているのです。

本当の私は、心の殻を破ったその中に不変の状態で存在する「仏性」「仏心」とも云われる素晴らしく尊い心なのです。理不尽な娑婆の世界ですが、「仏性」「仏心」を宿した私達は何も恐れることは無いのです。私のこの体の中に「ありのままの心」を再発見して、日々御仏を礼拝し、自らの「心」をよくよく観察して仏のご加護とお導きを信じ、実り豊な信仰生活を送って参りましょう。

（中谷昌善）

三災大劫の末までも　霊山に仏常に在《いま》す（宗秘論）

【いかなる災難に遭遇しても、霊鷲山には仏が常におられる】

◉変わる事なき根本原理　この言葉は空海の鋼のような強靭さを表していると同時に、仏の世界を確信する言葉です。空海の説く秘密曼陀羅大日如来の世界ではいかなる災害が起ころうとも世界は微動だにしない。天地異変が起きて世界が終わりだと驚愕するのは我々の心の動揺であり、大日如来の世界ではすべては変わることがない不増不減です。

このような思想はほかの世界宗教にも見られます。しかし人間の浅はかな行動により、最後の審判が下る世界観とは一線を画すものがあります。神の世界は不変ですが、人間の世界は時には破滅をもたらすとする他の世界宗教と大日如来を根本とする真言密教の世界観は大きく異なります。大日如来の大いなる慈悲で人々を包み育んでいくのが真言密教の教えです。恵果から法を授かり、このことを確信した空海は急ぎ日本に帰り、真言密教の教えを広めていきます。

人々が日常の天地自然異変に恐れおののいているときでも霊鷲山には常に仏がおられる。仏様は必ず我々を助けてくださるから安心して仕事に励み、皆で助け合うのだと空海は人々に教え諭します。世の中が乱れ人々が混乱や災厄から逃れられないのは、災害よりも人心の動揺や荒廃からもたらされること空海はよく知っていました。仏の教えを守れば、何が起ころうと恐れることはないと空海は人々に説きました。空海によって確立された真言密教の教えは人々に受け継がれ、日本人の心に大きな安心を与えました。

真言密教では大日如来の普遍的な絶対性を認めています。それは一方的に絶対性を主張するのではなく、大日如来の導きにより世界がより良い方向に向わせる方法としての絶対性です。大日如来が必ず我々をお救いになる意味での絶対性です。

空海の不変の主張は、絶対性の解釈で間違って使われてはなりません。空海の業績は彼の活躍した社会的状況を正確に理解した上で正しく解釈すべきです。空海は真言宗の宗祖として伝説化され尊崇され大師信仰の絶対的な存在になりました。だが今一歩冷静になり空海の教えを冷静にひも解いてみる必要があります。

（長崎勝教）

不変

寿命は始め終わり無し　降年あに限壃《げんきょう》あらんや（性霊集一　山に遊ぶ）

【仏の寿命には、始めも、終わりも、限界もない】

◉幾億光年のかなた　この名句は、性霊集の巻第一の最初、「山に遊びて仙を慕ふ詩」の一節です。性霊集巻一の詩文には自然にかかわるものが多く読まれていて、お大師さまが自然をどう捉えていたか、読み取る事ができるといわれています。

ただ、千二百年程前と現代では、自然環境はもちろん、ものの考え方も随分違っているのでお大師さまの意図するところが理解できているかどうかわかりません。

今、ほとんどの人は、原始的な無垢の自然に触れることなく暮らしています。公園の桜の散る様子やイチョウ並木が道を黄色に染めるのを見て、儚さや憂いを感じる事はあっても、それは多少なりとも人の手が入った自然です。四季の情景を観賞しているというのが的確ではないでしょうか。

それに加えて、私たちのものの捉え方には、お大師さまの後の時代に生まれた文化や概念、美意識が潜在的に入っています。何かを理解しようとする時、それを自分のものさしとして使っているのも事実です。

高野山で加行中、こんな事がありました。夜明け前の後夜の行で道場に向かう時の事でした。見上げると満天の星です。星が手の届くような不思議な距離感で光っています。夜空に包まれるというより、呑まれてしまうような感覚に襲われました。これを一体感というのかもしれません。私は、何とも奇妙な感覚に陥り立ちすくみました。

全身に受けている星の光は、遠いものは数百万光年も前に発せられたものです。私は、大昔の星と同じ時空に存在しているけど、光が発せられた時には存在していないのです。夜空の果てには始めも終わりもなく、絶対不変のものを体で感じた瞬間でした。人知では計り知れない神秘的な、霊的ともいえる神聖な体験でした。子供の頃から野外活動によく参加していましたし、地学や天体観測も好きだったのですが、こういう感覚ははじめてでした。理屈は捨てて、仏のパワーを感じなさいというお大師さまの導きだと思いました。このことを忘れないように今も時々お大師さまも見たであろう夜空を見上げるようにしています。

（森堯櫻）

白雲の中　松柏《しょうはく》あに変ぜんや　此生他生　形異《こと》にするも心同じ（高野雑筆三二）

【雲のように距離は隔てられているが、松柏の緑のようにお互いの心は変わらない。この世あの世と姿は変わるけれども心は同じである】

◉離れていても　「高野雑筆」には、お大師様と関係の深い方々との手紙のやり取りが収められています。この句は藤原冬嗣に宛てたものです。この句を読むと、高野山の壇上伽藍や青空に映える根本大塔、御影堂や三鈷の松、奥之院参道の大きい杉並木や四季に緑を保つ常盤木の数々、そして何とも言えない澄んだ空気等の状景が思い浮かびます。

お大師様は、庵から都におられる親しい友人を想いながら空を見上げ白い雲を見つめながら、あの雲のように遠く離れていても想い合う気持ちはこの世、あの世も永遠に変わらないと確信されていたと思います。

私は高校時代から親元を離れて生活していました。大学を卒業して就職後、少し落ち着いた頃に久しぶりに帰省しました。その時、母が関節リウマチを患い、以前とは異なった姿にショックを受けました。それからは、毎月僅かな薬代に手紙を添えて十年間送りました。その度に母からは自分の体の状態や故郷の様子等、痛みを我慢して書いたような文字の手紙が届きました。

平成十八年十二月末、私が初詣の準備で本堂の拭き掃除をしている時、落ちる筈の無い「金剛杖」が先端から真っ逆さまにバターンと音を立てて落ちたのです。「何かの知らせかなぁ」と胸騒ぎがしました。暫くして携帯電話に沖縄県石垣に居る兄から連絡が入り、「母が亡くなった」と知らされました。年末でしたが何とか飛行機のチケットが取れましたがその日は那覇止まりでお通夜には間に合いませんでした。翌日、石垣島に到着して葬儀に間に合い、母との最期の別れをする事が出来ました。

私は物理的に随分と時間を費やして石垣島にたどり着きましたが、金剛杖を倒し、私に知らせた母の「念」は電波や通信と一緒だと考えます。母がいつもあの世から近くで見守っておられると感じながら日々暮らしています。

（糸数寛宏）

居はすなわち東西すれども　志は常に松柏のごとし（高野雑筆五一）

【住む場所は違うけれども、想う心は松柏の緑のように変わらない】

◉**サヘト・マヘト**　「祇園精舎の鐘の声、諸行無常の響きあり」。『平家物語』の冒頭に綴られるこの言葉は、誰でもがご存じのことでしょう。栄枯盛衰は人の世の常。釈尊は「諸行無常」の道理を説き示されたのです。

インドの仏跡巡拝のおり、「サヘト」なる地へ立ち寄りました。「サヘト」とは、釈尊が滞在し、多くのお弟子たちが教えを聴聞した場所として仏典によく出てくる「祇園精舎」のことです。

ある長者が寄進した祇園精舎は、釈尊一門たちが集い住まう活気ある修行研鑽の場でもありました。

ところが、車で連れて行かれた所は、今では見渡すかぎり野原が広がり、所々レンガなどの礎石が残るのみで、あまりの哀れさに茫然自失となってしまいました。

そして、サヘトを訪れた後、そこからほど近い「マヘト」を訪ねました。これも仏典によく出る「舎衛城」と呼ばれたその地は、祇園精舎を寄進した長者の屋敷であり城であったところです。ここもまた、まさに諸行無常のありさまでした。

「この世は、うつろいやすく栄えたものはついには衰えていく」。釈尊がこのように説かれ、その悟りの境地を多くの弟子たちが聴き修行研鑽した往時の面影はどこにもありませんでした。

しかし、仏の教えは現代に受け継がれ我々の生活に多大なる影響を及ぼしています。日本人のだれでもが食事の前に手を合わせ「いただきます」と声を出してから食べはじめることでしょう。他の命を食して生かしていただいている我が身。糧となる生きとし生けるものに感謝して手を合わせて他の命を我が命として頂くのです。

釈尊の教えは、二千六百年を経過したいまでも生活習慣となったり、文学に取り入れられたり、ことわざになったりして我々に密接に関係しているのです。

いま、サヘトの近くに梵鐘が建立されて撞くことが出来ます。どことなく東アジア風の意匠を感じるその鐘は、日本の篤志家が寄進したものなのです。その鐘は、サヘト、マヘトに無常の声をいまも近隣に響かせています。

（瀬尾光昌）

もし能く明かに密号名字を察し　深く荘厳秘蔵を開くときは　地獄　天堂
仏性　闡提《せんだい》　煩悩　菩提　生死　涅槃　辺邪　中正　空有　偏円《へんねん》　二乗
一乗　皆これ自心仏の名字なり　焉《いづれ》をか捨て焉《いづれ》をか取らん（十住心第二）

【明らかに仏の名称や秘密の意味が分かれば、地獄、天、仏の性質、仏になれないとされる者、煩悩、菩提、生死、涅槃、間違い、正しさ、空、所有、偏り、円満、二乗、一乗など、これらはすべて心の仏の表現であるから、取捨選択の問題ではない】

◉なんもこだわるな　お大師様が伝承され磨き上げられた真言密教は、人の心のゼロから完全なる悟りの世界まで総てに対応できる叡智を具えています。その方法は、宇宙に存在する総ての法を無駄なく活用し、導き、救済する教えです。それは順々に教え導きながら、しかも最終ゴール（悟りの世界）をも目の当たりに見せて下さり、方向を見失うことがない指導方法です。宇宙の真理（性）、宇宙の有り様（相）、宇宙の容積（体）に気付かせる仕組みがあります。そして、宇宙そのものが大日如来であり、宇宙のその中で住まわせていただいている自分もまた大日如来そのものの素質を具えていることを教えてくれます。

すなわち、すべての差別、正邪、上下、それぱかりか東西南北ですらこだわらない心が生じてきます。但し、自分自身も大日如来の一部であるとの自覚が出来た上での認識です。

仏教の言葉は一字一句専門的なものが多く、されど学び調べればその言葉の持つ意味の深さに感動します。また、深みのある言葉によって多くの人に対応出来る可能性を秘めていることに気付かされました。ですから、その言葉を理解した人は、そのままの言葉でなく、相手に伝わるような工夫が必要です。そこにこそ仏法の真髄である方便力が問われます。常に自心と向き合い、善も悪も無い事に気付けたならば、自由自在に心を動かすことが出来るようになります。さらに積み重ねることで方便力が高まるのです。方便力とは、仏教の教えによって導かれる方法で、智慧そのものです。「嘘も方便」とはまさにそれで、たとえだまし手を使ってもその人を導かんとの思いから出た智慧なのです。

少しでも仏の心に近づき、仏様のお手伝いをさせていただきたいものです。

（大塚清心）

今　心王の毗盧遮那　自然覚《じねんかく》を成ず　その時に一切の心数《しんじゅ》　即ち金剛界の中に入って如来内証の功徳差別智印と成らずということ無し　是くの如くの智印は唯し仏と仏のみ乃《いま》し能くこれを持したまう（十住心第十）

【心の王である大日如来はそのままが悟りである。無数の心模様が金剛界マンダラであり、そのマンダラに秘められている功徳が諸仏の智慧である。この智慧は仏と仏のみがよく了解しあっている】

◉心の世界の開示　高校一年の五月のはじめ、合格の報告とお礼のため父とともに高野山に登嶺した時のこと。父がいい所に連れていってあげようと向かった先は、伽藍の金堂という大きく立派な建物でした。よく観察すると金堂の入口に「結縁灌頂」と書いた立て看板が目に入りました。灌頂というのは元々インドの王位継承のための儀式が仏教に取り入れられて、日本では弘法大師の入唐時に密教の相承者として伝法灌頂を受けたのが始まりです。この灌頂の儀式のなかで、私が初めて目にしたのが極彩色のマンダラで、うす暗いお堂の中でロウソクの灯りに照らされた神秘的な光景が四十年以上経った今も脳裏に焼き付いています。

ところで弘法大師さまが唐よりお持ちになったのは二種類、胎蔵と金剛界のマンダラです。両部マンダラともいわれ、少し詳しく語ると仏教では存在を表現するのに五蘊とか色心を言いますね。つまり身体と精神で存在を言い表します。いま胎蔵は色（見えるもの）を、金剛界は心（見えないもの）を素材として表現されています。大日如来を中心に八葉蓮華上の仏菩薩の姿が悟りへと導く胎蔵マンダラ。

当時インドで信仰されていた仏菩薩明王天部の諸尊たちを部類や役割別にまとめられたものに対して、金剛界マンダラは少し趣きが違って、唯識という大乗仏教の教えがベースになっています。この世界はただ心の所変のみと説いて凡夫の心を分析、種類分けなされて迷いの衆生の存在を在らしめている事態を自覚せしめ、仏の教えを瞑想などの実践によって悟りへと心を転換（転識得智）させることを目指しました。その影響を受けながら密教の金剛界マンダラでは悟りの智慧を携えた仏たちが、私たちの心を象徴する満月輪に描かれた姿で表現されます。満月輪は私たちが本来備えている仏心を表しており、仏と仏のお出会い（相応）が、金剛界マンダラの真髄と言えます。


（山田弘徳）

唯心

経に阿頼耶とは　これ執持含蔵の義なり　亦これ室の義なり　この宗の説かく阿頼耶あって能くこの身を持せり　造作する所あって万像を含蔵す　これを摂すればすなわち所有無し　これを舒《の》ぶればすなわち世界に満つ（十住心第一）

【阿頼耶とは、心に保って納める、あるいは部屋という意味があると経に説かれている。唯識によれば、阿頼耶という意識の貯蔵によって身体が構成され、ここから様々な物事が作り出される。阿頼耶を収斂すれば無となり、阿頼耶を拡大すれば世界に繋がる】

◉観想《かんそう》（心に描くこと）の世界　真言宗の僧侶の特徴として想像力の豊かさが挙げられると思います。というのも私たちの修行には想像力が欠かせません。お大師さまは即身成仏義の中に「三密加持すれば即疾に顕る」と書かれ、身と口と意（心）が応じ合えば、この身のまま仏さまになれる（即身成仏）と教えられています。

　三密加持というのは、手に印を結び、口に真言を唱え、心を三摩地に住することです。身と口は簡単ですが、意（心）が難しいのです。想像力の豊かな人は観想が上手く、真言を唱えながら一瞬で真言の意味する世界を心に描きます。あまり豊かでない人は、「一つ一つを順番に思い浮かべていくと時間がかかるし、第一心の中に収まりきらないよ」と嘆いていたのを思い出しました。

阿字観《あじかん》という修行をご存知でしょうか。真言宗における瞑想修行で、静かに座りながら心の中に満月と蓮の花を観想し、そこに大日如来さまをお感じいただくものです。私も阿字観能化ですので高野山金剛峯寺の道場で皆様とご一緒に修行させていただいています。最初は座り方の指導が主になりますが、回を重ねて修行すれば、心の中の月輪《がちりん》（満月）を広げたり、収縮させたり、宇宙の果てまで意識を飛ばしたり、呼吸に乗せて体内の悪いものを吐き出し、清浄なる霊気を体内に取り込んだりと、普段では味わえない何かが得られます。観想の世界では何事も自由自在です。

前述の聖語に出る「阿頼耶」とは、自分の心と思っていただいて良いでしょう。これを小さくしていけば無になり、大きく広げていけば仏さまの世界やどこの世界へも繋がるとの教えですので、阿字観で体感されますことをお勧めいたします。

（亀山伯仁）

悟解は心に在り　ただ教指のみにあらず（十住心第四）

【悟ることは自分の心であって、ただ教えだけで悟ることはできない】

◉布施の心こそが開運のカギ　十年ほど前、某タレントが皆の前で私に相談をしました。芸能界から消えそうで海外へ進出したいとか。私は、海外とは笑いのセンスとツボが異なり、そもそも不運の因は内側にあり、心のスイッチを切り替えれば、国内に居ても、大成功できるよと言いました。自利的に努力を惜しまないが、利他的には忖度とモノ惜しみするところが成功を妨げていると指摘した途端、彼は、名声に合わない仕事や助けの依頼を悉く断ってきたとあっさり認め「やっぱり断っちゃダメだったのね！」と開運ヒントにご満悦でした。後に念願のメジャーデビューも果たし、現世利益を手に入れたようです。私は当時僧侶でなく、因果や貪瞋痴の法話もしませんでした。気になったのは、娑婆世界で達成感を味わった途端喜びや満足感が薄れ、さらなる名利欲がエスカレートする我々の性のことでした。彼も、成功の暁に別の煩悩心が生じ悩むのではないかと案じました。モノ惜しみする「慳心」は人に迷惑かけるわけでもなく非難もされないので見逃しがちです。心のセンサーが麻痺しては内因にあると思えず、幸運や不運など果報ばかり気にして一喜一憂することになります。「般若波羅蜜多」の智慧に出会えてこそ真の幸運だと思います。「貪欲心」「慳心」は衆生の煩悩心で、『大般若波羅蜜多経』にも挙げられ、「不起貪欲心瞋恚心愚癡心忿心恨心覆心惱心誑心諂心嫉心慳心憍心害心見慢等心」(中略)とあります。聞き役は釈尊十大弟子の一人で「空」の最高理解者「具壽善現」(須菩提)です。聖声聞比丘ですら仏から煩悩心の説法を聴聞するほど、「慳心」など煩悩心の調伏は難しいのです。悟りの邪念「慳心」を退治するには、六波羅蜜(布施・持戒・忍辱・精進・禅定・智慧)冒頭の「布施」(檀波羅蜜)です。

諸経論で「財・法・無畏」の三布施や、ハードルを下げた「無財の七施」(眼・和顔・言辞・身・心・床座・房舎)もあります。自利に偏り、利他の「捨」を惜しむ「慳心」癖は、パッと消えたりしませんが、ニコッと微笑んだり、電車などでの席譲りも立派な布施です。開運には近道や奇策はなく、「慳心」に気づき、「布施」の仏智を実証することこそが得策です。

(松本堯有)

心は是れ不可思議の境なり（十住心第八）

【心は不可思議な世界である】

◉心は、自由です　心と一口に言いますが、そこにはとても複雑で多様な概念が存在しています。まず何かというと、目には見えないという時点でもうその存在は何なのかと。どう理解して、どう説明できるのかと困惑してしまいます。人間はなまじ思考する動物であるため、その存在について古くからそのあやふやな存在を定義づけるために努力をしてきたように思います。

こうした概念の定義というと、たいていは哲学の出番ですね。西洋ではギリシャ哲学から現代までずっとそれを探していて、そこから派生したのが心理学とも言えます。東洋においては、中国で心学が発生し、一方で仏教哲学の中に、さらに弘法大師空海は「秘密曼荼羅十住心論」において心の段階を十に分けて、密教の悟りの境地への道のりを説いています。

密教では、自分の心の中に仏性があると説きます。闇夜を照らす満月のようだと表現します。でも、その夜空が煩悩という雲によって覆い隠されているので、自分の仏性に気づけないのだということです。

自分の心というものにゆっくり向き合ってみてください。自分の性格、好きなこと、嫌いなこと、今何が悩みか、今何が楽しいか、苦しいのか、といった色々な自分を客観的に分析してみましょう。今の自分は好きか嫌いか。好きな理由、嫌いな理由、それぞれあると思います。そこから、五年先の自分、十年先の自分、二十年先の自分、といった感じで未来はどうなっているか、あるいはどうなりたいか、それを考えてみて下さい。

自分に足りているモノと足りていないモノを冷静に見つめます。そこから見えてきたモノは、きっとあなたの助けになることでしょう。目標になるかもしれません。あるいは実現不可能とも思える夢かもしれません。でも、それでいいのではないでしょうか。自分自身の心と向き合って決めたこと、それは誰にも邪魔されません。空想の世界に生きろとはいいませんが、現実の中で自分がどうなりたいか、どう思うかは、自由なのですから。

（中村光観）

心は是れ一切の法なり　一切の法は是れ心なり（十住心第八）

【心はすべてのものごとの根本である。万事は心の現れである】

◉やさしい心が虹になる

ボランティアで小学生に向けて絵本の読み聞かせをしています。なるべく季節や行事、出来事などに関する絵本を選ぶようにしています。令和三年で終戦から七十六年になりました。私を含めて戦争を知らない世代が人口の七割以上を占めるようになりました。戦争を知らない世代が、戦争について知り考えて次世代に伝えていかなくてはならない時代になっています。終戦記念日がある八月が近くなると、私は過去に戦争があったことを知ってもらいたいと思い、戦争について書かれている絵本を読み聞かせの題材として選ぶようにしています。

七月には、詩：安里有生、絵：長谷川義史『へいわってすてきだね』という戦争について書かれている絵本を選びました。この絵本は沖縄の小学生だった安里有生くんが六歳のときに戦争体験を聞いて書いた詩に、絵本作家の長谷川義史氏が絵を付けたものです。

六歳の安里有生くんは戦争体験を聞いて「平和って何だろう？」と深く考えました。そして平和とは「日常の当たり前のことが普通にできること」だと思い当たったのです。お腹がいっぱいになるまで食べることができること、ヤギがのんびり歩き、馬がヒヒーンと鳴く風景があることが平和だと知ったのです。安里有生くんは、平和はみんなの心から生まれて、平和なときに生まれることができた有り難さに気がついたのです。そして「ずっと平和が続きますように」という祈りが彼に生まれました。

平和の心とは、日常の当たり前の生活ができることです。みんなの心から優しさが生まれ、虹のように折り重なっていくことです。昨日と同じ明日が続いていくよう祈ることです。仏前勤行次第には祈願文があり、万邦協和（すべての国が協力して平和でありますように）・諸人快楽（すべての人があたりまえの日常を快く楽しく過ごすことができますように）と説かれています。

やさしい心がすべての根本であり、やさしい心が虹のように折り重なっていくことで平和の心が生まれ続いていくのです。やさしい心は、すなわち一切の法（仏さまの教え）なのです。まず清らかな心を持つことから始めたいものです。

（中村一善）

万法は唯心なり　心の実相は即ち是れ一切種智なり　即ち是れ諸法法界なり　法界即ち是れ諸法の体なり（吽字義）

【すべては心の現れである。その心は仏の智慧であり、真理の世界であり、仏の世界が本質である】

◉色はにほへど　ふと気づくと無意識のうちに行動していることがあります。たまたま習慣的に行動したと思いがちですが、「無意識」こそが本来の自身であり、その奥底にすべてを形づくる「こころ」が存在します。この「無意識」は、すべてを形づくるために必要な情報や知識をため込む蔵のような「阿頼耶識《あらやしき》」と、その裏で人工知能のAIのように思慮する「末那識《まなしき》」の二つに分けられます。阿頼耶識の蔵の中では、ため込まれた「種子《しゅうじ》」と呼ばれる情報や知識の山が互いに情報交換しつつ「こころ」として形づくられます。このことを「色《いろ》」を一つの例として説明しましょう。

我々は目で見える色自体がその「もの」を表していると思っていますが、実はひかりに対する反応の違いが色として表れているものを見ています。現に闇の中では色の識別はできません。この世の現象も同じです。「こころ」に対する反応の違いですべての現象は着色されます。そのこころに明暗をつけて「自分好みの色」に変えてしまうのが人工知能「末那識」です。この末那識を「自我」として「意識」することで執着が生まれ、こころを形づくる種子に矛盾が生じて、「こころの現れ」であるすべての現象は違和感に満ちたものとなってしまっているのです。ネットニュースも取捨選択が必要なように、蔵の中で情報がアップロードされる種子も、自我のフィルターを取り除くことで安定を保ち、こころは「種智」、つまり仏の智慧そのものとなり、物事の本質が見えてきます。

「色」は仏教的に「しき」と読めば、体やものなど現象として表れているものをさします。色は形のない種子で形づくられた「こころ」により現れているから「空」であり、「空」であるからありのままのこころを鏡のように映し出します。したがって自我を離れることで「自身のこころ」である阿頼耶「識」は大円鏡《だいえんきょう》「智《ち》」という大きな円からなる鏡のような仏の智慧となって、仏の世界が眼前に広がります。（中村光教）

心智は即ち理なり　心外の理には非ず　心理は是れ一なり（吽字義）

【心にある仏の智慧が真理である。心の外に真理はない。心は真理の現われと同じである】

◉心は見える　真言密教の修法では、手に印を結び、口に真言を唱え、意《こころ》を仏と一体にします。身体で仏を表したり、仏さまの真言を唱えることは、習ったとおりにすれば出来るのです。しかし、一番難しいのは意《こころ》を仏と一体にすることです。

「心」と「意《こころ》」との違いは、「心」は物質的な身体に対する精神的なもの、さらには感情や思いをいいます。しかし、「意」と書く場合、「音」の下に「心」と書きますので、音、つまり気配によって深く理解することを表し、先ほどの感情とか思いよりも深く、経験とか周りの空気とかいろいろなものを感じ取った上で、それを心にしまい込み、その中の本当の真理を見出す心をいいます。

心は身体の中にあるもので、その領域は限界があると思われているかもしれませんが、私たちの身体に納まりきらないほど無限であります。私たちの身体を使って仏の願いを表し、仏の願いを言葉に発する。そして深い心の中、仏の願いを一身に感じ、仏と一体になることが即座に出来るとお大師さまは仰せられています。

お大師さまの時代、同じ仏教でもさまざまな宗派があることに疑問を持たれた天皇さまは、日本で最初の仏教宗派である南都六宗を始め、天台宗、そして新たに認められた真言宗の高僧を集められ、それぞれの宗派の特徴を説明させられました。各宗派の説明ののち、いよいよお大師さまが真言宗の宗旨である即身成仏をご説明されました。しかし、どの宗派の高僧もそのことに納得されません。お大師さまは、その場で手に印を結び、口に真言を唱え、意《こころ》を仏と一体にする修法を実修されますと、天皇さまを始め、どの宗派の高僧も即身成仏されたお大師さまのお姿に礼拝され、即身成仏を認められたといいます。

即身成仏のための三密行は、料理に喩えると、手に印を結ぶのは食材そのもの、口に真言を唱えるのは食材を加工して食べられるようにすること、意を仏と一体にするのは調味料で味付けしたり、料理人の真心と私は思っております。同じ料理でも、料理してくださる方の意《こころ》が私たちに見えることは言うまでもありません。

（富田向真）

唯心

行行《ぎょうぎょう》として円寂に至り　去去《ここ》として原初に入る　三界は客舎《かくしゃ》の如し　一心は是れ本居《ほんこ》なり（心経秘鍵／念持真言）

【生命は次々と死の淵に向かって去って行く。人生は宿を転々とするようなものである。心こそが真に変わらぬ拠点である】

◉進め！　仏教徒　菩提樹の下、暁の成道を成し遂げられた釈尊は、その後四十五年の月日を旅の空に送られました。一人でも多くの衆生と面会し教えを説くために、自らの足でインドの大地をどこまでも歩かれました。釈尊の教えに従うお弟子方には、二人して同じ道を行くことなかれ、彼の地の土になる覚悟で行くべし、犀の角のごとくただ一人歩め、と力強い言葉で修行を勧められました。そうして仏法はインド中に広まり、さらに海を渡り雪山を越えて、東崖の我が国まで伝わりました。伝道の旅、求法の旅、巡礼の旅、道の人ブッダの影を慕い、多くの仏教徒が仏道の歩みを刻みました。二千五百年の時を経て今もその歩みは続いています。

道を行くことが仏教の本質なのかもしれません。釈尊は仏法を古道に例え、その道を歩んで覚りの大城に至りました。玄奘三蔵は流砂を越えて法を求めてインド中を歩きました。若き空海は大自然の中に歩み入り、宇宙の真理に触れたのです。その姿が修行大師として銅像になっています。

今、私は歩いていません。テレビやスマホを通して幻を見る毎日。三界の客舎に長逗留して化城を追い求め、時の歯車に組み込まれて堂々巡りを繰り返しています。こんなことでは一心は遠のくばかりです。一心とは、衆生の心、仏様の心、そしてわが心。一心を得るには、道を行かなければなりません。あれ？　何巻か前の空海散歩に似たようなことを書いた気がします（第五巻一一四頁「仏道を歩こう」）。あれから何年経ったのか。いまだに自坊で立ち往生している自分に愕然とします。

自坊の境内に立つ修行大師の像を前に般若心経を唱えました。羯諦　羯諦　波羅羯諦　波羅僧羯諦　菩提薩婆訶（行ける者よ　行ける者よ　彼岸に行けるものよ　彼岸に全く行ける者よ　覚りに幸あれ）。そろそろ覚悟を決めて、大自然の中へ、人々の心の中へ、虚空に遍満する仏心の中へ、歩みを進めたいと願います。

（佐伯隆快）

因より果に至るまでみな無所住を以てしかもその心に住す　故に入真言門住心品というなり（大日経開題　衆生／同略開題）

【原因から結果に至るまで、すべて留まる所はないけれども、しかし心に留まる。だから真言門に入るために心の所在を探求する必要がある】

◉悟りは心の中に　真言密教の拠り所となる根本の経典の一つに、『大日経』というお経があります。若き日の弘法大師は、奈良にある久米寺というお寺の塔の中でこの経典を発見されましたが、その内容がとても難しく、理解することができなかったため、『大日経』に詳しい先生を求めて唐の国（中国）へ渡ったともいわれています。

冒頭の文章は、弘法大師が『大日経開題』という書物の中で、「入真言門住心品」という『大日経』の第一章のタイトルについて解説した部分の一節です。

「入真言門住心品」では、執金剛という菩薩が、真言密教の本尊としても知られる大日如来に、「悟り（菩提）とは何ですか？」という質問を投げかけます。すると、大日如来はその問いに、「ありのままに自分の心を理解すること（如実知自心）である」と答えます。

仏教には、厖大な数の経典や論書があり、また、さまざまな修行の方法がありますが、悟りというものは、それらの経典や論書を読んで勉強することによってでもなく、たくさんの苦しい修行を積むことによってでもなく、自分の心をよく知ることによって得られるというのです。執金剛菩薩は、どんなに驚いたことでしょう。

自分の心を理解すれば、おのずと、他者の心も理解できるものです。自分が嬉しいと思うことは他人も同様に嬉しいものであり、自分が嫌だと思うことは他人も嫌なはずです。そのようにして他者の心を理解することができれば、他者への思いやりの心が生まれます。その思いやりの心こそが、慈悲であり、仏の心であり、悟りそのものであるというのです。

悟りとは、決して難しいものでも、得難いものでもありません。他者の苦しみを自分の苦しみとし、他者の喜びを自分の喜びとする。そんな思いやりの心こそが悟りの心であり、自分の損得にとらわれず、常に思いやりの心に基づいて行動する人が、悟った人間なのです。

（川崎一洸）

心を離れて更に法なし（梵網経開題）

【自分の心を無視して仏法はない】

◉心とはいかなるものを言うならん墨絵に書きし松風の音　このお言葉の内容は、臨済宗の『白隠禅師坐禅和讃』に「衆生本来仏なり　水と氷の如くにて　水を離れて氷なく　衆生の外に仏なし」とあり、これにも通ずるものです。「我が心の中にこそ仏がいる」というのは仏教に於いて宗旨を超えたとても重要なキーワードだといえます。

仏教で説かれる「心」とは何か、様々な経典や論書で複雑に説かれています。読めば読むほど難解で迷路にはまり込んでしまいそうです。タイトルに挙げた歌は、室町時代の名僧、一休禅師が詠まれたものです。「心」は形として捉えることができません。しかし確かに存在しています。一休さんはこれについて「心とはいったいどういうものなのか、それは絵にかいた松風の音のようなものである」と。平面に描いた松林の風景のなかでは実際に風が吹いているわけではなくても、素晴らしい絵からはまるで松風のそよぐ音が聞こえてくるかのように受け止めることができます。さらにそこから絵画に秘められたストーリーを様々に想像することができるのです。三次元の物体として見ることができなくても確実に存在するもの、それが「心」だという、心の存在を的確に表現するなんとも味のある歌だと感じます。

さて、「心」を表すサンスクリット語は二つあり、一つは「チッタ」もう一つは「カリダ」といいます。簡単に説明しますと、チッタは思考したり感情を抱いたりする精神面の心を、カリダは生理的な心、つまり心臓を表します。

密教の瞑想、阿字観では月輪の中に蓮華とア字を描いた本尊を祀りますが、そのうち蓮華をカリダ（心臓）、月輪をチッタ（精神）とイメージします。阿字観本尊を前に瞑想して、我が心臓は泥水に染まらない清らかな蓮華のようであって、我が精神は暗雲に染まらない曇りなき満月のようであるとイメージします。そして大日如来を表す𑖀字によって満月輪（精神）と蓮華（心臓）が合一され、我が身と心が仏と同体であることを確信するのです。自分の心臓も精神も直視できませんが、瞑想によってそれが確実に存在し活動していることを実感してみましょう。

（大瀧清延）

心は即ち是れ法なり　法は即ち是れ心なり　更にいずれの処にか住せん
心を離れて別に法ありといわば即ち執を生ず（一切経開題）

【心が真理であり、真理が心である。心の外に真理があるだろうか。心を離れたところに真理があるとすれば、それは偏見である】

◉その根拠は何だ？　かつてプロ野球でヤクルトスワローズの野村克也監督が提唱したID野球。それまで勘や経験に頼ることが多かったプロ野球でしたが、ID野球は、データ重視で相手の弱点を見抜き、頭脳を駆使して試合を進めるという、画期的な勝利の方程式でした。野村監督は選手たちのプレイを見て、必ずこう問うたそうです。

「その根拠は何だ？」

「何となく……」などと答えようものなら、たとえ結果が良くても、厳しく叱責されたそうです。結果オーライでは長くは続かない、勝利には真理たる法則があるのだから、それを見つけるために頭を使いなさいということなのでしょう。

一方、野村監督は「情の人であった」とも言われています。ある時、極度のスランプに陥ったチームの主力選手を、どう見ても交代という場面でも打席に送ったそうです。それは、その選手を突き動かしているのは、チームを背負うというプライドで、それを奪ったら、今後ずっと打てなくなると考えたからで、選手の思いを重視した決断であったそうです。どんなに卓越した理論を得ても、それを実践する、肝心の人の心が揺らいでしまえば、物事を成すことはできません。真理と心理、その両面を駆使することが、野村ＩＤ野球の真髄であったのかもしれません。

真理というのは畏れ多く、絶対的なものと思われがちですが、私たちの「こうありたい」という強い思いが積み重なったものだと思います。ですから、あなたの考えも世の中の大切な真理であり、自らの主張を何ら恥じることはありません。

しかし、それは決して独りよがりで、自らの利益のみを主張するものであってはなりません。仏様は、常にあなたにこう問うてこられるでしょう。「その根拠は何だ？」。そのために、恥ずかしくない答え、真理、生き方は用意しておかなければなりません。

（稙月隆彦）

一切の万法はみな心より生ず　心もし生ぜずんば何ぞ万法あらん（一切経開題）

【すべてのものごとは心から生ずる。心が動かなければ存在するものごとはない】

◉こころの三密　コロナ禍で「三密」という言葉が定着しましたが、真言密教には、「身」＝手に印を結び、「口」＝真言を唱え、そして「意」＝自らのこころを見つめて、そのなかの仏の「こころ」を観るという「三密行」があり、その先には万法をも生み出す極楽世界が広がっています。

「意」は「一心」ともいえます。「一心」には二つの意味があって、「一心に」集中する「一心」と、仏と同心になる「一心」です。合掌して「一心に」真言を唱えているとき、寺の堂内の煌びやかな仏像から道端にひっそり立つ石のお地蔵さんにいたるまで、仏も同じように「三密のこころ」のなかで合掌して「一心に」真言を唱え、参拝者と一心同体となって祈っています。しかし、「一心に」祈ったからといっても仏の「こころ」までは観ることはできないと思われるかもしれません。

この同心の「一心」は「仏性」ともいわれ、真言宗では、この世のすべてのものは仏性を持ち合わせていると説きます。すべてのものごとはこころから生ずるのですから、その仏性を生かして仏と同心となれば、こころから生ずるすべてのものごとは仏の見る世界、まさに極楽浄土そのものであるはずです。あとはその祈りを仏と同じように生きとし生けるすべてのものにも向けるのみです。この名言の出典である一切経とは「すべての経典」という意味で一切経という経典があるわけではありません。そのすべての経典を書かせたものは、釈迦入滅後に、釈迦の教えを伝えた弟子たちのこころであり、まさに仏の教えにこころが動かされたからこそ、仏教は今の世にも残っているのです。

コロナ禍でリモートが当たり前となり、バーチャルという仮想世界での人間関係に向かうなかで、人間《じんかん》の距離も離れつつあり、心にも距離が生じかねない世の中になってきました。それによって相手の心が読みづらくなり、心が乱れてしまえばすべてのものごとが乱れてしまいます。「三密のこころ」にソーシャルディスタンスは必要ありません。仏と同じこころを持ち、一人ひとりが仏のはたらきを担えば、たとえ困難のなかにあっても、こころの手をとりあい共に乗り越えられるはずです。（中村光教）

諸相は具さに宣べ難し　万法は心に従ってあり　舟行けば岸遷《うつ》るといい雲欹《はる》れば月走ると見る（宗秘論）

【すべての形を詳しく述べることは難しい。しかし、すべての存在は心によって動く。舟が運行すれば岸が移り、雲が晴れれば月が動くようなものである】

◉最善の一手　令和三年十一月十三日は将棋界にとって歴史的な日になりました。藤井聡太三冠が豊島将之竜王に対し七番勝負で四連勝を飾り、見事に竜王位を奪取、史上最年少で四冠になられたのです。

対局会場は山口県宇部市「ＡＮＡクラウンプラザホテル宇部」。前日の十二日午前九時に始まり、翌日の午後六時四十一分に豊島竜王が投了しました。その瞬間、あらゆるメディアで「四冠誕生」の速報が流され、将棋ファンのみならず世間の注目を浴びていたことが分かります。その日は、たまたま師匠の杉本昌隆八段の誕生日であり、華を添える形になりました。

杉本八段は「竜王獲得、そして最年少四冠達成おめでとうございます。この日が来ることは十年前から確信していましたが、それでも師匠として感無量です。藤井新竜王の活躍は人間の無限の可能性を感じさせてくれます。更なる飛躍を期待しております」といったコメントを発表し、幼いころから見てきた才能が開花し、将棋界のトップに立った愛弟子の快挙を喜びました。

杉本師匠は愛弟子がいずれタイトル戦で活躍する未来を予見し、同じ愛知県一宮市出身で実力が高く、当時七段の豊島将之さんにまだ奨励会初段のアマチュアであった藤井聡太さんとの練習将棋を依頼したことを朝日新聞DIGITALに連載中のコラム「杉本昌隆八段の『棋道愛楽』」で書き（二〇一九年五月二十三日）、「いつか必ずタイトル戦で当たるであろう組み合わせを見たかった」と語っています。

棋士のみなさんは対局中盤面を食い入るように見つめ何時間も集中して考え続けています。盤面に没入するその様子は、まるで修行者が三昧に入っている姿に見えます。

人生生きていれば色々と難しい場面がありますが、そんな時は唯ひたすらに自分自心をしっかりと見つめ直すことで、最善の一手を指せるようになるのはないでしょうか。

（成松昇紀）

夢は心想より生ず　悉地もまたかくの如し（宗秘論）

【夢は心の思いから生ずる。悟りも心から開かれる】

◉**師弟愛**　チベット仏教の高僧、ロサン・ガンワン師から、ある灌頂の伝授会でお授けをいただいた際、夢についてお話を聞かせていただきました。「もし今晩、夢を見たならば、それは仏さまのおしるしです。ご加護をいただいている証です。良い夢を……」とのことでした。チベットでは夢に現れる内容も大切な現象であり、その内容によっては悟りのためのモチベーションの一つと受けとめられているようです。「夢は心想より生ず」のお言葉の通り、夢は心の中の深い思いから現れます。また「悉地もまたかくの如し」の通り、修禅瞑想で得られる悟りの境地も、心の中の深い真心から開かれるというのです。

お大師さまは、密教求法のために唐に渡り、青龍寺の恵果和尚と出会い、そして親しく灌頂を受け、余すことなくすべてを授けられると、恵果和尚は安心したかのようにこの世を去ったのでした。世寿六十歳でした。師を失ったお大師さまには悩みがありました。それは、本当に帰国して故郷のために密教を広めるほうが善いのか、はたまた唐の国に留まり、恵果和尚の後継となるべく密教を伝えるべきかという悩みです。そのような中、亡き師である恵果和尚が道場で密教の修法にて念じるお大師さまの目の前に現れます。「私とあなたは久しく約束を交わしてきたのですよ。真言密教を伝えるべく、あるときは師となり、あるときは弟子となって互いに伝え合ってきたのです。今度は日本国に生まれ、あなたの弟子となりましょう」(『性霊集』第二)と伝えられたそうです。

この時お大師さまは、今生を越えた師弟の法愛の有り難さを感じ、帰国を決意させるこれ以上ないはっきりとした動機となったのです。お大師さまの修法には唐の国で初めてお会いし、密教をお伝えくださった恵果和尚の優しい眼差しがいつの時にでも浮かんできたことでしょうし、以後、お大師さまは弟子に対してもご自身が授かった時を思い返しながら、お伝えになられたことと思います。また、心想深く悟りの境地において、師の想いを受け継ぐべく金剛のような強い意志で恵果和尚の想いを念じ続けられたことでしょう。

(阿部真秀)

唯心

有漏《うろ》の微塵国はみな心想より生ず　如来の遍知海もまた心想より起る（宗秘論）

【無数の煩悩はすべて心の思いから生ずる。海のように深い如来の智慧も心から起る】

◉**かねのね**　年の瀬の恒例と言えば、除夜の鐘でしょうか。除夜は大晦日を指す言葉ですので、まさしく大晦日の鐘の音となります。除夜の鐘を打つ回数は一〇八回。煩悩の数と言われます。しかし、面白いのは煩悩の数が一〇八という正式な根拠は経典などには書かれていないのです。私は俗説として四苦八苦から四×九（く）＝三十六。八×九（く）＝七十二。足すと百八。だから除夜の鐘は苦しみのもとである百八の煩悩を打ち砕くために百八回打つのだと聞いたことがあります。一説として考えれば面白いと思います。

煩悩は私たちの欲望でもあり、苦しみの元でもあります。あれが欲しい！　と思うと欲しいから苦しむのであって、欲望を絶ってしまえば、苦しみは元からなくなります。しかし、実際に生きている私たちにとって、欲望を捨て去ることはかなり困難ですし、無気力になってしまうのではないかとさえ思ってしまいます。皆が幸せに暮らせるように、こんな事をしたい、こういう自分になりたい、すべて欲するものですので、欲望のひとつです。私は、この煩悩こそが生きる活力の源であるようにも思います。お坊さんなのに煩悩を肯定するのかって言われそうですが、仏さまの教えの中には煩悩即菩提《ぼんのうそくぼだい》というものもあります。

煩悩があるからこそ、その迷いや苦しみから悟りを求めるようになり、仏さまの心を得ようとする修行にも通じるというのです。誰かのために何かをしたいということですらよく考えれば欲望の一種でもあります。煩悩の数だけ苦しみがあり、また悟りがあるのではないでしょうか。すべては私たちの心が欲するものなのです。

迷いも悟りもすべては心から生じます。私たちの心から生じる煩悩をただ邪な思いとして育てるか、そこから悟りへ近づく糧としていくのか。そのような自戒も含めて、大晦日にはぜひ除夜の鐘を打ちにお寺に行ってみましょう。

あなたの煩悩は悟りへの道を示しているものなのか、ただの欲望か。鐘の音が教えてくれるかもしれません。

（岩崎宥全）

唯心

この太虚に過ぎて広大なる者は我が心　かの法界を越えて独尊なる者は自仏なり　仏刹微塵の数もその数量に譬うることあたわず　日月摩尼の光もその光明に喩うることを得ず（平城灌頂文）

【私の心は空よりも広く、いかなる世界よりも尊い。自身仏の尊さたるや、無数の仏と比べようがなく、太陽や月、摩尼宝珠の光でさえも比較にならないほど素晴らしい】

◉お大師さまの人生　お大師さまの人生のターニングポイントは入唐です。私はここで大柴清圓師『空白の七年の真相』を参考にします。二〇二〇年、大柴師は右書において、今まで明確でなかったお大師さまの得度、受戒の年齢と入唐の経緯を明らかにし、『聾瞽指帰』著作から入唐までの推論期間に一定の結論を出しました。

お大師さまが入唐を志したのは八〇一年（二十八歳）以降です。この年に桓武天皇が第十六次遣唐使の派遣（八〇三年）を決めたからです。『聾瞽指帰』著作（七九七年、二十四歳）によって出家宣言したお大師さまは、得度（七九八年、二十五歳）して沙弥となり、大安寺で沙弥行の修行をしていました。僧として生きる人生を選択し、留学僧として入唐を志し、具足戒を受けることを望んでいました。遣唐使の留学僧は具足戒を受けた僧から選任されます。しかし、受具足戒は沙弥として一定の年月を経る必要があるため（最澄師は五年）、留学僧の選任候補に間に合いませんでした。お大師さまが具足戒を受けたのは八〇三年（三十歳）四月九日です。受戒後、規定に従って、四月十五日から（三か月間）東大寺戒壇院の安居会に臨みます。遣唐使船は奇しくも重なるように、四月十六日に出航しました。しかし、難波津を発って直ぐに難波したため、翌八〇四年に再派遣することになります。この再派遣の欠員補充によって、お大師さまは留学僧に選任され、入唐します。以上が『空白の七年の真相』です。「仮名乞児」（お大師さま）は兜率天に向かうと言いました。そして入唐し、目指した仏教の到達点「大菩提の果」が真言密教の修行によって獲得できる確信に至り、帰国します。右の名言は、帰国時の天皇であった平城上皇に灌頂を授ける時に著された、お大師さまの悟りの心境です。私はお大師さまの人生が一途で尊く、奇跡で何も比較にならないほど素晴らしいと思わずにはいられません。

（細川敬真）

唯心

両諦《りょうたい》は殊処《しゅしょ》に非ず　一心塞融《さいゆう》を為す（聾瞽指帰）

【仏と世俗の真理は異なったものではない。心によって変化しているのである】

◉**先生、二元論を超える**　自給自足の「谷」と呼ばれる村で学び舎の先生をしている族長の娘のもとへ、隣国の元参謀がやって来ました。

先生「あら、誰かと思ったら。何かご用？」

元参謀「冷たいねぇ姫様は。用がなきゃ来ちゃいけねぇのかよ。共和政となった我が国の弱小野党『平民党』の党首様がお出ましってのに。いやね、最近うちの国の世相は荒れててな。何でもかんでも、敵か味方か、右か左かって、すぐに決めつけやがる」

先生「ねぇ、これを見て。この花はもともと菌類の海にあったものを、私が種から育ててました。いいえ大丈夫、毒は出しません」

元参謀「ほ、ほんとかよ。なぜだ」

先生「毒の原因は菌じゃない。かつて人間が汚した大地を菌類たちがきれいにしてくれているんです。私たちが忌み嫌う菌の存在なしに私たちは生きられないの。だから世界を清浄と汚濁に分けてしまっては何も見えません」
元参謀「二つに分けちゃダメってことか」
先生「私たちはつい分かりやすく理解しがちです。でもそれは私たちの心がそのように分類しているだけ。世界はずっと複雑です。旧文明の遺跡から発掘された文書にも『両諦は殊処にあらず』と書かれています」
元参謀「そこまで分かってたのに旧文明は滅亡したのか。で、また同じことを繰り返そうとしている。人間ってのはちっとも成長しないな」
先生「そこで案外、清濁併せ呑むあなたの出番かもしれませんよ」
元参謀「おっ、うだつの上がらねぇ平民出にやっとめぐってきた幸運か…」
先生「それとも破滅の罠か。ふふふ」
元参謀「こら、俺のセリフを取るんじゃねぇ」

（この文章はフィクションです）

（坂田光永）

遠くして遠からざるは即ち我が心なり　絶えて絶えざるは是れ吾が性なり

（性霊集六　天長皇帝橘寺）

【遠くにあるようで遠くでないのは私の心である。絶えているようで絶えていないのは私の心にある仏である】

◉いつも仏さまを想う

仏さまと私は一体になっています。これを別々にしてしまうから迷いが起こり、不安になり、苦しみが生じるようです。仏さまがいつも私に寄り添っていただいていると確信すれば、迷いや不安はかえって道を開く好材料になります。迷ったならば、とことんに迷ってみることです。悩みや苦しみは、新しい道を切り開くエネルギーになりますから、仏さまに手をあわせながら迷い抜いてみることです。武芸と教養に秀でた戦国武将の山中幸盛（通称鹿介《しかのすけ》）は、「願わくば、我に七難八苦を与えたまへ」と、神に祈ったそうです。

煩悩は渋柿のようなものです。渋柿を軒下に干して風にさらせばやがて甘柿になります。これと同じように、自分の欠点を仏さまの風にさらせば、その欠点が個性的な特徴になって熟します。これが「煩悩即菩提」の教えです。

我々の心は清浄です。体は仏身です。眠っている仏さまを起こすために、「オンボウジシッタボダハダヤミ」という「発菩提心真言」があり、そしてこの真言に続いて、「オンサンマヤサトバン」と「三昧耶戒真言」を唱えて「私は仏である」と誓います。この二種類のご真言はセットになっています。「発菩提心真言」でノックをして眠っている仏さまに揺り起こし、起きていただいた仏さまに「三昧耶戒真言」で仏の自覚をしっかり誓って社会に働くというわけです。

私の心は遠くにあるようで、近くにあります。心は掴めないようで、掴めます。心は雲のように形を変えながら空に融けていきます。心は刺激を受けながら形になります。私と仏は同じであるにもかかわらず、それを区別する凡人の思量を「分別《ふんべつ》」といいます。この「分別」は、梵語「ヴィカルパ」を語源とする仏教用語です。仏さまの心は無分別です。自他を分別すれば迷いが生じます。問題が起これば清らかな平等の心で、そこから逃げ出さずに泰然と向かいあいたいものです。きっと仏さまから智慧が授かるはずです。

（近藤堯寛）

一切諸法は心を根本とす　これ大地の一切を任持するが如し（雑問答一七／真言二字義）

【すべての物事は心から出発している。大地がすべての物を載せているようなものである】

⦿すべては心から始まる　西洋では中世の頃、教会を中心としたキリスト教が絶対的な力を持っていました。中世のキリスト教で権威を保っていたのはアウグスティヌスという人の学説で、「すべては心から生じる」という、唯心論の立場を取っています。この考え方は、大筋においてお大師さまと同じです。ルネサンス以降、これに対抗して「心など関係ない。全てが物質的な働きで説明できる」という、唯物論を唱える人が増えてきます。近代科学もこの唯物論が土台となっており、共産主義の元祖のマルクスも徹底した唯物論者でした。こう書くと、唯心論は近代科学に反した、いかにも宗教的な考え方に思えてしまいます。お大師さまの主張にもとづいて真言宗は加持祈禱が盛んですが、心の偉大な働きを認めない唯物論者からすれば、祈禱など迷信と自己暗示の産物と思われるでしょう。

しかし唯物論者にとって、非常に厄介な問題があります。それは、「私たちの心の働きは、どうやって生じるのか」ということです。例えば、一念発起して逆境からはい上がり、社会的に大成功した人の心の働きが物理的にどうやって生じるのかということ、唯物論でこれを説明するのは一気に難しくなってしまいます。哲学では「自由意志問題」と呼ばれることもある難問です。まさか「心の元素を構成する原子粒子が衝突することによって生じるのだ」と説明するわけにもいきません。実際にヘレニズム時代、ギリシアのエピクロスという哲学者はこの問題に困り果て、この人も唯物論者だったのですが、「物質内の原子粒子が衝突する際に、なぜかわからないが微妙に軌道がずれる。それによって心の働きが生じる」という説明に陥ってしまいました。大学時代にエピクロスが好きで論文まで書いた私から見ても、どう考えても苦しまぎれの珍説でした。やはり、心の働きは無限であり、すべては心の働きから生じ、物質世界に多大な影響まで与えると考えるしかありません。実際に祈禱の威力は私自身、日々実感しております。結論としては、お大師さまの意見に一票を投じざるを得ないのではないかと思います。

（佐々木琳慧）

第三章　しんじつ

第一の高祖法身大毘盧遮那如来は自眷属の法身如来とともに秘密法界心殿の中に於て　自受法楽の故に常恒不断にこの自内証智の三摩地の法を演説したまう（付法伝第二）

【宇宙の根本仏である大日如来は、無数の眷属とともに絢爛たる法界宮殿の中で、自ら法を楽しみながら、悟りの智慧と修行方法を不断に説いておられる】

◉突然、電波にのって大日如来のメッセージが届いた？　数年前、私が家族を介護施設に車で送迎をしていた時、たまたま車内オーディオラジオがつきっぱなしになっていて、あるラジオ放送の中で、小学四年生の男の子の作文が発表されていました。

作文によると、その男の子は父親の仕事の都合で日本を離れ、フィリピンの日本人学校に通うことになり、言葉も文化も違う、物凄いお日様が照って暑い国にいて、最初は心細かったものの、少しずつ現地で楽しく暮らせるようになりました。

そうすると男の子は、フィリピンでの暮らしについて考えたのです。多くの世帯は生活が豊かでなく、広くはない家で十人以上の大家族で暮らしています。しかしながら家族は仲良く喧嘩も引きずらず、家の外でも、知らない人同士で気さくに声を掛け合い、家族のような温かい雰囲気が町中に拡がっていて、みんな笑顔で幸せそうに見えました。それに気づいた時、男の子は日本の暮らしとの違いを感じたのです。

「フィリピンに比べたら生活は豊かだけど、日本では大家族ってそんなになかったな、町に出て、こんなふうに知らない人同士で仲良く出来ていただろうか？　自分の周りはこの町程、みんな笑顔で幸せに見えただろうか？　僕がフィリピンで住んでいる町と、僕が日本で住んでいたところは、何がそんなに違うのだろう〜？」

私は気がつくと運転しながら聞き入っていました。その男の子は、作文の最後に、いみじくもひとつの答えを出してくれたのです。

「きっと、あの熱いお日様が、フィリピンの国の人たちの心を、明るく照らしてくれているんだ！」

大日如来の教えは、誰にも届きますが、私たちはその波長を受信し、心を明るく照らす行いを発信する「送受信可」の設定にすることが重要です。僅か十分間の運転でも、法の楽しみは私の心の渇きを潤すように満たしてくれました。

（村上慧照）

真如法身ことごとくみな唵字《おんじ》の一声より出づ（十住心第九）

【仏の真理はすべてオンの声から出ている】

◉阿吽とオームと唵字

あなたも「阿吽」という言葉を聞いたことがあると思います。阿吽の呼吸、阿吽の仲などと言いますね。お寺の山門の金剛力士像や神社の狛犬も、通常は一対になっていて、一体は口を開いた阿形、もう一体は口を閉じた吽形です。

阿吽という言葉のルーツはサンスクリットにあります。サンスクリットでは阿（a）の音は口を開いたときに自然に出てくる最初の音で「万物の始まり」を、吽（hūṃ）の音は口を閉じた最後の音で「万物の終わり」を表します。人間も生まれる時には「アー」と言う泣き声をあげて生まれてきて、死ぬ時は最後に「ウン」と息を吐ききってこの体を離れますね。

この阿吽を「a」、「u」、「m」の三音に分解すると「オーム」、すなわち唵字《おんじ》になります。サンスクリットではaとuが隣り合うと同化して長母音oになるという音韻のルールがあるからです。古くからインドではこの聖音オーム（唵字）は一文字で宇宙の始まりから終わりまでの「全て」を表す音とされました。

空海先生も唵字をa・u・mの三文字に分けて考えました。

aは本源的な絶対の仏身（法身）を表すと言います。法身とは、永遠の昔から存在し、未来永劫に渡って存続する宇宙の真理そのものの事です。uは菩薩として修行した結果仏として報われた仏身（報身）を表します。阿弥陀如来などのように過去生の誓いが報われて、衆生の救済のために出現する仏や菩薩です。mはお釈迦さまなどのように、迷えるものを救うために姿を変えていて現れた仏身（応身）を表します。

そして、「唵」のこの一字が宇宙の真理そのものを仏格化した法身大日如来の真身であると言われています。密教の考え方では、阿弥陀如来も釈迦如来も全ては大日如来の現われ方のひとつです。色や形などの感覚で捉えられる具体性を持たない大日如来は、私たちにとってはつかみどころがありません。ですから何らかの具体性を持たせるために、本性を保ったままその完全性をいろいろな形で崩すのです。それが報身や応身としての形です。大日如来だけではありません。全ての仏も、あなたも私も、命ある存在は皆、音や言葉も含めて全ては大日如来の現れなのです。

（小西凉瑜）

毗盧遮那の一切の身業　一切の語業　一切の意業　一切処一切時に有情界に於て真言道句の法を宣説したもう（十住心第十）

【大日如来のすべての働きは、あらゆる場所や時間に於て、我々に真言の法を説いておられる】

◉**気付こう　森羅万象は三密**　近年の異常気象、最近ではコロナウイルスによる人類への挑戦、皆さんは科学や医学の進歩解明に期待をもっておられると思います。でも人種も国籍も関わりなく万人にコロナウイルスは浸潤してきています。この行き詰まりの毎日、一度野に出て山に入って自然の息吹を感じてみませんか。其処ではコロナウイルスに冒されることは少ないでしょう。雑踏がなく一人の世界に安住できる場所です。本来人類は、この環境の中で生活を続けてきました。年代の経過の中で自然の恩恵をうけ、自然に学び自然を科学するなかで現世は存在しています。このことは否定できません。間違いなく評価できる事実です。しかし、自然界には科学に解明できない、また現実に証明できない、また事象となって顕れないことも多くあるのです。

法身というのは仏さま、大日如来です。宇宙に存在する全て、宇宙の現象、いのち、そのものが大日如来の働きなのです。空海さまが書き残された「雑言」の中に、次のような詩文の一節があります。「南山の松石は看れども厭《あか》ず　南嶽の清流は憐れむこと已《や》まず」と。南山、南嶽は高野山です。その自然の中に佇まれた時、ただ情景を述べられたのではなく、心を通わせておられるのです。幾百年を経たものか古松の風を聴き、荒々しくむき出しになった岩山に修行の厳しさを学び、谷川に流れ行く清流は、自然のままに拘りのない清らかな心を映して流れ行く、そのささやくような音にも心を洗われる。と言っておられます。

また、「春華　秋菊　笑って我に向かひ　暁月　朝風　情塵を洗ふ　一身の三密は塵滴に過ぎ　十方法界の身に奉献す」とも。自然に包まれ、仏に包まれ、心を通わせて静かに過ごしておられる様子を察することができます。

これら自然の活動、自然の姿が仏のすがた、自然の音が仏のことば、自然の叙情が仏のこころなのです。仏の三密です。もともと備わっている三密です。衆生（わたしたち）の三密は努力して仏の三密に近づきます。自然のなかに学びなさいと言っておられるようです。

（野條泰圓）

真言密教は法身の説　秘密金剛は最勝の真なり（宝鑰第十）

【真言密教は大日如来の説であり、最高に優れた真実の教えである】

◉**私達人間は地、水、火、風、空、識の六つの性格を持って活動しています**　真言宗は平安時代に弘法大師様によって開かれた宗教でありますす、その教えは真言密教ともいわれております。宗名が示すように仏さまの真実の説法をそのまま多くの人々に伝えますので「仏の言葉の宗教」と言うことができます。その教えは古くインドに起こり、中国に伝えられ、それを弘法大師様がご苦労の末、我が国にお持ち帰りになって真言宗として開宗されたものでありますから、三国伝来の大宗教と言うことができます。

お大師様は宇宙全体に生きる仏さまの大いなる生命を知り、それを自分の命と一体化させ、三昧に入って仏を覚るための修行を教えることを教理としています。宇宙全体の真理を物語るという大きな意味があります。世の中のすべての現象は目には見えないけれども大いなる生命がこの世に生き続け、その生命の力が種々の形を持ち、個々の生命を持って現れているとの世界観に立つのが密教の六大縁起の教理であります。

私達人間を始め、すべてのものは地、水、火、風、空、識、の六つの性格と活動を持つことによってこの世に生まれ出ているということであります、六大の大いなる生命が私達生きとし生けるものの根底にあり、私達自身が仏さまの生命と一体である瑜伽ということを教えられているのであります。このように、内眼には見えないけれども、宇宙にはすべてのものに優るところの命と心が生きていることを強く説くのが真言宗であり、十住心のうちで真言密教が最高位にある故であります。

理法身たる胎蔵界の大日如来はどこにおられるのか？　それは極めて近いところ、すなわち我が心中におられます。智法身たる金剛界の大日如来はどこにおられるのか？　これまた、甚だ近く、我が心中におられます。私達は目に見えないものに畏怖の念を抱きますが、全ての人は目に見えない真の善を内蔵していることを知るべきであります。

（安達堯禅）

法身は常に光明を放って常に説法したまえども　衆生は無量劫の罪垢厚重なること有って見ず聞かざること　明鏡浄水の面を照らすときはすなわち見　垢翳《くえい》不浄なるときはすなわち所見なきが如し（二教論下）

【大日如来は常に光明を放って説法されているが、衆生は罪過が邪魔して見聞することができない。磨かれた鏡や清らかな水面ならば見ることができるが、汚れていれば映らないようなものである】

◉寺院には檀家　人間には暖家　お寺を支えてくださる大切な存在が檀家の皆様です。慈悲心が豊かで暖かい人間を育てるのが暖家です。

真言密教のシンボルであられる大日如来様は宇宙の根源であり、太陽の様な存在です。暗雲を払いのけ、万物に無限大の光明や恩恵を注いでくださっています。

多くの祖師達によって高められた真言密教は、弘法大師空海様によって更に磨き上げられ、仏教界の最高峰として、偉大なるエネルギーで人類始め万物を育んでくれています。

しかし人間は自利の固まり（自己中）で、感謝の気持ちも薄く、素直さや謙虚さに欠け、信仰心も乏しいのです。その上、無明の汚れを多く身につけ、大日如来様（法身）の偉大なる教えや有難い恵み（説法）をも素直に受け取れなくて、悩みや苦しみから逃れることが出来ない人が多くなり、人類の将来が危ないです。「受け入れるべきグラス」が下向きになっており、法身や空海様の無上の教えをも受け入れることが出ず、多くの人が煩悩の道を歩みます。

我が人間社会には「三つ子の魂百まで」という有名な言葉があります。特に幼少時の家庭や家族関係が非常に重要です。信仰心が厚く慈悲心にあふれ団らんのある暖かい家庭「暖家」でこそ、人間性が豊かで暖かい人間が育ちます。特に母親に「あなたが大好き」と抱きしめられ、全身で肌のぬくもりを感じることこそが一番です。その無償の愛こそが思いやりのある「他《た》幸中《こちゅう》」人間を育てます。他幸中（利他）は自己中の反対語で私の造語です。

今憂慮すべきは、すぐにセクハラ、パワハラと騒いで大切な人間教育が不在となっていることです。今こそ昔のように、お寺でも寺子屋塾の復活が必要と考えます。

（井本全海）

法身説法

如来の説法は必ず文字による　文字の所在は六塵その体なり　六塵の本は法仏の三密即ち是れなり（声字義）

【如来の説法は必ず言語表現による。文字の根拠は形造や音響、香り、味覚、感覚、道理などで表現され、これらは仏の働きから現れている】

◉法身大日如来の願い　六塵《ろくじん》とは色、声《しょう》、香、味、触《そく》、法を言い、これは見られるもの、聞かれるもの、嗅がれるもの、味わえるもの、触れられるもの、知られるもので、この全ては法身大日如来の三密のお働きなのです。

それは文字であり声であり、無限に自らの内容を開展していく、宇宙をお体とする如来の意思で、人間も宇宙生命たる如来の子としてこの世に生じてきたのです。

私たちは意識する、しないに関わらず、この無限なる宇宙生命である如来の文字と声の世界に、有限な生命を持って今という瞬間を生きているのです。夜空を飾る星々も、谷川の瀬音も、機械が出すエネルギーの響きも全て、大日如来の説法として展開しているのです。

その説法の言葉は表層的な意思伝達の為の言葉ではありませんから、それを聞くには先ず心を空しくして、「右仏　左我ぞと合わす手の　内にゆかしき南無の一声」と合掌し、如来の三密と自分の身と、口と、意が作る三業の一体化を観想する事です。

塔に入って南無仏と唱えれば、その者は仏道を成就する事が出来る、と聞いた事があります。その塔がどんな遠方に有るのか、どんな建物なのか、それを聞き損じてしまったのですが、それは最も近い、全ての人の心の中に有る心塔でしょう。

竜猛《りゆうみよう》菩薩が南インドのアラマバチ村にあった、鉄扉《てつぴ》鉄鎖《てつさ》で固く閉ざされた大塔に入り、密教経典を心読して世に宣布したように、自身の心の中にある秘密の心塔の扉を開き、理屈や科学的知性では永久に届くことの出来ない、無神論や唯物論だけの人と違った、喜び多い人生を皆で歩むことが如来の願いです。

心塔の扉を開けるには、先ず人間の持つ六つの根元的感覚器官の眼、耳、鼻、舌、身、意の六根を清浄にすること、六根を不浄にするのは自分が自分がという我執です。

六根清浄の掛け声は御山に登らせて頂く時だけではなく、毎日毎日が六根清浄です。

（篠崎道玄）

五大は即ち是れ声の本体　音響はすなわち用なり（声字義）

【宙を構成する地・水・火・風・空は音声の本体である。音響は仏の働きである】

◉吹く風の音ではなく風の声、また、流れる水の音ではなく、声が聴こえますか　この『声字義』は三部書の一つで身・口・意の三密のうちでは、言葉を扱う深意が説かれています。この五大は「声」の本質であり、音響（おと・ひびき）はそのはたらき（作用）であるといわれます。したがって、「五大にはみな響きがある」といわれます。解説にありますように、わたしどもは、日々宇宙・自然からたくさんのメッセージを頂いております。よく昔から、「世に名を残すほどの事業をするには、神仏のご加護がなくては不可能である」などと言われておりますが、これなども神仏からの「天声」と受け取れます。

あの二宮尊徳さんの歌があります。「声もなく香もなくつねにあめつち（天地）は書かざる経をくりかえしつつ」。この歌は、あらゆる現象をよくみなさいと言っているようであります。春になれば、花は黙って咲き、秋になれば静かに散ります。そして山に辛夷の花がさけば、田植えのときがきたことを教えてくれたのであります。五大は、大自然の生態、風光、現象のうごきの中に、人間のあり方を、人生の意味を、生きがいを教えてくれます。

「人生とは努力することだと」と気づいて書道に励んだと伝えられていますところの小野道風も自然界から学んだようです。無心に柳はたれさがり、無心にカエルが飛びつくのを見つめているうちに、彼は、こころにある覚悟がめばえたのでしょうか。カエルも柳も道風に教えようとは考えていなかったと思います。また、ノーベル賞を受賞された先生方や大きな仕事をされた著名な方々がよく言われる言葉があります。パスツールが言った言葉のようですが、「チャンスは、それを準備したところにおりる」と。道を歩いていて、偶然に訪れたもの、聴こえたものをちゃんととらえる目をもっているかどうかが大切なようです。わたしたちの心の受信装置が問われます。

「菊作り　咲きそろふ日は　陰の人」。吉川英治のこの句は、最近でも結婚式のスピーチに大変多く引用されているようです。新郎新婦が両親に、また、夫々の両親から新郎新婦に溢れるれるばかりの思い「声なき声」が詰まっています。

（岩佐隆昇）

法身説法

名の根本は法身を根源となす　彼より流出して稍《よう》く転じて世流布《せるふ》の言《ごん》となる（声字義）

【名称の根本は仏が源流である。仏から流出し、それが世間に転じて言語となっている】

◉声と「ことば」そして文字へ……　人間社会は「声」と「ことば」が文化の中枢を成し、「真《まこと》のことば」が思想大系の大事な要素だと弘法大師（空海）は早くから考えられていました。人は宇宙大自然と一体化した「声」と「ことば」、そして「文字」を持つ文化的要素を内包した存在であると弘法大師は具体的に示されました。

この世で生命活動をする動、植物など宇宙と一体化した生命体の中の人間には、耳には聞こえ、眼には見え、音や色彩や形ある物の全てに「声と文字」が存在していま す。そこから派生する「ことば」は人間社会の基で文化の要諦です。

ことに声と文字は互いに連携のうえで声が文字として存在意義と足跡を示す素となり本質を明らかにして他との区別とします。そして声と文字が一体化した「ことば」

がなければその物は存在が主張できません。物の存在は「ことば」の存在で声の本質に繋がります。すなわち存在することが「ことば」として成りたつことになります。

弘法大師作と伝えられる「いろは歌」は僅か四十七文字で、涅槃経の四句（諸行無常、是生滅法、生滅々為、寂滅為楽）の内容を日本独特の平かな文字で顕わしています。この四十七文字は一切の音（声）、「ことば」そして文字としての根本をなしていますから仏の甚深なる教えを収め尽くしていると言えます。

弘法大師は語りました。「名の根本は法身を根源となす」。物の存在を区別化、明確化、存在化するこの世の諸々の名は「悟り」そのままの大日如来が本《もと》となっています。「彼より流出して稍《ようや》く転じて世流布《せるふ》の言《ごん》となる」。大日如来の発した名前や名称などは世間一般に流布してことばとしても遍く広がっていきます。

（湯浅宗生）

法身説法

仏即ち是れ法なり　法即ち是れ仏なり（一切経開題）

【仏は真理である。真理が仏である】

◉見ようとすれば見えない　ある日、テレビで流星群の事を放送していました。その後すっかり忘れていたのですが、ふと思い出して夜空を見上げた時、白く流れるものが見えたのです。その後も次々と流星が見えました。そして、「見ようとすれば見えないが、見ないようにすれば見える」との言葉が、降ってくるように浮かんだのです。これもテレビで聞いた言葉なのですが、誰の言葉か知りません。覚えておこうと思った訳でもないし、普段から記憶力は悪いのに、却って不思議に思いました。

確かに夜空はそうでした。一か所に視点を集中すれば、周りはぼんやりします。しかし全体をぼんやり見ていると、星々が明るく見えます。他の事でもそうなのでしょう。何かを求める方法には色々あるのでしょうが、焦ってもなかなか結果が得られない事もたくさんあります。集中する事とぼんやりする事は、まさに逆の事項ですが、その相反する事が、自分の中で混在しています。

相反する言葉は、例えば「表裏」のようですが、これを別にする事は出来ません。自分の手を見れば、表と裏がありますが、どちらが表かなどと普段は思いません。どちらでも良いのです。そして、この手は、一応自分の思い通りに動いてくれています。実にありがたい事です。そしてその手がきれいであろうと汚《よご》れていようと、私の手です。もし汚れても、洗えばきれいになります。汚すのも、きれいにするのも自分です。汚れたからこの手は使わない等と思う人はいません。

表裏であり、一体であることはたくさんあります。上下も前後も左右も、或いは明暗や苦楽や勝負も、別々であるように見えますが、片方では成り立ちません。ある状態が片方に傾いた時、どちらかの言葉で表現されるのです。この、二つによって一つの事が成り立っているのは多くの人が知っています。しかし、ついつい心のバランスを崩して、非難や攻撃、或いは自惚《うぬぼ》れに傾いたり、それで社会生活の狂う事が多々あります。もし傾くのなら、優しさや思いやりの方へ行ってほしいものです。

さて最初の文にある「仏」は、仏像でも釈迦の事でもありません。仏法の事で、世の法則の事です。その法則は真理を説いており、表裏一体の事なのです。（佐川弘海）

法身は万法を具す　是れを説法と名づく（一切経開題）

【仏はあらゆる真理を体得しているから、真理を説く人という】

◉だれでも仏になれる法　真言密教の大元をなす大テーマです。「私たちに本来具わっている性質（自性）は、全宇宙の究極的な真理（真如・法性）と同一であり、現象界と異なり恒常不変である」と聴けば、だれでも悟れる可能性があるのかと、少しうれしくなります。一方、「心は本来清らかで実体がないから触れられず、解説不能な〝絶対のありのまま〟であり、これがすなわち仏である」、となるとやはり別世界の話に思えてきます。しかも、「真理の体現者は物質的な身体を得ない」のなら、この現実の身体を受けてしまった私たちはどうなるのだろうと、わからなくなってしまいます。ここで気づくのは、お釈迦様やお大師様など、現実の身体（色身）を持たれた実在の覚者のことです。

お大師様は言われます。悟りを得た人の身体は真理の身体なので本来見えないが、

「方便応化」の化身、すなわち、衆生救済の方便として現れた如来の身体（妙色身）であり、迷人のために手立てを尽くし、迷をもって悟に対するのだと。この言葉によって、私たちの身体も使い方次第で、仏（真理）の身体になれるのだとようやく了解できるのです。

真理は新しい気づきの中で変化・成長することによってのみ、真理でありつづけることができます。よりよく生きようとすることで、仏の身体に近づけるのです。「自分を救うものは自分以外になく、自分を救うと同時に他の一切を救おうとする、命がけの行動の中に仏が立ち現れるということ示したのが仏教である」、「仏が法をつくったのではなく、存在やありようそのものの中から法を悟ることによって如来がやってくる」。表現を変えながらも、さまざまな著書で同様の趣旨に出会います。

加えて行為は、自発的であるほど楽しいものです。ゆえに開悟の後でさえ、「観音菩薩は融通無碍にして娑婆世界に遊ぶ」のです。無心の利他行が観音の遊びであることの意味に深く教えられます。遊びで行われる利他行が、最高の「方便」なのだといううことに。一瞬であった妙色身を、少しでも長くこの身に留まらせたいものであります。

（友松祐也）

法身説法はただ仏と仏とのみすなわち能くこれを説きたまえり　諸の二乗の知見する所に非ず（一切経開題／二教論上）

【仏の真の説法は、仏と仏とが語りあうことであって、修行中の者では理解できるものではない】

◉神々の自受法楽　今もなお、原始の神々をはじめ、四社明神、白髭明神、高林坊、妙音坊、覚海上人等の南山守護神、全国六十余州の大小神祇、ひいては大師を案内した霊犬も。天の御酒を享け、天の伎楽を奏じて、且つ歌い、且つ舞う。とこしえに光り和なる宝楼閣がそこに。我々は、この世の岸より、かの大曼荼羅を偲んでおります。この垂迹こそ、我国の礎、密教の境地であります。海を渡り来た密教は日本を慈しみ、また、日本人も密教を敬う。伝法に身命をかけた祖師等こそ、日本民族を大いに扶助せんとする神々に満足されたに違いありあせん。これこそ大日尊が法界宮において曼荼の聖衆と自受法楽せらるるところの顕現であります。

この一文にある「佛」とは、言葉では顕せないとされる秘密荘厳心位に住す佛のことであります。魚には海中こそ世界。獣には森林こそ全て。自分たちの営みが三世の因や日月の動きに左右されることなどをよそに捕食し、天敵から逃がれるための営みを日々くり返しています。これも道理なのですが、大師は密教的な視点を持たないならば高次元の佛とは感応できないことを一切問題において明らかにしておられます。真言宗は「観想の宗旨」といわれますように、真理そのモノと自身の合一をもって正しい仏果としています。真言行人はその経軌の気勢すこぶる強きがゆえに、佛の境涯から世界を視ようと努めるため、世俗に対する見方がおのずと異なってくるのであります。人々は家や車を替えたり、フードコートで家族と過ごしたりして心の糧を得ようとしますが、真言僧は、そのような切り替えを一秒ごとに行っているのであります。

菩薩や佛に近づきたき願いは皆同じ。しかしながら、時勢や風潮を鑑みるなら、我々が高祖の訓じた通りに行じるなど僭越の沙汰かもしれません。少なくとも、「我は大日法身を持す」という覚知は自心で持つべきものでありますから。先ず人として恥ずかしからぬ人格を持ちたいものです。末代下根の私ごときなどでも、せめてもの山林抖擻や読経を欠かすことはできません。四季に拝する神仏の杜、深山の祠、霊峰にかかる夕月、私は、そこに高祖の尊容を観るのでございます。

（後藤証厳）

法身説法

水は澄浄にして色相を照らす　然れども願行の風　波浪を起す　波浪即ち声をなす　是れ説法の音なり（秘蔵記）

【水は澄んでいるから色や形をそのまま映す。そして作為の風によって波が立ち、音を発する。これは仏が説法している声である】

◉**栴檀の香風**　「心とはいかなるものを言ふならん、墨絵にかきし松風のおと」（一休）、禅家の枯淡の味わいが伝わって来ますが、密教の徒が耳にする「音」は、「みなこれダラニなり、即ち諸仏説法の音なり」（『秘蔵記』）と言われます。私たちは変転絶え間ない迷いの世界に身を置きつつも妄念の波浪が静まれば心は元々静かに澄み渡っていた事に気付きます。これらの妄念は自分自身が作ったもの、波立つ心は自我の産物です。

金子みすゞは、雨上がりの水溜りに映る青い空をこううたいました。「この裏まちのぬかるみに、青いお空がありました。とおく、とおく、うつくしく、澄んだお空がありました。この裏まちのぬかるみは、深いお空でありました」(『ぬかるみ』)。信じられない程深い青空が、見詰めるみすゞの瞳の奥に拡がっていきます。そこに一陣の風が吹き過ぎ水面が波立ちました。

「風」にたとえられているのは、「願」と「行」といった信仰の二つの類型です。「願」は仏菩薩に対し、自身の願望の成就を祈る事、一方「行」は、仏菩薩の生き方を自身の手本にしようとする事です。み仏は衆生の苦しみをとり除かんが為、衆生の代わりに進んでその苦を引き受ける事を願い、実践します。いわゆる「代受苦」です。この「吾代わって苦しみを受けなん」との思いに駆り立てるのは、共通する体験を通して他の悲しみ・苦しみを我がものと受け止める同悲同情のこころです。こうして一人の同悲者として苦悩を背負った人の前に立つ時、その同情心の純度に応じ、代苦の願いは相手の心を軽くする方へと導くはずです。

大師信仰は弘法大師という類稀《たぐいまれ》なる大人格が、大師を追慕する私たち万人に時空を越え働き掛けられ、私たちの苦悩を癒し、私たちが本来備え持つ徳に目を向けさせてくれるものです。「栴檀《せんだん》の香風は衆の心を悦可《えつか》す」(『法華経』)、気付きさえすれば、そこにはみ仏の大悲の香風が絶え間なく吹いているはずです。

(田中智岳)

一切所聞の音はみな是れ陀羅尼なり　即ち是れ諸仏説法の音なり（秘蔵記）

【すべての音や響きはダラニである。つまり仏が説法されている声である】

◉仏性を呼び覚まして聴こう

『秘蔵記』は、「密教の事相と教相にわたる特殊な名目や問題点を百条ほどあげて、それに一々解説したものである」（勝又俊教）。

そして、この名言は、七十五条「三平等《さんびょうどう》」の文中に書かれたもので、まず一つ目に身・口・意のそれぞれの定義とこの三蜜が不二であること、二つ目に他から聞こえる音について、三つ目に自分の口から出る音について、そして、最後に三平等観としてまとめて述べられています。

この名言についての冒頭の解説によれば、他から聞こえるすべての音や響きは仏が説法されている声だそうで、『涅槃経』にも「一切衆生悉有仏性：一切衆生にことごとく仏性あり（生きとし生けるものすべてに仏性は宿る）」とありますから、衆生の声が仏の声だということも確かなことでしょう。

ならば一度は仏の声を聴いてみたいものですが、実際には人の話を聴くこと自体が容易ではないことも、経験からよく知るところです。

そこで、傾聴ボランティアの指南書として愛読した『プロカウンセラーの聞く技術』（東山紘久）から、当時の思い出に浸りながら、①聞き上手は話さない、②相づちを打つ、③相手の話に興味をもつ、④素直に聞くのが極意、⑤ＬＩＳＴＥＮせよ、ＡＳＫするな、⑥話し手の波に乗る、⑦聞きだそうとしないなど、復習しました。

このような聞く技術の実践に加えて、話し手の声を聴き取るだけではなく、話し手の心の奥にある仏性を感じ取るには、自分の心の奥にも潜んでいる筈の仏性を覚醒させなくてはならないのではないかと思索をしている時、偶然にも「三蜜寥寂として死灰に同じ・諸尊感応して忽ちに来り訪ふいる（修行者の身・口・意の三つのはたらきと仏の身・口・意の三つの秘密のはたらきとが静かにあい応じて、無念無想の境地が開かれるや・諸尊も感応してたちまちに来たって降臨されるのである）」（性霊集十）という二句に遭遇しました。その偶然に、いや、これはきっと傾聴から続く長い道程を経た必然ではなかったかと思えて、感銘を受けました。心を開いて仏性を覚醒させ深化した傾聴で、いつか仏の声を聴いてみたいものです。

（髙橋良久）

法身説法

禽獣卉木《きもく》は皆これ法音なり（性霊集三　中寿詩）

【鳥獣や草木はすべて仏の言葉である】

◉さとりの表現とは

羽毛田義人《はけだよしと》先生は大正十三年長野県生まれ。昭和二十七年に、高野山大学海外研修生として渡米し、ロサンゼルスの高野山米国別院で法務に携わりながら、昭和三十年に、南カリフォルニア大学で宗教学の修士号を修得された後、イエール大学に転じてサンスクリット学を専攻され、昭和三十五年には同大学から博士号を取得されました。翌年にはコロンビア大学教授に就任。

先生は昭和四十七年に『空海とその主要著作』をコロンビア大学出版局から上梓されました。その和訳『空海密教』阿部龍一先生訳、春秋社、平成八年）がございます。外国における弘法大師の理解は、その草分けなる本書で形成されたと評価されましたが、昭和五十八年に五十九歳で早逝されました。

阿部先生は、羽毛田先生が特に弘法大師の密教詩を宗教体験理解の鍵として注目している点に、独自の研究法が明らかに示されておられると、特に指摘されています。
この『空海密教』最終頁で、『性霊集』巻十「後夜に仏法僧の鳥を聞く」を取り上げて、弘法大師が密教の禅定に深く通じ、瑜伽を直接体験することを何よりも重視していたことは疑う余地がないと述べられています。
静かな林中の朝まだき、草堂に独《ひと》り坐禅三昧に耽《ふけ》っていた折しもぶっぽうそう(仏・法・僧)と啼《な》く一鳥の声が聞こえてきた　鳥ですらこのように声あげて法を説く、人としあればなどて仏心を発起せずにおられよう　鳥の声・人の心・山中の雲光水色、(いずれもともに法身三密《ほっしんさんみつ》の現われであり)まことにさやけく明らかなさとりの境界《きょうがい》の表相である(『弘法大師　空海全集』第六巻・六七七ページ　筑摩書房)
弘法大師がこの詩を詠んだ場所は、京都の高尾山寺と考えられています。大師はたびたび期限をもうけ行を修しておられました。雲の動き、鳥の声、花や石に宇宙の全生命を認め、大自然に帰し、大自然と対話することによって、心を洗い、仏を念じておられます。自然界はすべて大日如来のあらわれ、説法にほかならないと詠まれています。今日、地球は温暖化が進み、災害が多発しております。私達は、自然(大日如来)の前に謙虚になり、環境保全に真摯に取り組まなければなりません。（菅智潤）

法仏とは内証聖行の境界を説く（性霊集九　諸有縁衆）

【仏は悟りの境地を真実に説く】

◉**身を棄てて、大日如来の説法を聞く**　「法仏」とは、宇宙の根本仏である法身大日如来のことです。この大日如来は無数の仏菩薩、明王、天とともに法界宮殿の中で自ら法を楽しみながら「内証」である悟りの知恵と「聖行」である修行方法を常に説いておられる、という意味です。

そして、この大日如来の教えには顕教と密教があります。顕教は、人々の機根に応じて、一人一人の悩みや苦しみに応じて説かれたもので大事な貴い教えです。

しかし、人が生まれてから死ぬまでの短い間に即身成仏することが出来るのは密教だけである、と弘法大師は説かれています。また、この大日如来の説法の即身成仏の教えは「密蔵深玄にして輪墨に載せ難く、更に図画を仮りて悟らずに開示す」（御請来目録）と、文字、言葉では表現できないので図画を用いて悟っていない人に開示する、と述べられています。それが金剛界（一四六一尊）と胎蔵曼荼羅（四一四尊）の図画です。わたしたちは、この曼荼羅を拝むことで大日如来の説法の姿を目の当たりに出来、この曼荼羅を見て菩提涅槃の悟り、多様性と共生の世界をわずかにうかがうことが出来ますが、全体が開示されたわけではありません。

それでは、どうすれば法身大日如来の説法の声を本当に聞くことが出来るのでしょうか。弘法大師は、文字を学ぶだけでは、目でみるだけでは、この声を聞くことが出来ない。「身を棄《す》てて」求める必要があると説いています。その為に修験道や四国遍路では「擬死―再生」ということが行われており、日本列島には古来よりさまざまな修行の方法が伝わっております。それは投身、入水、焚身、土中入定、四国徒歩遍路等でまとめて一言にすると「捨身」ということになります。

阿波四国二十一番太龍寺には南の舎心という行場があります。「捨身」の正確な意味は「身を捨てる＝死」ではなく、幼年期から父母、社会によって形成された仮の自分（ものまねの自分）を捨てる（擬死）、そして本当の自分に脱皮（再生）する、ということですから、舎身（捨身）よりも舎心（捨心）が正確なのかもしれません。

（畠田秀峰）

対機説法

種々の機根に対して種々の方便を以て種々の法門を説く（付法伝第一）

【あらゆる生き物に対して、様々な方法を駆使して仏は教えを説かれている】

◉頬をなでる風も仏の説法

「あなたと私とは違う。一緒にしないで」。夫婦喧嘩の常套句です。そう、人はみんな違います。年齢も性別も人種も、また宗教も趣味、嗜好もみんな違うのです。

お釈迦さまが菩提樹の下で悟りを開かれたのは三十五歳の時だったと言われます。そこから入滅されるまでの四十五年間を、毎日毎日、インドの熱砂の大陸を裸足で歩かれ、出会う人ごとに、その人の悩みや苦しみと向き合い、一人一人に応じた教えを説かれていったと言います。それが原始仏典として今日に伝えられました。勿論、お経はそれだけではなく、その後の仏教の発展の中で、様々な考えが取り入れられ、経典としての体裁が調えられていきました。俗に八万四千の経典があるというのは、具体的なお経の数を言ったわけではなく、それだけ、千差万別の人に応じた膨大な内容が説かれているということでしょう。

人は毎日のようにさまざまな悩みや苦しみに遭遇します。人それぞれに考え方や受け取り方が違い、悩みの濃淡や深刻度も異なります。相手によって言い方が異なるのも当然です。対機説法というのは、相手の機根（能力）に応じて教えを説くという意味ですが、仏さまはあらゆる機根に対してあらゆる方法を駆使して説法されているのだと言われます。それはまた人だけでなく、動物、植物、一切衆生が対象です。生きとし生けるすべての存在に対して教えは説かれていても、私たちはそのことに気づこうとしません。煩悩の巷に泣き笑い、世をはかなみ、怒りをぶつけ、愚痴にかまけてと喜怒哀楽を繰り返すのが、私たちの常だといえます。

時に頬をなでる涼やかな風や、鳥や虫の声、川のせせらぎや大海原のうねりも、私たちに何らかの気づきを与えてくれる。それが仏の説法だといえます。まして、私を励まし癒してくれる友人も、反対に私を苦しめ、悩ませるいやな奴も、紛れもなく、仏の顕現だと思えば、これほど有難いことはありません。そしてまた、自分自身の行動やありようも、まさに他に対する仏の説法だといえるのです。慎まずんばあるべからずでしょう。

（河野良文）

対機説法

大日如来普遍常恒《じょうごう》に是くの如き唯一の金剛秘密最上仏乗大曼荼羅法教を演説したまうと雖も　機に非ず時に非ざれば　聴聞し信受し修行し流伝することを得ず　必ずその人を待ち必ずその時を得べし（真言付法伝／付法伝第二）

【大日如来は普遍にして永遠であり、唯一絶対の秘密にして最上の仏法であるマンダラ世界を説いておられる。しかし、機縁や時期が適していなければ、大日如来の秘法を聞いて信じ、修行されることはない。必ず人材を得て、時期を待たなければならない】

◉二つの秘密　大乗仏教の中で顕教と密教という分類がされています。顕教とは、顕わになった教え、対して密教は秘密の教えといわれています。

秘密とは、一般的には自分の中に隠しておくもの、他人には知らせないものという意味があります。でも、密教でいう秘密とは必ずしもそうではありません。

お大師様は『弁顕密二教論』の中で「秘密という言葉には、二つの意味がある。それは衆生の秘密と如来の秘密であって、衆生の秘密は衆生の自秘ともいう」と述べています。

如来の秘密とは、教えを聞いている私たちの方が、それを正しく受け取ることができないため、時期が来るまで隠しているということです。衆生の秘密とは、すべてのものが広く公開されているにもかかわらず、衆生の目が開かれていないため、秘密になっていることを指しています。

対人関係で、相手は何も変わっていないのに、こちらが相手に対する知識が増えるにしたがって相手への評価が全く変わるということがあります。心理学で「単純接触効果」というものがあります。顔を合わす機会が多くなるほど相手に対する好感度が増すというものです。セールスの現場で初めて訪問したときには、けんもほろろに追い返されたセールスマンも、しつこいと思われながらも幾度となく訪問するうちに話を聞いてもらえるようになり、やがては商談成立につながります。

如来の秘密も、衆生の秘密もこちら側の能力や知識に欠けているために秘密になっているに過ぎないのです。こういったことは日常生活の中でよくあります。目の前の相手に文句をいう前に、自分の能力が欠けているのか、相手の能力が欠けているのか、いずれにしてもその時期が来るまでじっくりと待つことが必要だということです。

（大咲元延）

いかんが衆生は仏道を去ること甚だ近くして自覚すること能わざる　故にこの因縁を以て如来世に出興して　還って是くの如くの不思議法界を用いて種々の道を分作し　種々の乗を開示し　種々の楽欲心機に随って　種々の文句方言を以て自在に加持して真言道を説きたまう（十住心第十）

【なぜ衆生は仏の近くにいながら仏の自覚ができないのだろうか。如来はこの疑問に応えてこの世に出現し、不思議なる仏の世界の通じる様々な道を作り、多くの教えを示された。様々な要求に応じた文言と、自在の加持力によって真言の道が説かれているのである】

◉バランス人間　人間はこの世に生まれてから当たり前のように話したり、聞いたり、機会が与えられれば、文字を読んだり、書いたりして生活しています。脳は左右で働きが違います。言葉を話したり、物事を筋道立てて考えたり理解する時には左脳が働き、絵を描いたり、彫刻を彫ったり、音楽を聴いたり作ったりして、直感的に何かを決定することには右脳が働きます。脳は左右で役割分担していますが、左右バラバラに働くわけではありません。脳には左右の脳をつなぐ脳梁《のうりよう》という通路があって左右の脳が刺激しあってバランスよく全体で働いているのです。

お大師様は青年の頃、奈良の都で書や文章学や中国語を習ったり文学書や経典を読んだり仏像を見たりする一方で、諸国の山野を駆け巡り不自由に耐えながら妥協することなく仏教の修行に励まれ、土佐の室戸岬の洞窟で虚空藏菩薩の真言を一日二万遍五十日で百万遍唱え続ける荒行の五十日目の暁に、口の中に明けの明星が飛び込んできました。大日如来の働きである宇宙の真理（加）が私達衆生の信心（持）に通じて相交わった瞬間です。

宇宙の真理を知るためにさらに修行にはげみ、大和の久米寺で『大日経』に出会い、その内容を深く知るため、三十一歳で唐に渡られ長安青龍寺恵果阿闍梨より『大日経』と『金剛頂経』の教えを授けられ、日本に帰って真言宗をお開きになられました。「人間らしく生きることは大脳をフル稼働させることだ。スポーツは知らず知らずのうち体全体を使うので、脳もバランス良く成長する。すればするほど頭が良くなる。集中力が高まる」と何かの本で読みました。「お大師様はマルチ人間」と言われますが、左脳と右脳の働きが整ったバランス人間と思っております。

（伊藤全浄）

彼の一一の身より機根量に従って　種種の法を説いて衆生を度脱したまう

（宝鑰第三）

【仏の身体からそれぞれの素養に応じ、各種の法を施して衆生が救済されている】

◉仏法という名の靴　皆さんは普段どのような靴を履きますか？　一言に靴とはいってもスニーカーや革靴、ハイヒールやブーツなど様々な種類があります。人によって靴のサイズが異なり、用途によって履きかえたりします。仏教にもたくさんの教えや考え方があります。お釈迦さまやお大師さまはさまざまな人に対して仏法を説かれました。仏教の教えは難しいものが多いのですが、お釈迦さまやお大師さまはその人の心の状態、考え方、目的に合ったお話を分かりやすくしたうえで「法話」や「説法」として施しておられます。

主題の名言にはこのことがよく表されていて非常に感激しました。昔のことわざに「人を見て法を説け」というものがあります。お釈迦さまのように相手の人柄や能力に応じて適切な言葉を選んで助言すべきだという意味ですが、仏教の教えを分かりやすく伝える法話にもこのことが十分に生かせると思います。

冒頭でお話しした靴のように、仏法はさまざまな形であらわされています。その中から自分に合った教えがきっとあるはずです。

私も最初は仏教の教えに興味がありましたが、何を見て何を学んでいいのかわからずに迷いました。最初は姿かたちがあり、比較的わかりやすいであろうと思い仏像に興味を持ちましたが「仏さまの教えである仏教もまだわからないのに、仏教を説かれる仏さまの形を現した仏像が分かるはずがない」と思い、様々な宗派を見ていくうちに真言宗に出会いました。自分の興味と自分の家の宗派が真言宗ということが重なり、真言宗を勉強したいと思いました。このことは尊い「仏縁」であり、私にとってぴったりとサイズの合った仏法という名の素晴らしい「靴」であったと考えています。

現在の私は高野山大学に入学してお大師さまの御教えを学んでいます。私は将来的に僧侶になろうと思っています。これからも数々の仏縁に感謝しながら、お大師さまのお膝元である高野山大学で学んで努力精進を怠らないようにしたいと思います。

（中山皓貴）

如来の説法は病に応じて薬を投じ　根機万差《まんじゃ》なれば針灸千殊《せんじゅ》なり（二教論上）

【如来の衆生救済は、病気や苦悩に応じて薬剤を投与したり、針灸で処置をされたりする】

◉仏教は心の薬です　仏教の教えは千差万別であり、医者が病気に応じて薬を処方したり、治療法を変えたりするのと同じだと言っています。弘法大師空海さまは似たような表現をいろいろな著書の中で書いておられますが、この文章は密教が顕教より優れていることを著した『辯顕密二教論』に書かれています。

病気になった時に、頭痛に利尿剤を出されたり、熱もないのに解熱剤を出されたりしても、治らないどころか他の症状まで出てしまいます。適切な治療を受けてこそ直るのですよね。新型コロナウイルスが蔓延して、特効薬の開発が進んではいても、副作用などの治験が済んでいないので、この原稿を書いている時点ではまだ実用化されていません。適切な治療法が確立されていないので、怖い病気というわけです。かつては不治の病といわれた結核ですが、ペニシリンが開発されたおかげで、治る病気になりました。それと同じことが仏教にも言えるのです。

人にはさまざまな事情がありますし、能力の差もあります。これを機根といいます。その人に応じた救済方法を示さなければ、心の悩みや苦しみが解決しないのです。お釈迦さまは対機説法といって、その人に応じた解決法を示され、それが膨大な数の経典として遺されているのです。どれもが正しい教えに違いはないのですが、内容に深い浅いがあるのです。中にはあくまでその場しのぎで、神髄を語っていないこともあるのです。

誰にでもわかる簡単な教えは入り込み易いですが、そこで満足してしまっては、仏教の神髄は永久にわからないままです。努力して自分の能力を上げてこそ、真理に迫ることができるわけです。一度しかない人生。無駄な時間を過ごしている余裕はありません。そこで必要となってくるのは、正しい教えを選び取るすべです。真理に迫る特効薬、それが密教なのです。お大師さまは、そのための道しるべを著作として遺され、我々を導いてくれます。いい薬を選びとったら、あとは実践あるのみ。頑張って日々の生活を高めていきましょう。

（柴谷宗叔）

対機説法

大日如来も亦またかくの如し　よく一時に普《あまね》く法界の衆生に応じ　妙に根宜《ぎ》に合《かな》い　曲《つぶ》さに仏事を成ず（大日経開題　衆生）

【大日如来は瞬時にすべての衆生に応じ、能力や時機を巧に応用して仏の事業を完成させる】

◉偶然は必然　人生齢を重ねてゆくにつれて、理屈では説明のつかないことに数多く出会うものだと感じます。窮地に陥った時に、思いがけない助けの手が差し伸べられ、難局を切り抜けられたという経験をお持ちの方も多いのではないかと思います。心理学用語にレディネスという言葉があります。準備性と訳されたりしますが、学習をするための準備状態を表し、学習の前提となる知識や経験、環境などが整っている状態を指しています。これらが整っていない状態では教育や学習を行っても効果は期待できないだけではなく、逆効果となる場合もあります。

大日経には、即身成仏（現世における生身の肉体のままに悟りを開くこと）を成し得るために、身、語（口）、意の三密を修行することにより如来の三密と一体となり成仏することが出来ると説かれています。自ら知の真実の住みかを知らず輪廻の世界をさ迷い歩く衆生、その帰る道を大日如来はその能力や時機に応じて瞬時に完成させてくれるというのです。

現代人にとって、煩悩三毒の貪瞋痴の瞋にあたる怒りは一番必要のない感情だと言われています。アドレナリンが放出され、心拍数を速め血圧を上昇させます。筋肉に多くの血液が送り込まれ、相手との物理的な臨戦態勢が整います。

私たちは、日々このような感情のさざ波を経験しています。ともすると、目の前の感情に振り回されて本質的に重要なことを忘れがちです。

大日経開題では牛車は求道と慈悲の行い、羊車は教えを聞いて悟ること、と説明されていますが、無限の時間がかかります。一方、知の力による不可思議な乗り物は、空を飛び瞬時にして知の真実の住みかにたどり着くと言われています。

私たちが日常生活を過ごす上で起こる、一見何の変哲もない偶然の出来事も実は、機が熟したことへのサインなのかもしれません。その道しるべを感じ取って、進んで行くかどうかは、あなた自身の能力や時機にかかっているのではないでしょうか。

（花畑謙治）

対機説法

覚王は悲を発《おこ》して薬を投げ　慈父は慈を垂れて薬を与う　狂酔に浅深あればば教薬多門なり（最勝王経開題）

【仏は慈悲の心で薬を投与するから、狂い酔う状態に応じて教えの薬も多彩である】

◉仏さまの「教えの薬」　これは『金光明最勝王経』をお大師様が密教的に解釈した『最勝王経開題』の中の一文です。そこでは「ひとは仏性やそれが持つはたらきなどを自身の中に持っていることをさとらず、またさとりのすべての徳が自分のものであることに気づかず狂い酔ってしまっています。そこでそのような人間にたいして、仏はあわれみのこころでそれを救う薬を調合し、慈悲の父である仏は、いつくしみの心から安楽を与えてくださいます。人の素質や能力はさまざまで器量も違うから、狂い酔う姿もさまざまで、仏が与えてくださる『教えの薬』もさまざまなのです」と説いています。

真理を示す『金光明最勝王経』は、多くの人々をさとりへと導く秘密の教えを説いているとおしゃっています。心を込め、心を洗い清めてそれを読誦し、日ごろの行いを整えれば、消えないわざわいはなく、幸福で満たされるというとてもありがたい経典なのです。

仏さまはどのような「教えの薬」を与えてくださるのでしょうか。

私は出張中のあるとき、それをすれば組織が悪い方向に進んでしまうことを承知で、あることを実行しようと動き始めました。それを進めた次の日の朝、血圧が異常に上がっていることに気づいたのです。近くの病院に駆け込みましたが原因は不明でした。薬をいただきベッドで少し休んでいるときに、「あ、これはご本尊さまからのお知らせかな」と思ったのです。どうやらとても苦い「教えの薬」をいただいてしまったようです。関係者にお話をして、私の考えていたことは実行しないことにいたしました。出張から帰ると、血圧は何もなかったように元に戻っていました。

仏さまの神秘的な働きが、私たちの日ごろの行いと相応していないときには、仏さまは慈悲の心で私たちにとても苦い「教えの薬」を投与してくださり、気付きのきっかけをくださるのかもしれないですね。とてもありがたいことだと思います。

（雪江悟）

対機説法

如来広く方便を設くることはただ迷人の為なり　迷を以て悟に対し　乱を以て静に対し　慧を以て愚に対し　善を以て悪に対してみな対治す（一切経開題）

【如来が方便を使うことは迷いを救うためである。迷いから悟りへ、動乱から静安へ、愚昧から智慧へ、悪から善へと導いていく】

◉善行方便《ぜんぎょうほうべん》を思い巡《めぐ》らそう

お釈迦様は、人々が抱えている苦しみや問題を解決するために、相手の年齢や性別や性格に応じて分かりやすく教えを説かれました。それは「対機説法」というもので、医者が患者を診察し症状に応じて薬を処方するのに似ています。お釈迦様だからそれが可能だったのであって、私達には、的確に判断し相手の悩みを解決して安心させることは非常に難しいことです。精神科医や経験を積んだ専門のカウンセラーでさえも、相手が実際に直面しているどうしようもない精神的な苦しみ、悩みを根本的に解決することが出来なくて大変苦労をされています。心の病ほど治しにくいものです。

こども電話相談室というラジオ番組があります。その放送のなかで、幼稚園児や小学校低学年の生徒達の色々な質問に対して、先生方が答えに苦慮しているのを聞いて、大人だったら分かり切っている事でも、彼らには不思議で仕方がない事がこんなにもあるもので、私だったらどう答えるだろうかと、考え込んでしまうことがしばしばです。仏教では、その教えや実践が一般の人々に分かりにくく実行しづらいことに対して、すぐれた教化《きょうけ》方法を色々と思い巡らして相手の苦を抜くために考案された巧みな手段を「善行方便《ぜんぎょうほうべん》」といいます。特に真言宗では、人の苦を取り除くための「方便」を最優先に考えることを勧めます。

法華経の『方便品』では、有名な「火宅の教え」があります。家が火事になり、部屋で遊びに夢中になっている子供たちを助けるため、外に珍しい玩具があるよと親が嘘を言って子供を外に出させるという例話をあげ、仏は迷い苦しむ人々を方便によって救うのだと説いています。一般に「嘘も方便」はあまりよくない意味で使われますが、本来は、そうではないのです。さあ、人のために善行方便をあれこれ思い巡らせましょう。

（藤本善光）

菩薩の問う所は是れ知らざるには非ず　相を懐疑に示して仮に問答を申《の》ぶ如来これによって広く秘密の胎蔵を開きたもう（宗秘論）

【菩薩の質問に対して仏が知らないことはない。質疑を発して仮りに問答を展開したのである。如来はこの質問形式によって広く密教の奥義を説かれている】

◉深く理解するために　質問は肝だ　研修会や講演会の終わりに質疑応答の時間が設定されることが有ります。講師が貴重な時間の中から質問者に対して回答してくださる有り難い機会です。何度か研修会の企画を任された事がありますが、「ご質問の有る方は挙手をお願いします」とご案内しても、誰もが口を閉じ知らん顔、慌てて役員さんが質問をするような始末となることも珍しくありません。

そういう私が聴衆として参加する研修会では立場が逆転、だんまりを決め込み目を伏せて、「司会者から指名されませんように」と心の中で念じる恥ずかしい姿があります。自分で告白するのもおかしいのですが、根が正直者なので、講演の内容を素直に拝聴していると、疑う事が無いのです。新興宗教に引き込まれ易い方や人に騙されやすい方も根が正直で素直な方が多いようです。何事も表面的な事から、もう一歩深くお話を理解する上では疑問や質問を持つのが当然ですし、これからその点に十分気をつけながら講演会や勉強会に参加したいと思います。

お寺の行事や仏事なども、以前は年長の方々から若い人達に伝えていたことが現在の核家族化の中では難しくなってきました。地域や親類と関わりが少ない人達も増加傾向です。そんな中、仏教の教えや救いをどのように伝え教えていくかは大きな課題ですが、如来のされてこられた伝道の中にその答えを見いだすことが出来ます。

好奇心＝「なぜ・どういう理由で」の心を大切に身近な仏事の作法や意味、意義を問いかけたり、回答する中で物事をかみ砕き理解しやすいように説明する事によって一層の理解を深めていただくことになると感じました。

如来さまは「深い教え」＝悟りの道を解りやすく伝え、人々を導くために質問形式を大切にされました。それは、一人でも多くの仏道修行者や仏教信者の救済となり、私達を悟り、解脱、上等正覚、成仏へと誘われる為でも有るのです。日常生活の中に仏の世界を見いだす信仰の日暮らしをして参りましょう。

（中谷昌善）

諸仏は類に随って生じて群生《ぐんじょう》を利益したもう（宗秘論）

【諸仏は相手の状況に応じて現れる。すべての生命に利益を与えるためである】

◉教育方法

仏は人それぞれの能力にあわせ悟りを得る方法を授けます。これをいわゆる対機説法といいます。これは仏教の世界に限られることではなく、広く世の教育にも普及しています。

教育は理解の習熟に応じて進めていきます。小学生に高等数学を教えても理解されません。算数、数学と学年が進むにつれて高い次元の内容を理解し、最後は数学者レベルの難解な数式を発見するところまでいきます。対機説法は社会をより良い方向に発展させる方法としていたるところに応用されています。

では、弘法大師の対機説法はどういう特色があるのでしょうか。弘法大師は対機説法を用いて人心を動かし、密厳国土を建立する大きな希望を持っていました。人々の善意をそれぞれの人に伝え、密厳国土建立に結集する夢を空海は持ち完成させます。

人間社会は一様ではなく善意や善人だけで成り立っているのではありません。人間社会は恨みや妬み人権謀術数の世界も混ざり合って存在します。人間の善意を顧みず、自分の意のまま権力に上り詰めた人物が国を危険に貶めることが往々にしてあります。社会は善意の力を信じて生きていく人が多くないと、堕落し衰退を招きかねません。ただ、物事を伝える手段として使う対機説法は易しいことです。善意持った人同士が心を伝えあい向上させる真の意味での対機説法の世界を弘法大師は創ろうとしました。

仏法を授かる過程で修行者には煩悩迷いが出てきます。弘法大師は仏道の修行にとって煩悩は悪いことではなく己を向上させる貴重な体験だと説きます。迷い煩悩こそが解脱の要因、すなわち悟りを開く原点になると説きます。

弘法大師の視線は現代の我々でも共感することが多いはずです。平安時代以前以降も弘法大師のような真摯に開かれた思考を実践した人物はいません。現代にも通じる迷いがないものには悟りが開けない煩悩即菩提、これは弘法大師の名言です。我々も努力と失敗を重ねながら日々人生を豊かなものにしていかなくてはなりません。お大師様の視線は時代を超えて我々の苦しみを見つめ我々を救ってくれます。（長崎勝教）

菩薩慈心を起して　その大小に随うに任せて暴悪と端厳《たんごん》と　老と小とを妨げず（宗秘論）

【菩薩の慈悲心には大小の区別がない。乱暴者、醜悪、端正、威厳、老人、子供など、すべての人々に対応される】

◉ブッダボット　京都大学で「スッタニパータ」を学習させた仏教対話ＡＩ（人工知能）「ブッダボット」が開発されたそうです。それぞれが抱えている悩みを質問するとブッダがチャットシステムで回答してくれる夢のプログラムです。

スッタニパータは「ブッダの言葉」と翻訳されるように、ブッダが折にふれて説いた内容を弟子たちがまとめた語録的なもので、仏教が発展する以前のブッダの教えが忠実に伝えてられている最古の経典といわれています。経典というと難解な感じがしますが、内容は、やさしい言葉やたとえ話などを用いたもので、それがベースになっているのですから、人間ブッダと会話ができるようなブッダボットの開発には魅力を感じる人も多いだろうと思いました。

さて、このようなブッダの説法を対機説法といいます。相手の環境や性格、資質、能力などに応じて、相手が理解できるように導く方法です。人によって悩みは違いますから、いわば個別の対処療法で、こんなありがたい事はありません。

空海散歩の元になっている『空海名言辞典』で対機説法について書かれた名言を調べてみますと二十一句あります。ご一読いただくと、仏はあらゆる人に応じて救いの手を差し伸べておられる事をお大師さまが力説されているのがよくわかります。

表題の名句は、その中の一つです。菩薩は、仏の教えを受けるものの素質や能力と、仏の教えに触れる機会に応じて、形を変えて現れてくださるが、素質能力の高いものには本来の姿で、浅ければ浅いなりである。しかし、だからといって薬に貴賤がないように、菩薩の慈悲心には相手が乱暴で醜悪であろうと端正で威厳に満ちていようと老人であろうと少年であろうとその区別はないという意味です。

お大師さまの名言を色々な角度から法話にしたこの『空海散歩』が、空海版ブッダボット＝クウカイボットになって多くの方に役立ってほしいと願っています。

（森堯櫻）

正行正法は機に随って門多し　機根万差《まんじゃ》なれば法薬随って殊《こと》なり（平城灌頂文）

【正しい修行や教えは素養に応じて様々である。各人各様であるから、方法も異なる】

◉恵果と空海の出会い　私どもも青龍寺には、千二百年も前の、恵果阿闍梨と空海との師資相承のエピソードが伝わっており、両祖師大徳によって密法弘揚の偉業を成し遂げた歴史的出会いの証しとして残っています。入唐し青龍寺を訪れた空海とは初対面ながら恵果阿闍梨はいきなり、「我先ヨリ汝ガ来レルコトヲ知リ、相待ツコト久シ。今相見ユルコト大ヒニ好シ、大ヒニ好シ」と感激されたご様子でした。それから半年の間、恵果阿闍梨は弟子空海に惜しみなく密法のすべてを伝授したうえ、「早ク郷国ニ帰リ、以テ国家ニ奉ジ、天下ニ流布シテ、蒼生ノ福ヲ増セ」と促し、弘法事業を空海に託したのです。恵果阿闍梨は空海に伝法のみならず、密教経典や仏像、法具なども大量に用意して、一刻も早く日本に持ち帰って道場を建立し密教を弘めてほしいと念押ししたのです。空海もまた恩師の命ずることを胸に、命懸けで密教文化を大唐より日本に持ち帰ったのです。日本に移植できた密教文化を深く根ざし芽を出させ、花を咲かせて実らせようと、空海は生涯かけて精進に勤めました。

いっぽう、空海の帰国後四十年も経たないうちに、中国では唐武宗の代で大規模な滅仏運動が勃発し、仏教は壊滅的な破壊に遭いました。恵果阿闍梨の遷化直前に、空海に密法を託して、速やかに帰国せよと促したことも、きっと間もなく法難があろうと予知できたからでしょう。遡ってみると、もしも恵果が周囲の質疑を押し切って青龍寺東塔院で空海に密教の伝法を授ける機縁がなかったなら、もしも空海が師僧の嘱託とおり速やかに帰国しなかったなら、おそらく、密法はかの法難を免れることなく、とっくに跡形も無く消えて無くなっていたでしょう。これぞ因縁の法であり、まさしく、恵果阿闍梨が機根に随って教えを施す慈悲深さとも言えましょう。いま思えば、両祖師が師弟の縁起で出会ったというより、むしろ歴史的な正念場に、密法のほうからこの二方を選んだと言っても過言ではないでしょう。

我々は今日幸運にも密法を学ぶことができるのは、ひとえに歴代の祖師方のおかげで、感謝と精進を以て報恩し、密法を遍く弘通《ぐずう》する選択しかありません。　（寛旭）

如来の大医王　衆生の病に随って種種の法薬を授けたまう（平城灌頂文）

【偉大な医者である如来は、人々の病気に応じて的確な処方をされる】

◉応病与薬　この句はお大師様が平城天皇に結縁灌頂を授けられた時の文の一部分です。

私は大学生の頃、京都の寺院を巡る旅をしました。六波羅蜜寺、仁和寺をお参りして次に東寺へ行きました。このお寺で楽しみにしていたのは、お大師様が曼荼羅世界を立体的に仏像配置なされたという「講堂」です。僧侶の案内説明を聞きながら、仏像が綺麗に配置された景色に魅了され、暫くその場を離れたくなかったのですが、次に「金堂」へ案内されました。

大きな薬師如来坐像が気になりました。私の知っている薬師如来は左手に「薬壺」を持っていますが、薬壺が左手に無かったのです。そこで、案内の僧侶に「どうして薬壺を持っていないのですか」と尋ねました。「本来、薬師如来は薬壺を持っていなかったのです。薬師如来そのものが私たちに法を説いて薬を与えて下さるのです。薬というものが日本に入ってきてから仏像の左手に薬壺が有るように成ったのです。薬壺を持っている薬師如来は造られた時代が新しいですよ」と教えてくださった僧侶は、この句を知っていたのかもしれません。私は大学の講義で教わった「応病与薬」を思い出すのが精一杯でした。

コロナ禍前、私のお寺には悩み相談の方々が時々来られました。悩みを聴きながらメモを取り、相手の心の病を探ります。相手がすっきり話を終えるまで聴き、仏教の教え「貪」、「瞋」、「痴」を基にして法を説きます。それでも納得されない場合には、「私が今申し上げたことはご本尊さまの『お言葉』です」と伝え、「おみくじ」を引いて頂きますが、同様の内容が出たことに驚かれることが多々ありました。

また、富山刑務所での個人教誨の時には、受刑者に「ここでの生活をどう捉えて日々を送っていますか」と質問します。返ってくる応えを聞くと、「裁判で決まった刑期を終えるまでの場所」と考えている方が殆どです。「ここは心の矯正施設です。自分自身を見つめ直すことが大切です」と諭し、仏教の教え「十善戒」を中心に説いています。

（糸数寛宏）

一切衆生は無量の仏智みな悉く具足すれども知らず覚らず　是の故に如来慇懃に悲歎して種種の方便をもって種種の法を説いて衆生を利益したまう

（理観啓白文）

【生き物たちは仏の智慧を保有していることを知らない。如来はその無知を悲しまれて、様々な方法で諭しておられる】

◉コロナワクチン　新型コロナウイルスがパンデミックを起こし、世界中の多くの人々のいのちを奪いました。さらには職場に行くことが出来ず、夜間の飲食も厳禁されるなど人々の心を恐怖と不安に陥れました。そのとき渇望されていたワクチンが開発され安全性が認められると接種出来るようになり、それが希望の光となりました。

コロナワクチンには幾つかの種類があります。不活化ワクチンやメッセンジャーRNAワクチンなどがそれで、それぞれ特徴があります。またワクチンの開発には、基礎研究、非臨床試験、臨床試験といった三つの大きな段階があります。それらの段階が必要なのは、副反応によって人命に関わるような事態にならないためです。

み仏も同様に、無知や煩悩によって心が毒されて誤った生き方をしている者や、人生に悩み苦しむ者に、適切にそれぞれの事象に合わせて真理の道を説かれるのです。

たとえば、「拈華微笑」という言葉があります。釈尊があるとき霊鷲山で多くの聴衆の前で法をお説きになられたとき、ある華の茎を拈って微笑まれたのです。ひと言も発しない釈尊を見て人々は不思議そうに見守っているだけです。しかし、ただ一人摩訶迦葉だけは釈尊に微笑みを返したのでした。このことは言葉での説法を超えた以心伝心とも不立文字とも呼ばれ究極の説法であったのです。

一方ではチューダパンタカのように自分の名前さえ憶えられないものでも、釈尊は掃除の修行の途中に「塵を払え、垢を除け」と唱えるように導きます。チューダパンタカは、釈尊の教えの通り毎日毎日掃除を行い唱え続けました。すると彼の心の中に「人の心も同様に塵を払い、垢を除くことができるのではないか」と考えるようになり、ついには悟りを開いて阿羅漢となることができたのです。相手にとって適した指導がいかに大切であるかを釈尊は自らお教え下さったのでした。


（瀬尾光昌）

機を鑑《かんが》み　物に応じてその数少なからず（性霊集一　山に遊ぶ）

【仏の智慧は様々な物事に対応しておられるから、その数はきわめて多い】

◉何でも屋　かつて名古屋の繁華街で「坊主バー」に参加したときの私のニックネームは〝何でも屋〟でした。通常から、どんな些細なことにも正面から向き合うように心掛ける姿勢です。それは、人生百年あるとしても宇宙の真理の総てを学びきれる自分ではないことに気付いてしまったからです。だから、出来るだけの事を学び、知り、身に付けたいというハングリー精神が身を突き抜けているのです。

失敗、失敗、失敗だらけですが、同じような間違いを繰り返す内に少しずつ進化している自身に気付くことが出来ます。心を磨くことで、周りの人の気持ちや言動が理解出来るようになり、また、寄り添いやすくなります。

仏様の慈悲と智慧は計り知れず、どんな人も導くことが出来るのです。例えば、子どもの守り神の鬼子母神ですが、もとは夜叉鬼でした。五百人の子がありますた。ただ時折他人の子を取って食う鬼でした。そこで釈尊はその末っ子を隠しました。夜叉鬼は神通力で狂ったように探すも見つからず、釈尊に子の行方をたずねます。すると、「五百人の一人すら悲しむのに、他人の子を殺すことは悪である」ことを諭され、夜叉鬼は大いに反省し、それ以来、子ども達の守り神、鬼子母神になったのです。

ここで示したいのは、お釈迦様が子を隠したのは「誘拐」です。されど、この方便にて夜叉鬼を導くことが出来たのです。これは、悪者退治でも、道徳的秩序でもなく、仏の智慧方便力によって夜叉鬼の心を耕し導いているのです。八万四千の法門と言われるように、仏法には無数の導きの手だてがあるのです。そこで私は、〝何でも屋〟をモットーに、とにかく何でもやってみる。良い事はもちろん、分からない事や半端な理解しかしてないものには真正面から取り組みます。

時々、お大師様や仏様に導かれたと感じるような出来事があるととても心が満たされて、心の底から感謝の気持ちが湧いてきます。また、その御姿を垣間見たような気になります。

（大塚清心）

対機説法

方円の人法は黙さんには如《し》かず（性霊集一　徒に玉を懐く）

【四角になったり丸になったりして動揺している人には、深い仏法は説かないほうがよい】

◉沈黙もいろいろ　本文に「丸だ四角だと、それが我だ、我がものだと、こだわりが強いひとに教え導くのは難しい」とお説きになっておられます。

その昔、お釈迦さまがお悟りの後、説法の旅に出られます。最初に出会った人の説法に失敗した、と言われています。その人は異教徒の行者であったことから、「縁なき衆生は度し難し」という諺が今でも使われる由縁になっています。

この後お釈迦さまはこの失敗を恐れず対機説法を考案されました。それは話をする相手に相応しいやり取りで、納得させるというやり方です。つまり応病与薬といって、病気の患者さんを診察して薬を処方するように悩める人々を教化されたことから、お釈迦さまは医王の別名で呼ばれることもあります。ところで、お釈迦さまと対面された冒頭の行者さんも実は、お悟りを彼なりに求めていたことを考えると、千載一遇の出会いをされていたのに大変惜しいことをされたものだと残念に思うのです。聞く耳を持たなかった行者が悪いのか、教え導く者の技量が足らなかったからなのか。

そこに「縁がなかった」から仕方ないとは、この場合に限らず私たちも日常いろいろな場面で経験する事柄です。ここに『華厳経』という大乗経典があります。このお経はお釈迦さまの悟りの境涯を説かれたものと言われています。経典の主役は毘盧遮那仏といって、奈良の大仏さんがそのモデルと言われています。眩い光の仏さま、法身仏ともいわれ、お悟りということを経験した（自内証）ものでない限り、言葉で表現できない世界の開陳が盛られています。それを果分不可説といいます。悟りに至った内容（果分）を説くことはできないという意味です。まあ例えていえば「富士山に登った経験」ある人でないと、その体験を実感することは難しい、ということ。他の人に言葉で表現することも同様。経典には毘盧遮那仏が瞑想に入った後、光でもって説法されますが、ほとんど沈黙の状態で多くの仏弟子たちは何が何だか理解できません。ところが修行が進んだ大菩薩たちは同じ光を受けた後、仏に代わって仏弟子たちに説法された、というのです。言葉に窮しての沈黙と言葉を超えた沈黙という大きな違いをお釈迦さまの説法の在り方に見るのでした。

（山田弘徳）

栄貴を示して栄貴を導き　有疾を現じて有疾を待つ　病に応じて薬を投じ迷を悲しんで指南す（性霊集二　恵果碑）

【栄華な人、高貴な人、病人への薬、迷う人など、それぞれに応じて導く】

◉その人にふさわしい導き方がある

適材適所という言葉がありますが、相手に応じてふさわしい導き方をしなければならないということです。よく知られているものに、チューラパンタカ（周利《しゅり》槃特《はんとく》）のお話があります。チューラパンタカはお釈迦さまの弟子で、彼の兄は大変な秀才でしたが、本人はとても物覚えが悪く、お釈迦さまからいくら教えを聞いてもすぐに忘れてしまいます。ものを覚えるのがたいへん苦手で、自分の名前すらも覚えられず、いつも人から笑われておりました。物覚えの悪い弟を心配した兄は、お釈迦さまの教えを短い詩にまとめて教えましたが、それすら覚えることができません。我慢強く教えていた兄や他のお弟子さんたちも彼のあまりの愚鈍さに腹を立てだし、とうとう彼につらくあたるようになってしまいました。チューラパンタカが嘆き悲しんでいると、お釈迦さまは一本のほうきをお渡しになり、「これで『塵《ちり》を除こう。垢《あか》を除こう』と言って、掃除をするだけでよろしい」とおっしゃったのです。教えられた通りに毎日掃除をするうち、「塵や垢とは、私の執着の心なのだ」ということがわかり、チューラパンタカは悟りを得ることができたと言われています。知識を詰め込んだから覚りが開けるというものではありません。人によっていろいろな達成方法があってよいのです。

ただそうは言うものの、お大師もこの一線はゆずれない、というところはあったようです。最澄さんはとても謙虚な人で、ご自分が密教には十分な学びがないことを自覚され、お大師さまに弟子入りされました。ところが最澄さんは、文献の研究によって密教を極めようとされたのですが、直接の神秘体験抜きで密教を理解しようとするのは、どうしても無理があります。当初は親密だったお二人の関係はだんだん微妙なものとなり、「理趣経」を最澄さんが借りて文献だけの理解でものにしようと考えられたときに、とうとう意見が対立することになってしまいました。絶対に譲れない一線は守った上で、相手の性格や得意分野に応じて臨機応変な対応をすることが重要だということでしょう。

（佐々木琳慧）

対機説法

摂引《しょういん》の力　物に逐《したが》って端《はし》多し　将導の化　類に随って門殊《こと》なる（性霊集八　有る人亡親）

【仏への誘導には、相手に応じた様々な方法や教えがある】

◉お大師様の教え　仏教と関係のあることわざに、「縁なき衆生は度し難し」というのがあるのをご存知のことと思います。どんなに手を差し伸べても、その人が少しも話を聞こうともせず拒絶するようであれば、良い方向へ導くこともできないし、ましてや救うこともできない、ということです。

「応病与薬」ということわざがあります。病人に適切な薬を処方することを話して安心を与え、治癒するように治療することです。そして仏教においては、仏が教えを説く相手の性格や素質、能力に応じて適切な説法をするということを意味します。

ところで、人の病とは何でありましょうか？　それは苦しみ、悩み、迷う人の一生であり、「四苦」つまり生・老・病・死を受け止められないことだと思います。そのことをお大師様は、「いろは歌」の中で、人々にわかりやすく説かれているのです。

「いろはにほへと　ちりぬるを　わかよたれそ　つねならむ」とは、「素晴らしく美しく咲いている花も時が来れば散ってゆくのだ。それと同じように人も、子供から大人となり老人となり、そして花のように散ってゆくのだ。この世全ての生きとし生けるものは時がたてば姿形が変わり、移り変わってゆくのである」という意味です。

「うゐのおくやま　けふこえて　あさきゆめみし　ゑひもせす」とは、「春に咲いた花は秋には散り、秋に咲いた花は冬には散ってしまう。だが人間はそうではない。『年をとりたくない。若く健康なままで、贅沢に楽しんでずっと生きていたい』と自然の摂理から逃れようとして無理な願いを持つために、決して思い通りにならないことに苦しむのです。人として生まれてきたのだからこの世を精一杯生きて、できるなら世のため人のためにつくし、どんなことがあろうと悔いのない毎日を送っていくなら、年をとることもいつかは花のように散ってゆくことも苦しまないですむのである」という意味であります。

　このようにお大師様は、私達に「いろは歌」によって人の一生のはかなさ、尊さをもう一度よく考えて生きてゆくように教えて下さっているのです。

（木藤清明）

対機説法

迷悟機殊《こと》にして感応《かんおう》一に非ず　この故に応身化身影を分って類に随い　理仏智仏秘宮にして楽を受く（性霊集九　諸有縁衆）

【迷いや悟りはそれぞれ内容が異なり、それに応じて仏は対処されている。この故に諸仏がこの世に姿を現わされているが、仏自身は秘密の宮殿にて楽しく談話をされている】

◉**さまざまな仏さま**　全国にはたくさんの霊場がありますが、読者の皆さんはお参りに出かけられておられますか？　私は四国にお寺があるせいか、四国霊場や小豆島霊場へ連れて行って欲しいと言われてご案内することがよくあります。バスの中ではお寺の概略、本尊様のお名前、お寺の御詠歌などをお話しします。ご本堂では在家勤行次第通りにお参りしますが、お札所によってご本尊さまが違いますから、ご真言をお唱えするのにも手間取ってしまいます。ご真言を探すために皆さんお経本を必死にパラパラめくります。そうして一日の終わりには「本尊さんがお寺によって違うのはなぜ？　なぜ仏さまはたくさんいらっしゃるの？」という質問が必ず出てきます。

一つ目の質問には、「お寺成立の最初を考えてみましょう。もしあなたがお寺の初代だったら、ご自分がおかげをいただいた仏さまを安置するためにお堂を建てるのではないでしょうか。時代とともに薬師信仰、観音信仰、阿弥陀信仰、地蔵信仰、不動信仰と変化しました。その時代に信仰されていた仏さまを本尊として迎えたのだと思います」と答えます。

二つ目の質問には、今回の聖語を引用させていただきます。「応身化身は大日如来さまが身を変えたお不動さまや観音さまお地蔵さまのことで、迷える私たちに直接寄り添ってお救い下さる仏さまです（迷える人に合わせてカスタマイズされた仏さま）。理仏智仏は金剛界胎蔵界の大日如来さまのことで（オリジナルの仏さま）、衆生済度という菩提心大悲心をお持ちです。応身化身の働きによって衆生が済われれば、曼荼羅に住されたままでお喜びになられるのです。日本国で例えれば首相の考えを大臣に伝え、施策の実行で国民が幸せになるということでしょう」と。

このように理仏智仏の菩提心大悲心は応身化身を通じて私たちの心に届きます。仏さまのお力によりご自分の心に本来備わっている菩提心大悲心が共鳴すれば、自らが仏さまに近づくことが出来るのです。

（亀山伯仁）

上は応化の経より下は論章疏に至るまで　自証を韞《つつ》んで説かず　他病に随って以て訓を垂る（性霊集九　諸有縁衆）

【上はこの世に応じた仏が説く経典より、下は仏教書に至るまで、悟りの究極は説かずに、様々な煩悩に応じた教えが述べられている】

◉これでいいのだ！　レレレのおじさん　お釈迦様が教団（僧団・サンガ）として集団生活をしていた頃、チューラパンタカという僧がいました。なかなか修行が進まず、指導する僧も困り果てていたところ、お釈迦様はその僧に「塵を払い、垢を除かん」と唱え掃除をするように言いました。するとその僧は一生懸命に掃除に専念し、そのうちその言葉の意味について幾日も幾日も考えたそうです。そしていつの間にか悟りを得たと言われています。

お釈迦様の教えは八万四千の法門と言い、これは十人十色の無限の教えを意味しています。余談ですが、チューラパンタカという僧は赤塚不二夫さんの漫画『天才バカボン』に出てくるレレレのおじさんのモデルだと言われています。

さて、お大師様は「如来の衆生救済は病に応じて薬を与え、針灸の処置を行う」とおっしゃり、「仏は我々一人一人に応じた対応をするため、様々な方法や手段で導きをして下さっています」という意味です。そして、お大師様の著書に「秘密曼陀羅十住心論《ひみつまんだらじゆうしんろん》」があります。そこでは私達の心を十の段階に分けて悟りに至る心の状態を説かれています。
①本能・欲望のままに生きる心、②愚かな子供が道理をわきまえない心、③赤ちゃんが畏れを知らない心、④無我を知る心（声聞乗）、⑤因果から真実を得た心（縁覚乗）、⑥慈悲より、一緒に悟りを開こうとする心、⑦すべては不生・不滅であるとする心、⑧一仏乗によって悟る心、⑨すべてが無自性で清らかであるとする心、⑩三密瑜伽の瞑想状態の心。
お大師様は教えには段階があると理論づけています。そして、私には自分自身の心の状態はどのような心なのか？　自身の愚かさと未熟さを図る目安になっています。これでいいのだ！

（吉森公昭）

如来大師は機に随って薬を投げたもう　性欲《しょうよく》千殊にし薬種万差なり（性霊集　十　泰範啓書／高野雑筆四六）

【如来は各人各様に薬を投与されるから、薬の種類は非常に多い】

◉法の門　薬色々　煩悩除――易という扉――

「探し物を占ってほしい！」とA子さんからの緊急依頼がありました。彼女の義母から電話があり、「義妹の赤ちゃんお宮参り用着物に使いたいので、十数年前にA子さんの娘さんに贈った七五三の晴れ着を返してちょうだい」と指示されたそうです。A子さんは自宅や実家を必死に探したが見つからず、下手な返事では嫁姑仲が悪化しそうです。どうか易占で見つかるか、最善策をお願いしますとの依頼でした。

ご要望に応え観たところ、晴れ着が夫の実家にあると瞬時に告げました。併せ『易経』にある「山火賁」に秘めたヒントも彼女に教えました。「賁」は草花と貝殻からなる字形で、いにしえの人々は美しく見栄え良く着飾ったことを物語る漢字で、今回お悩みの晴れ着をも連想し得ます。ＴＰＯ応じて外的な美・飾り・体裁・見栄えは、必ずしも否定される要素でなく、あなどることもできない世界観（賁六二）でもあります。見栄の響きが良いと言えずとも、心が落ち着かない時は、淡々とスマートに儀礼的で体裁的なことを善処する流儀としても肯定すべきかと思います。

Ａ子さんは以前義母と仲良くしたく贈った品が悉く返送されたトラウマ（識）から、義母や義妹に何かを贈るには心理的ハードルが高いわけです。そこで今回改めて彼女を「自他の分別心に執着せず、清浄な祝福する心でトライしなさい」と励ました。見つからず弁償したいニュアンスより、「お祝いの晴れ着をプレゼントしたい」だけで喜ばれるはずです。迅速の通知は義母義妹等の買い物計画や予算への配慮と思いやりからだとも助言しました。後日、Ａ子さん自らフィードバックしてきたのです。「晴れ着は夫の実家にあった」「義母からお詫びをされた」「いち早くプレゼントしたいと意思表示して良かった！」とか。ポジティブで清浄な心を以てお祝いの晴れ着を贈れて難儀を円満に逆転した体験ができたようです。角度や立場を変え、心の眼で自他を観察する仏性がご自身の内に秘められていることに、きっとＡ子さんは気づいたと思います。

（松本堯有）

黙して説くところ無し　ただ針を水に投ずるのみ（付法伝第一）

【水鉢の中に提婆は黙って針を落としただけで、龍樹から深い智慧の水を授かる】

●英雄、英雄を知る

弘法大師の『秘密漫荼羅教付法伝《ひみつまんだらきようふほうでん》』には、大日如来、金剛薩埵、龍猛、龍智、金剛智、不空、恵果という真言密教の付法七祖について簡単に紹介されています。冒頭の一文は、この内、中観派の祖である第三祖龍猛、別名龍樹（ナーガールジュナ）の項に示されたものであり、「無言の妙弁」と称される逸話です。

「無言の妙弁」は元々『大唐西域記』に挙げられたものであり、次のような内容です。龍樹がコーサラ国に滞在していたある日、シンハラ国より提婆（アーリヤデーヴァ）がやって来て面会を求めます。龍樹は弟子に命じて水で満たした鉢を提婆のところへ持って行かせました。すると提婆は黙って水中に一本の針を投じたのです。このことを弟子より伝え聞いた龍樹は、即座に提婆を弟子として迎え入れ、至真の妙理、法王の誠教を伝授します。環境に応じて自在に姿を変え、明鏡かつ洸洋《こうよう》たる水は、まさしく龍樹の智慧そのものであり、これに針を投ずることは、その極点まで究めようとの決意であると、龍樹は一瞬にして感じ取ったのです。

この逸話は我が国の『今昔物語集』や『宇治拾遺物語』にも取り上げられています。しかし、こちらでは多少アレンジが加えられ、取り次いだ弟子と提婆との対比がストーリーの軸となっています。

提婆に水を持って行くよう命じられことを、安易にのどを潤すためとしか考えていなかった弟子に対し、龍樹は次のように諭します。「万里の景色をも映し出す器の水は、まさしく私の智慧そのものである。これを差し出したのは、あなたはこの水に如何《かい》なる景色を映し出そうというのですかとの問いかけであった。彼がこれに針を投じたのは、自身の智慧は針ほどの小さなものですが、やがて師の大海の如き智慧の底まで極め尽くす所存ですとの決意を示したものであり、彼は私の意図を完全に理解していたのである。お前はまだまだ修行が足りないようだな」。これを聞いた弟子は恥じ入るしかなかったという内容です。ちなみに本逸話に登場する龍樹の『中論』『十二門論』と、提婆の『百論』を所依とする宗派が三論宗です。「英雄、英雄を知る」、龍樹と提婆の真剣勝負も、既に対面する前から始まっていたのですね。（愛宕邦康）

貧道と君と遠く相い知れり　山河雲水何ぞ能く阻《へだ》てん　白雲の人　天辺の吏《り》　何れの日か念《おも》うこと無からん（性霊集一　野陸州贈歌）

【私（空海）と小野岑守公とは昔からの知友で、今は山河雲水に隔てられているけれども、一日たりとも忘れたことがない】

◉思いやりと気遣い　私の大学からの親友の一人に、しばらく一緒に仕事をしていた人がいます。所属する課は違うのですが、同じ時期に開催される研修会があり、それぞれを担当していました。

一日のルーティーンの中で、二つの研修会が同じ行動をとることがいくつかありました。一つは朝の勤行と掃除と朝食。一つは昼食、一つは夕勤行から夕食、入浴です。通常は別々に対応していくわけですが、この同じ行動をとる時間帯では彼との仕事は不思議なほど上手く流れました。

何時に何をするかは決まっていました。そのための準備は何かということをお互いが把握していました。どちらが同じ行動をする研修メンバーと一緒にいるかは、交替と決めていました。事前にすべきことをしっかり把握し、どのような動きでそれらをクリアしていくかシミュレートしておけば、ある程度はスムーズに進められるでしょう。もともとはそういう感じで進めていました。特に困った所はなく、消灯後にミーティングをするわけですが、特にこうしようと取り決めを新たにするわけでもありませんでした。普通はそういうことで進んでいきますし、問題は起きません。でも、何かもっとこう、良くならないかとかを考えていました。ところが、そういう領域へはなかなか到達できませんでした。そうやって数日過ごした時、それらが全く別の次元で行えるようになったのです。

何が必要だったのかといいますと、簡単に言えば相手に対する尊敬、感謝、思いやり、気遣いといった気持ちを込めることでした。相手がやってくれたことに必ずありがとうとお礼を言う、そのことでお互いの気持ちがよくなり、さらに仕事がはかどっていきました。お互いにそういう気持ちをもって行動したときに、「神がかった」とも言える結果になります。そういう相手がいれば、あなたの生活はより一層豊かになると思います。

（中村光観）

説聴瑠璃のごとくならば　情《こころ》幾ばくか擡《もた》げん（性霊集一　徒に玉を懐く）

【教えを説く人とそれを聞く人が、瑠璃のように照り返しあえば、心の交流は高まることであろう】

◉いのちの光　長い闘病生活の末に母がこの世を去りました。その菩提を弔うために歩き遍路の巡礼にでかけました。あれからもう七年の歳月が流れます。夏の一番暑い日、第一番札所霊山寺の本堂と大師堂それぞれで「南無大師遍照金剛」と力強くお唱えして遍路の旅がはじまりました。約一千二百キロいろいろな出会いがありました。ある日のこと、納経所で順番を譲り合ったことがきっかけとなって一人のお遍路さんと言葉を交わすようになりました。

その方は奥様を病気で亡くされたとのことでした。いろいろとお話を聞くうちに母のことが心に浮かびました。別れ際、そのお遍路さんがリュックサックから生前に奥様が着ておられた「白衣（おいずる）」を取り出して見せてくださいました。その背に書かれた「南無大師遍照金剛」の文字がとても印象的でした。

昔、中国は西安の青龍寺を訪ねたことがあります。お大師様が師の恵果和尚《けいかかしょう》と出会った運命的な場所です。別れを前に恵果和尚は、お大師様へ「蒼生《そうせい》の福《さいわい》を増せ」そう伝えました。「一日も早く郷国に帰ってたくさんの人々の幸せをかなえなさい」と師から弟子へ贈った最後の言葉です。

「南無大師遍照金剛」とはどういう意味でしょうか。南無大師は「お互いを師のように尊敬し合い」、遍照金剛は「慈しみによって他を照らし、その照り返しによって自分も一緒に光り輝く生き方」という意味ではないでしょうか。

高野山には「生かせいのち」という言葉がございます。「いのち」とは何でしょうか。それは、人と人、また生きとし生けるものすべてが「ひとつ」につながっていることを気づかせてくれる言葉のように思います。慈しみの心を根本として、お互いを尊敬し尊重し支え合い、励まし合い、応援し合うことが本来の私たちの姿のように感じます。

今日もたくさんの人々が四国遍路や高野山を訪れます。そして、「南無大師遍照金剛」を唱えます。それは、お互いを照らし合う「いのちの光」となってみんなの心をひとつにします。

（雨宮光啓）

知音《ちいん》と知音と蘭契《らんけい》深し（性霊集一　徒に玉を懐く）

【互いに心の通いあうことはじつに麗しい】

◉盲導犬との出会い　盲導犬と出会ったキミコさんの話を紹介しましょう。

キミコさんは、妊娠五か月目で風邪を引いたとき眼に違和感がありました。物が歪んで見え、二日後には真っ暗で何も見えなくなりました。医師の診断は「ブドウ膜炎」という原因不明の難病でした。妊娠中で使える薬も限られ、このままでは失明する可能性もありましたが、キミコさんは楽天的な性格のため「命を授かったから産むのが当たり前」と出産を決意しました。でも、出産しても視力は回復せず、完全に光を失ったのは発症から十年後のことでした。

キミコさんは白い杖を突いて外出することが嫌で、家にじっと閉じこもるようになりました。目が見えないことを他人に知られるのを嫌がったのです。どうしても断り切れなくて研修会に参加したことがキミコさんの転機となりました。研修会の参加者が盲導犬を連れていたのです。

盲導犬を希望しても長く待たされることが多いものですが、幸運にもキミコさんはすぐに巡り会えました。盲導犬は高度に訓練され、目が不自由な方のパートナーとなり得る存在です。盲導犬といえども地図を見て道を覚えるわけではありません。実際に散歩に出て、誘導者の自宅周辺にある道を覚えるのが日課です。誘導者もいきなり盲導犬に命を預けられないので、最初は盲導犬を散歩に連れ出すのも怖いものです。

盲導犬も誘導者も慣れないうちはチグハグな関係が続きます。キミコさんが「この道違うよ」と怒ると盲導犬は拗ねてしまって一歩も動かなくなることが度々ありました。仕方がないのでキミコさんは「ごめん、ごめん」と平謝り。一方で、盲導犬も道を間違えば、「細かいことは言わないで」としっぽを振ってごまかすこともあります。

誘導者と盲導犬は「はじめまして」から互いの心を寄せ合いながら、なくてはならない存在になっていきます。順風満帆に物事が進むわけではありませんが、時間をかけて心を通わせることは志を同じくして機が熟したときにちょうどよいタイミングがあるものです。盲導犬と誘導者が二人三脚で生活していくように、以心伝心で心が相通じるようになったときに信頼関係が生まれるのです。

（中村一善）

人の相知ること必ずしも対面して久しく話《かた》るのみにしも在らず　意通じれば傾蓋《けいがい》の遇《ぐう》なり（性霊集二　沙門勝道）

【親しい仲間は、対面して多く語らなくても、わずかな通りすがりだけでも心は通じるものである】

◉挨拶は修行の第一歩　お大師さまは、若き日の山林修行で、多くの人から有形無形の影響を受けて、のちに唐にわたるお覚悟とご準備を調えられました。絶壁をよじ登ったり、海岸の石窟に滞在して苦行なさったり、ときには五穀を断って懺悔の生活を送られたりされました。お休みになるときには草の露を枕にされ、露とご自身の涙が溶け合いつつ、故郷を思われるときもありました。

さて、修行が進むと常人とはかけ離れた能力が身についてくるようです。命の危険もあちこちにあり、彼岸も垣間見る経験もするであろう山岳修行では、死と背中合わせにあるからこそ、生存のための能力が伸びてきます。良きにせよ、悪しきにせよ、たとえば出会った人が自分にとってよい相手かそうでないかというのもすぐにわかってしまいます。ある種の緊迫した関係の中で、出会った人と最初に挨拶を交わすときというのは、両者の関係性を占う、重要なときといえます。人の心の中も瞬時に読んでしまいます。ただし、その信号をキャッチするにはある種の「儀礼」が必要です。

私たちが普段の日常生活の中で、「挨拶」を大事にすることは円滑な人間関係をつくるため第一歩の礼儀とされます。

「おはようございます」「こんにちは」「はじめまして」から始まる挨拶を明るい波動において行える人は、相手に安心感をもたらすことができます。また、互いに相手の意を慮るからこそ、大きな声で言えないことは後回しにして、とにかくそれ自体に意味をもたない挨拶ことばを儀礼的に行うことは大切です。

山の中なら菅笠を脱いでお辞儀をするだけで、相手から発する熱や空気感が伝わってきて、身の無事を保全する第一関門を突破できたわけです。心が伝わり、気持ちの通いそうな相手であれば、そこから対話と情報交換ができ、ひいては修行が進むことになったわけです。

（佐藤妙泉）

秘蔵の奥旨は文を得ることを貴しとせず　ただ心を以て心に伝うるに在り

（性霊集十　理趣釈経答書）

【密教の奥義は文章だけで理解できるものではない。師の心から弟子の心へと伝えることが重要である】

◉こころに直接触れることで得られる安心感　文字に起こされた言葉だけで伝えようとすることの危うさ、これは現代社会においてもよくあることです。現代人はとかくメールで何事も済ませがちで、往々にしてこの方法によって誤解を生むこともあります。現代人は忙しいというのも確かにあるとは思いますが、ある意味その時の自分の都合だけで相手に言葉を投げ掛けるわけですから、相手の受けとめ方はメールを書いている時点でうかがい知ることはできません。ですから、よほど熟慮を重ねた文章を書かない限り、自身の本当に意図したことはそもそも相手には伝わり難いものです。人は、本当に大事なことを伝えたい時、それが仕事であってもプライベートであっても相手と直接会って伝えます。これはいつの時代でも変わらない一つの真実です。直接会って話した方が相手の表情や受け答えのトーンも全てその場で感じ取ることができるわけですから、これこそが最も安心できるコミュニケーション方法となります。

理趣経の解釈にあたっては、経の中に性的な直接表現が多分に含まれますので、この件を語るとなると、それはいつもとてもセンシティブな議論となります。現代においても性教育は当然ながらとてもデリケートな問題で、それこそ話す側も受けとめる側もしっかりとした姿勢が求められます。だからこそ、本当の意味でお互いに誤解なく理解し合うには、直接会って話をしてこそとなりますし、それこそ師から弟子へ直接伝えるべきものとなるのです。

「人間を含めた全ての生き物が、次の世代へと命を繋いでその生き物としての役割を全うしようとする時、愛は絶大な力を生みます。愛は生き物が生き物として生きる原動力なのです」。

今、ここで右記のように文章に起こしてみましたが、しっかりと真意をお伝えするのはどうしても難しいものと認識します。やはり最も大事なことは直接会ってじっくり話すことで得られる自分自身と相手の皮膚感覚であると思います。

（山本海史）

以心伝心

白雲天にあり　滄海渺然《びょうぜん》たれども　夢魂接《まじ》わり易し　心使《しんし》あに隔《へだ》てんや（高野雑筆三八）

【雲と海は離れている。しかし、夢と魂が一体のように、お互いの心は離れていない】

◉あの水平線のように　子供の頃から気が弱くて、誰かと意見が食い違っても自分の考えが言えなかったり、心無い一言に傷ついたりしたときはその日一日引きずって一人悶々とすることがよくありました。自分が逆の立場だったら、あんな言い方は絶対にしないのにと。納得がいかないことに対して不平不満が渦を巻き、心から離れてくれない。我ながら、ちょっと鬱屈した子供時代だったと思います。

こうした不満は、無意識のうちに、自分は正しくて相手は間違えているという思考に基づいていたように思えます。自分ならこう言うのに、こう行動するはずだ、そのような考えは裏を返せば、他人にも同じような言動を期待しているからです。にもかかわらず、周りは自分の期待通りに振舞ってくれないことがあり、その原因を相手の思考の間違いにあると結論付けているのです。

私は双子として生まれており、子供の頃は何かにつけて周囲から比較されて育ちました。当人達から見ても見事に正反対の性格で、「同じ家庭で育ったとは思えない」と言われたことも一再ではありません。同じ日に生まれ同じ環境で育ってもこの通り、それぞれの気質や経験によって全く異なる人格が形成されていきます。ましてや他人ともなると、自分と考え方が違って当たり前です。それぞれの人生や経験があり、それをバックボーンとした考えや行動を否定するのではなく、尊重し、寄り添ってみるという姿勢が現代もっとも求められているような気がするのです。

子供の頃、夏休みに家族や友達と海水浴に行った経験は多くの方にあるかと思います。見上げればどこまでも続く青空。その天地には大きな隔たりがありますが、はるか遠くを見れば水平線と真っ白い雲とが混然一体となって、広がっています。私たちはあまりにも身近な「我」にこだわるあまりに、遠く隔たっているように思える「他」の心に思いをはせることを忘れてしまっているのかもしれません。そんな時は真上ばかりを見上げずに、水平線に目をやってみましょう。もとより自分と他人の心に区別をつける必要などなかったのだと気付けると思います。

（髙田堯友）

天辺　我れを隔てれども松柏あに移らんや（高野雑筆四〇）

【我らは高野山からへ隔ってるが、心は松柏の緑のように変わらない】

◉テレポーテーション　冒頭のお言葉は、お大師さまが筑前の国（現在の福岡県西部）の国司（国の中央から派遣された役人）に宛てた書簡の中の一文です。相手の方は奥様を亡くされたようで、弔意として書かれたもののようです。奥様を亡くされた寂しさに寄り添うように相手を気遣い、しかも、相手との再会を願いつつ、お互いが離れていても、心はつながっているという、現代の私たちが人とのつながりの中で願うことと同じことをお大師さまは相手の方に伝えておられます。

新型コロナウイルスの蔓延で、生活環境の変化を余儀なくされています。マスクで顔を覆い、食事を共にすることもままなりません。遠隔的に会議を行うことが一般化され、自宅で仕事をするという形態も見出されてきました。直接会わなくても、時間を合わせれば、地球の裏側同士でも顔を見て話すことができます。仕事としての効率化ははかれても、直接会うことに勝ることはないことが改めて再確認されたように思います。画面越しでは物足りない。引き離されて気付くものであり、いつでも会えると思っていても、いつどうなるかは誰もわからないのです。

真言宗では運心《うんじん》といいまして、身体は離れていても、心で思った場所へ瞬時に行くことができると考えます。いわばテレポーテーション、夢のような話に聞こえますが、私たちの心を研ぎ澄ませれば、そういったことも可能だというのです。それは、単にその場所をイメージして思い浮かべるだけでなく、体感するのです。現代は、心で相手のそばにいたいと願っていても、相手の姿を画面越しに見ることができることで安心と満足してしまい、相手に心を運ぶという強い思いを持たなくても済んでしまうのです。

お大師さまが書簡にかかれたお言葉は、自分の心を正しく相手のそばに運ぶという観念のもとに書かれているのです。離れた家族からの手紙や小包というのは、単に送られてきたというより、その家族が思い出され、またその家族がそばにいるような温かさを感じます。お大師さまから書簡を受け取られた相手の方も、お大師さまをそばに感じ、お大師さまのお言葉に大変癒されたのではないでしょうか。

（富田向真）

雲樹隔《へだ》つと雖も　心通何ぞ遠からん　三時持念して事ごとに福を廻らす（高野雑筆四七）

【白雲や樹林に隔てられているが、心は離れていない。昼夜に福徳を念じて回向している】

◉台湾のお大師様　私の祖父は、大正十三年に台湾の花蓮港吉野村（現在の花蓮縣吉安郷）高野山吉野布教所に生まれました。自然豊かな花蓮の地で少年時代を過ごし、十三歳の時単身高野山に上って修行しました。その後高野山中学に進み、戦争で満州に送られ、シベリア抑留の後、昭和二十二年の暮れに復員しました。

しかし故郷台湾は他国となり、引き上げた家族も父母離れ離れの居候の身で、どこにも帰るところがなく高野山の師僧寺で一時を過ごし、その後は全国を転々として、昭和二十八年広島の田舎の寺に入りました。戦後の混乱の中、寺を守り信仰の道を修め、辛苦を乗り越えて日々真言念誦の安心を得て参りました。晩年老境に至りいろんなことを忘れていきましたが、つらかったシベリアの記憶と生まれ故郷の台湾の思い出は、いつも心にあったようで、「台湾に帰りたい」とよく言っていました。

平成九(一九九七)年、無住となって倒壊しそうになっていた台湾花蓮の寺(戦後は慶修院と改称)が、国家三級古蹟に指定され、花蓮縣文化局の指導の下、日本統治時代の遺構として修復されました。それに合わせて日本人引き上げの時、祖父の妹が背中に結わいつけて日本に持ち帰り、広島の寺に安置していた本尊の弘法大師像を、実に五十八年ぶりに台湾にお返しするという慶事がありました。祖父は本尊返還式で、「このお大師様を前に、いつも故郷台湾の人々のことを念じ祈ってまいりました」と挨拶し、その祈りはこれからも変わらないと述べました。集まった台湾の人々は皆涙を浮かべ、日本語で「おかえりなさい」と迎えてくれました。海を隔て、言葉も違い、歩んできた歴史も異なる人々でも、同行二人の願いそのままに、台湾のお大師様を介してその心は十分に伝わるのだと思います。

祖父は先年九十六歳で遷化しました。その三日後、私は祖父の分骨を携えて台湾に行き、生まれ故郷のお寺に納めてまいりました。祖父の故郷は今、温かくまじめで楽しい人々が住み、街を発展させ素晴らしい山野を守っています。

(佐伯隆快)

面《おも》は即ち胡越《ごえつ》なれども　心は傾蓋《けいがい》なり（高野雑筆四八）
【相互は遠く離れているけれども、心は深く通いあっている】

◉リモートで伝える　新型コロナウイルスの感染拡大が始まってから早や二年が経ちました。この二年間はお寺の活動にも様々な影響が出ましたが、その中にいわゆるリモート供養の普及があります。遠く離れた方にも法事やお葬式などの法要に参列してもらえるような方法は、以前からされている方もおられましたが、インターネット環境の充実ぶりもあってこのコロナ禍で一気に広まったような気がします。

先日も法事に参加された檀家さんが、タブレット端末を膝の上に置いて座っていました。「少し遠方なのでリモートで参列させてください」とその方は仰いました。東京とか大阪からかな、と思いながらお聞きすると、カナダからとのこと。小さい頃から私もよく知っている幼馴染の女性が、結婚したカナダ人の男性と一緒ににっこりと手を振っていて、こちらも思わず笑顔になりました。ともするとコロナ禍によって人間関係が薄れたり、全てにおいて簡略化してしまったりするような流れの中で、このリモート供養という現代的なやり方は、人と人との心のふれあいにおいて一つのきっかけになるのでは、という思いがいたしました。

お大師さまは、遠方の人との心のふれあいを素敵な言葉で綴られました。傾蓋という言葉から、いにしえの高貴な方のやんごとなき挨拶の様子が偲ばれます。遠くに離れた人とも思いがつながるということ、それはもちろん今のような電子的なつながりではないでしょう。お大師さまのお言葉は、親しい人が今どうされておられるかなと思いやる心、志を同じくする人同士の信頼の心、そしてこの大日如来さまの宇宙に満ちている、生きとし生けるもののつながりを表した言葉に他なりません。

仕事や日常の雑務に追われ思いやりの心をつい忘れてしまいがちな現代の人々にとって、静かな空間に集まってご先祖さまを供養する法事という行事は、今と昔の人の心が自然につながる貴重な場面となっているように感じます。さしづめ、遥かなご先祖さまからの以心伝心は縦のつながり、そして実際に参列された方やリモートで参加された方同士の以心伝心は横のつながりと言えそうです。お互いの温かい心が伝わる、そんな法事にしたいものです。

（曽我部大和）

声縁の識も識《さと》らず薩埵の智も知らず　奇哉の奇　絶中の絶なるはこれただ自心の仏か（宝鑰第九）

【声聞、縁覚、菩薩たちさえも知ることができないのは、奇異にして奇妙、絶大にして絶妙なる私の心にひそむ仏である】

◉自心の仏　仏さまは、どこにいらっしゃるのでしょうか？　二千五百年前のインドで八十歳の生涯をお過ごしになったお釈迦さまは、すでに涅槃を示されて入滅され、この世にはいらっしゃいません。また阿弥陀さまは、娑婆世界から十万億土も離れた西方の極楽浄土にいらっしゃるといわれています。

仏さまはみんな、遠い遠い場所にいらして、われわれが仏さまにお会いすることは、所詮無理なことなのでしょうか？　そんなことはありません。お大師さまは、仏さまは私たち一人ひとりの心の中にいらっしゃるとおっしゃっています。

真言宗でもっとも大切にされるお経の一つに、『大日経』があります。『大日経』は、大日如来と執金剛菩薩の問答によって綴られていますが、第一章の「住心品」では、執金剛菩薩が大日如来に、「悟りとはなんですか？」とストレートな質問をぶつけます。それに対して大日如来は、「悟りとは、ありのままに自分の心を知ることである！」と答えます。またお大師さまも、『般若心経秘鍵』という書物の中に、「夫れ仏法遥かに非ず、心中にして即ち近し」と記しておられます。

さて、自分の心を少し高いところから客観的に見つめてみましょう。心の中に、二人の自分がいることに気づくはずです。

一人は、自分勝手な自分です。この自分は、自分が得することばかり考えていて、他人と比較して、少しでも優位に立とうとします。また、自分が一番正しいと思い込んでいる愚かな自分です。「悪い自分」です。もう一人は、他者の不幸を哀れみ、他者を思いやり、他者の幸福をともに喜ぶことのできる自分です。「善い自分」です。

そして、この「善い自分」こそが、仏さまにほかならないのです。

私たちは、「悪い自分」をなくすように努力し、「善い自分」を大きく育ててゆかなくてはなりません。そのためには、常に自分の心に向き合うことが大切です。

（川崎一洸）

顕教所談の言断心滅の境とは　いわゆる法身毗盧遮那内證智の境界なり（二教論下）

【顕教が述べている言語及び思慮を超えた悟りの範疇こそが大日如来の世界である】

◉想像出来ない世界　密教の世界観は「無始無終」、つまり世界とは、始まりもなく終わりもない永遠のなかにあるというのです。私たちが知り得る宇宙とは全て形のあるもので、それには必ず始まりがあり、また当然のことながら終わりもあります。密教のいう世界とは、我々が認識し得る「有始有終」の宇宙を更に超えた、私たちの想像の世界には収まらない壮大で絶対的なものなのです。

真言宗で日常の勤行でよくお唱えする『懺悔文』には「我昔所造諸悪業　皆由無始貪瞋痴」といい、始まりのない遥か過去から繰り返された罪を懺悔し、また『三帰』、『三竟』、『十善戒』では「尽未来際」といい、終末のない未来までの誓いを立てます。日々さらっと唱えてしまう経文にも、人知を超えたとてつもなく広大な時空の間に仏教へ帰依することが説かれているのです。

その無始無終の世界の絶対的真理を毘盧遮那（大日如来）といいます。毘盧遮那は「遍照」と訳されます。「（無始無終の）世界中の一つの塵すら漏らさず全てを照らす」という意味です。宇宙全てにも一粒の砂にも、あなたにも私にも、真理は遍く照りつけているということです。

また「内證」とは、他人に語ろうとしても語りつくせない、自身が自己の心中にのみ説明できる悟りの境地のことをいいます。例えば海外旅行で見てきた秘境の絶景について、撮ってきた写真や土産話だけでは実際に見てきた感動を全て伝えきれないようなものです。隠そうとしているのでなく、説明しようとしても不可能であるほど悟りとは絶大であるということです。普段私たちが使う「隠す」という意味の「内緒」という言葉は、この「内證」という言葉が語源であるともいわれています。密教の「密」とは、隠しごとではなく、他人に言葉だけでは説明できないというような意味です。

言語道断といえば一般的には「言葉も出ないほどひどいこと」という意味で使われることが多いのですが、本来の仏教用語では「言語で説明する方法がない絶対的な真理」をいうのです。

（大瀧清延）

衆生の心性ははなはだ微細にして言断心滅す（法華経密号）

【あらゆる生き物の心の本質は、きわめて微細にして言葉や意識を離れている】

◉わたしの心　ほとけの心　弘法大師空海（以下、お大師さま）はあらゆる宗教・仏教を体系づけ、独自に真言密教を確立されたことで知られています。特にこの身のままで仏となる即身成仏や、世界のあらゆる存在・いのちが説法し合う関係を説いた法身説法などは仏教の歴史を踏まえながら提唱されたお大師さま独自の思想であり、これまでも、そしてこれからも色あせることのない普遍的な思想です。

お大師さま独自の、かつ普遍性を持った思想をつらぬいているキーワードに「衆生」があります。衆生とは一切の生きとし生けるものをさします。人間もまた衆生です。いのちをどうとらえるか。人間をどう見るか。お大師さまはどのような衆生・人間観を持ち説かれているのかという視点を持つことがとりもなおさず真言密教の理解と体感につながります。

さて、お大師さまの衆生・人間観を端的にあらわす言葉に「凡聖不二」という言葉があります。迷える人（凡・衆生）も仏（法身）も同じ本性を持ち、同一であり平等であるという考えです。この考えを土台に読み進めますと、「あらゆる衆生の心には本来仏の本性、つまりさとりの内容が備わっている。その心はあまりに細かく広大であるために言葉で説くこともできず（言語道断）、心で推し量ることもできない（心行処滅）」といいます。

私もあなたも本来は仏となんら変わりはありませんよ。しかしそう言われても現実はどうでしょうか。まるで仏さまとは隔絶し、手繰り寄せることも、明言することも、考えることさえ難しいのが正直なところです。

しかし私やあなたや仏をつなぎ重なり合わせるものに自分自身の心を置いてみましょう。そして実は自分の心そのものが仏の世界なのですよ。そう考えてみるとどうでしょうか。仏教を信じる生き方とは自分の心を見つめることだと気づくことができます。

お大師さまの教えや言葉とは、一切の存在・いのちが持つ「わたしの心」の見つめ方、あり方、そして心のもち方の探求であり、その確立方法なのです。（伊藤聖健）

仏教実に思い難し（宗秘論）

【仏の教えは深遠であり、思いはかることができない】

◉入れ歯と仏さま　先日、歯が欠け、歯医者さんのお世話になりました。数回通院し、治療をしていただくと、食事時の違和感もなくなり、人間の健康に欠かせぬ歯の大切さを思い知らされました。それにしてもよい時代です。現代においては、簡単に治療を受けることができ、大昔と違い、仮に歯を失ったとしても、精巧な差し歯や入れ歯で代用がききます。

さて、その入れ歯ですが、昔は仏像を作る仏師が入れ歯も作っていたという話もあります。想像ですが、ひょっとしたら、どこかのお宅の入れ歯のご主人が、仏像を求めに仏具屋を訪ねたら、自分の入れ歯と、手に取った仏像が同じ作者のものだったという、落語のようなことがあったかもしれません。

しかし、このつながりは、何も入れ歯と仏さまだけではありません。

最近よく使われるオンラインという言葉があります。

この言葉、見知らぬ他人と、ネット回線など最新の技術でつながることをイメージするかもしれません。ですが例えば、日々の食事という行為にしても、食材を育ててくれる誰か、食材を運んでくれる誰か、調理してくれる誰か、我々が出す排泄物の処理をしてくれる誰か、加えて、もし、歯で不自由していれば入れ歯を作ってくれる誰か、と様々な職業の人が関わってきます。こうした人々は、普段お会いしている身近な人ばかりでなく、まったく面識のない人という場合も多々あり、一食を通じ、広く深い世界と不思議なご縁で結ばれており、これもある意味オンラインだと思います。

早さやわかりやすさを求める今の世からすると時代遅れかもしれませんが、仏さまが取り持ってくださる、昔からあるご縁というオンライン。人と人とを、対面でなくともつないでくださり、見えない不思議な力で結びます。

この広く縦横に渡るつながりを意識し感謝するということ、これは仏さまの教えの、大切な要素なのかもしれません。


（稙月隆彦）

第四章

ひかりへ

除闇遍明

百年《はくねん》の生盲たちまちに乳の色を弁《わきま》え　万劫の暗夜　頓に日光を褰《かか》げん（二教論下）

【長らく目が見えなかった者が乳の色を識別できるように、果てしない闇の中の煩悩が、仏の光明によって即刻に晴れる】

◉明暗二色のひかり

「戒壇巡り」は御存じでしょうか？　真っ暗な回廊を壁の感触を頼りに恐る恐る進み、わずかなロウソクに照らされた仏の前にたどり着いた時の何とも言えない安堵感。「ひかり」のありがたさを実感する瞬間です。

大日如来の三つの「徳」といわれるはたらきのうちの一つが「除暗遍明」です。日の光は後ろに影をつくりますが、仏のひかりは隅々まで照らして影をつくりません。つまり、この徳は「一人残らず照らす」と同時に、「平等に」照らすことを意味します。

昨年開催された東京パラリンピックの選手の中にも目に障害を持たれた方々が、わずかに光を感じる程度しか見えていないはずなのに、そう感じさせない活躍を見せていました。そうはいっても健常者と同じようにパラリンピアンも「平等に」照らされているかというと、制約という壁に阻まれて影も多いはずです。目が見えないのでは

「闇を除くひかり」にすら気づけないのではと思っていました。しかし、パラリンピアンが「一緒に伴走してくれた仲間がいたからこそ今日まで頑張れました」と、涙ながらに語る姿を見て、「除暗遍明」の仏のひかりは明るく照らして影を消し去るのみならず、ときにはあえてその影の方にひかりを当てて、その所在を明らかにすることに気づきました。それこそまさに「平等に」照らす仏のひかり、彼らを照らすそのひかりは、努力の結晶の「明」と影の克服の「暗」二色の光を放って、彼らを祝福するように包んでいました。

人は悩んでいるとき「お先真っ暗」と悲観します。先に光明があるのに、煩悩が心のともしびを消して、一歩も踏み出せないからです。果てしない闇のなかの煩悩は、仏のひかりがあえて暗く照らし浮かび上がらせた、いうならば「克服すべき努力目標」でその煩悩に向き合うことではじめて仏のはたらきがあらわれるのです。闇の真っただ中にあるときこそ、仏徳のひかり「除暗遍明」は「すべての」人を、「平等に」照らすことを思い出してください。そのときが仏のはたらきのありがたさに触れる好機となるのではないでしょうか。

（中村光教）

除闇遍明

魔軍は恐怖し降伏せざること無し　猶し日輪わづかに挙がれば暗瞑消退するが如し（吽字義）

【魔は、恐れることも、降伏できないこともない。太陽がわずかに昇れば暗闇が消えるようなものだからである】

◉勇気と感動と希望の光　アメリカプロ野球メジャーリーグのロサンゼルス・エンジェルスの大谷翔平選手は二〇二一年、投手と打者の二刀流で大活躍しました。最終的な成績は打者ではホームランを四十六本打ってホームラン王争いを演じ、投手では九勝を上げました。一九一八年のベーブ・ルース以来百三年ぶりの二桁勝利、二桁本塁打の記録にはわずかに及びませんでしたが、オールスターゲームでも先発投手と一番打者で出場するなどしてアメリカに留まらず、日本においても大変話題になりました。

大谷選手が出場する試合の様子が連日報道されました。日本ではちょうど朝の情報番組で紹介され、一喜一憂していた方も多かったのではないでしょうか。

大谷選手は試合中のみならず、その一挙手一投足のすべてが注目されるようになりました。大谷選手が凄いのは「打って」「投げて」だけではありません。

二〇二一年六月十七日のタイガース戦のことです。初回の第一打席、四球を選んだ場面のこと。肘当てなどを受け取りに来たボールボーイの肩を優しく叩き、一塁へ歩き出しました。すると、数歩行ったところで視線を落とし、何かに気づくとさっと拾い上げ、そのまま左ポケットに入れたのです。落ちていたゴミを回収したのです。その姿、振る舞いに多くの方が称賛を送りました。

大谷選手のこのような姿は、新型コロナウイルスという感染症に、身体のみならず心まで蝕まれて苦しんでいた人々に大きな勇気と感動と希望を与えてくれました。まるでそれは仏様の救いの御光のように感じました。

苦しいとき、辛いとき、そんな最中、勇気と感動と希望の光で照らして心を励ましてくれる存在がどれだけ有難いか。大谷選手に倣い、せめて周りの方々の光となれるように精進したいものです。

（成松昇紀）

除闇遍明

毗盧遮那とは光明遍照の義なり　一燈一室に遍じて暗を除き　一日一天に遍じて黒を奪う（大日経開題　法界）

【大日如来とは光明遍照のことである。室内の灯明や空の太陽のように、暗黒を消して周辺を明るくするからである】

◉母の足跡　密教の話をすると、必ず出てくる「光の話」でございます。密教関連の授業などでは、よく「ウルトラマンのスペシウム光線よりもすごい光」などと表現する先生もいらっしゃる、摩訶不思議な光でございます。あくまで古代の書物などに記されていることを紐解くと……という前提でございますが。

しかしながら、実際はそんなに難しいことを読み解く前に、大日如来さまは私たちの日常でもそれを示されていることが多い様子でございます。私の母が亡くなった時、私はまだ二十代で、恐ろしいぐらいに未熟者でございました。そして今日までに、母が亡くなり約二十年の時間が流れました。亡くなった当初は母のものが実家にたくさん残っている状況でしたが、そんな実家も何年も前に取り壊されてしまいました。

そしてこれを書いている今日が母の命日であり、やはり命日には、子どもの私はいつまでも亡き母のことを思い出すのでございます。つい先日は有難いことに高野山で『講談風読み語り・高岳親王伝説―真如と虎―』という公演を四日間させていただき、ファンの方から胡蝶蘭をいただきました。この花は亡き母が大好きだった花でございます。何かにつけ、私は亡き母の影を見つけ、彼女の優しい言葉の数々が胸に溢れ出します。「気張りなさいよ！」と私を毎日励まし、「ありがとう。さようなら。またね」と三回呟き旅だった母。その他の言葉もございますが、いつも私を奮い立たせ、いつも、そして今日も私を優しく戒めてくれます。

大日如来さまの光ほど強烈なものはございません。また私はまだその光が見えるほどに悟りも開いておりませんが、母でもある「あーちゃん」の言葉は常に私を正そうと、聞こえぬ声で私を導いてくれるのでございます。大日如来さまの「光明遍照」とは「あーちゃん」の言葉のように心の声に変化し、あなたはもちろん皆さまにも届いております。

私たちはいつも光明遍照に包まれながら生きているのです。

（伊藤貴臣）

無量無数の如来あり　この身すでに説の如く修行すれば煩悩の雲を排い除いて本有の如来を顕得す　譬えば雲を被って星月を見るが如し　是れ未来星宿劫の千仏なり（秘蔵記）

【わが身には無数の如来があるから、仏が説くように修行をすれば、煩悩の雲が払われて真実の私が現われてくる。それは、雲が去って星月が現われるようなものである。これが未来に約束された私の真実の姿である】

◉本来の色　本有の心　十一月の晩秋、東京行きの飛行機に乗っておりますと、羽田空港に着陸後に、ＣＡ（客室乗務員）による「紅葉」についてのアナウンスが流れてきました。「皆さまお疲れさまです……さて秋に木々が紅葉をして、葉を落とすのは生存戦略のためで、樹木にとってみれば生きる術なのです」

紅葉といえば、色づいてきれいではあるものの、風に飛ばされ散っていく、童話『葉っぱのフレディ』のようなはかなく切ない物語を連想してしまいます。しかし紅葉は、「本来の色」が出てきた現象であって寂しいことではないと気づかされました。

本来の色であったり、どんなことがあっても失われることのない本来持ち合わせているものがあるということは、生命のもつ力強い本能的な意志である気がしてなりません。わたくしたちにも本来持っている何かがあるはずです。身体に関わる物質的なことよりも、心に関わる、本来持ち合わせているものを考えてみます。

持ち合わせているものとして、「本有の悟りの心」が挙げられます。例えば、せっかくのお月さまが厚い雲に覆われてしまったとしても、お月さまが無くなったわけではありません。雲を払えばいつも通り輝いています。同じようにわたくしたち胸の中にある慈しみに満ちた円い心に、ぶ厚い雲がかかることがあります。その雲の正体は、欲深いむさぼりの心、怒り瞋恚の心、ねたみの心、羞じ知らずで道理のない心、あえて悪く思い込む心などの煩悩の雲なのです。しかしながら本来の円い心は汚されていません。それどころかいつも清らかに存在しているのです。

本来ある円い心を、お大師さまは「本有《ほんぬ》」といっています。生まれ持って清らかな悟りの心のことです。夏が過ぎ樹木の葉が色づく頃、自分自身の胸の奥にねむる仏さまの悟り「本有の心」にあらためて出会うきっかけになることでしょう。（阿部真秀）

除闇遍明

大日の光明廓《かく》として法界に周く　無明の障者忽ちに心海に帰せん　無明忽ち明となり　毒薬たちまちに薬となる（三昧耶戒序）

【大日如来の光明は、全宇宙を照らし、闇で迷っている者を仏の世界へいざない、絶望が希望になり、毒がたちまち薬に変わる】

◉仏様の導き　時々、どうして僧侶になろうと思ったのかと質問されることがあります。世襲といいますか、お寺の子として生まれ育ち、自分のお寺を存続させ檀家さんを守るために選択の余地なくお坊さんになったという方は多いです。そういう方々から見れば、一般の家庭で育った私のような者が職業の選択も自由なこのご時世に、「何を好き好んでお坊さんなんかに」と思ってしまうようです。確かに、仏教離れという言葉がそこここで使われるようになって久しい昨今、僧侶として生きていくのは大変なことだと思います。

私に関して僧侶になった動機を述べさせていただくと、ある日突然に僧侶にならないといけないという強迫観念に襲われたからでした。まさに青天の霹靂とでもいいましょうか、正直なところ、自分の頭がおかしくなったのかとさえ思いました。仏教に関心があったわけでもないにもかかわらず、「僧侶にならないといけない」と、理由もわからないままに、その感情だけが自分の中で日増しに大きくなっていきました。結局は自分でも説明のしようのない、その訳の分からない思いに押されるような形で高野山を訪れ、今に至ります。

あれから数年が経ちました。高野山に上がってきた当初は右も左もわからずに戸惑うことも多かったですが、周囲の環境にも恵まれ、無事に阿闍梨の位もいただき、引き続き高野山内の一寺院の役僧として日々を過ごしています。今にして思えば、何かに導かれたとしか言いようのない体験でした。おかげさまで会社員を続けていては得られなかったであろう縁や気付きと出会えました。私のケースに限らず、仏様は私たちが無明の闇に迷わないようにいつも足元を照らしてくださっています。その明かりを頼るのか、あえて自力で闇を手探りで歩むのかは人それぞれかとは思います。ただ、手探りに疲れた時はどうか足元を見てください。そこには、仏様の灯す明かりが、煌煌とあなたの行く先を照らしていることと思います。

（高田堯友）

除闇遍明

居諸《きよしよ》冥夜を破り　三教癡心を褰《かか》ぐ（三教指帰下）

【月や太陽は闇を破る。儒教や道教、仏教は迷いを晴らす】

◉寛容な心が人生を形作る　誰もが人として生きていく上で必ず心の中に闇を抱えています。それはお釈迦様のおっしゃった「四苦八苦」であると言えます。私自身が一番大変な「苦」だと思っているのは最初の「生の苦」です。他の七つの苦は生きていく上で理解することができ、それに対応する気持ちや心構えによって克服することができます。しかし生まれる場所、時代、条件を自分で選ぶことができませんから、「生の苦」は、苦の根源であると思います。そこで私は、「なぜこの時代、この場所に生まれてきたのか」を考えてみました。「まずは自分の両親の子として生まれてきて、両親に私が生まれたことの喜びを与えた。そして私が成長していく様子をいっしょに喜んだ。時にはわがままを言って困らせることもあったけどそれも、今はそれも良い思い出。そして最後に子供の私が親を看取る」。

当たり前のことに思えるかもしれませんが、親にとって子供は太陽のような存在です。日常の中に差し込む光明だと言えます。その子の笑顔を見たり、笑い声を聞いたりしていると、現在の辛いことが吹き飛んでいってしまいます。つまり、私がこの時代・この国・この家庭に生まれてきたのは、親の子として、子の親として、家族の一員として、知り合うすべての人たちと苦楽を共にしながら生きていくグループであることに気づくことができます。そして、お互いが闇の部分を照らしあう光明として、影響を与えながら生活しています。当たり前のことですが、それが「生の苦」の答えだと私は思っております。あなたの周囲を見渡してみてください。一人ではありませんよね。一人だと思って悲観しているのは、あなたの心の闇の部分です。隣にいる人に一声かける、笑顔を見せる、それだけで光明になります。

仏教の教え（名言には儒教と道教も含む）は、人の心の闇を照らして、迷いを晴らすものです。四苦八苦を受け入れるために「八正道《はっしょうどう》」の教えがあります。仏教の一番の基本は苦しみを受け入れるところから始まります。克服ではなく、受け入れることです。次に苦しみを受け入れて、どのような人間として生きていくのかという方法が「十善戒」です。

（千葉堯温）

除闇遍明

恵灯星のごとくに懸けて癡暗雲のごとくに巻き　智光月を朗《ほがらか》んじて覚威日を爀《かがや》かさん（性霊集六　式部笠丞願文）

【智慧の灯明は星の輝きのように愚痴の黒雲を消し、智慧の月光は太陽のように盛んに輝く】

◉かがやく世界

昨今、新型コロナウイルスが蔓延し、未知の世界となってしまいました。人々の活動と共に広がるウイルスは、人々の行動を制限させるといった結果をもたらし、人と人との距離も遠くなってしまったような気すらします。

しかし、そのコロナウイルスがもたらしたものに意外なものもありました。人々の行動が制限されたため、大気中の塵やほこりが減少するといった事があったそうです。その為、夜空がとてもきれいに見え、星たちが輝きを増したそうです。私たちに見えている夜空の何倍も素敵な星空がそこにはありました。

仏さまの教えや、世界の本当の姿というものはいつでもそこにあり、光り輝く美しいものなのだと教えて頂いた事があります。ただ、私たち人間はどうしても悪い心や自己中心的な心などでその美しさを濁してしまいます。なので本来の姿に気づかず、曇った眼差しで眺める世界を本当の世界だと妄信し、本来清浄な美しきその世界を意識することすらないのです。

人間の知恵というのは仏さまの知恵からしたらちっぽけなものです。知った気になっていても、実はもっと大きな世界がその周りにはあるのかもしれません。いつも見ている夜空を本当の輝きだと信じていた私たちが、何かをきっかけにもっと美しい夜空があることを知るように、本当の知恵や知識を身に着けると本当の世界の姿を知ることができるのでしょう。

大変な時代の中に於いても気付きや学びはあります。そこで学んだことをどう活かすか、その気付きからどう行動するか、これが仏さまの教えに近づく方法です。ウイルスが蔓延した時には、まるで暗闇の中を彷徨うかのように思えましたが、今、人々の智恵により光が見え始めています。ウイルスに立ち向かうだけではなく、ウイルスがもたらした今まで気付かなかったことにも目を向け、私たちの今までの世界を見直すことも必要かもしれません。そこにはきっと、この世界をより良くする方法があるのではないでしょうか。

（岩崎宥全）

妄雲性空に褰《かか》げ　覚月心秋に朗《ほが》らかならん（性霊集六　藤大使亡児）

【妄念の雲が晴れて明るい空が現れ、中秋の名月のように心が朗らかになる】

◉満月を美しいと思う心　私たちは満月を見て美しいと思います。心境により、深く感動する時さえあります。日常生活に翻弄されている時、満月の光に照らされながら、その時夜空に満月が出ていることに気づかないこともあります。また、日常生活に翻弄されていいて、ふと満月が目に入り、美しいと思って心が朗らかになる時もあります。満月を見て美しいと思う心は、私たちが本質的に持っている心だと思います。

お大師さまの名言はお大師さまの悟りの実感です。お大師さまは中秋の名月を悟りに喩えています。満月は月輪と言い、菩提心（悟りを求める心）を表します。「自心は満月輪の如し」と言って、私たちは心中に月輪を観想します。自心の菩提心を具現化し、顕現させるためです。菩提心を顕現させる時、私たちは妄念の雲が晴れていることになります。

お大師さまの悟りの考え方は、『聾瞽指帰』著作から変わりません。「大菩提の果」において、菩提心を発して修行（六波羅蜜、八正道、七覚支、四念処）する必要があることを強く主張し、「十地の菩薩の長い修行を瞬時にことごとく修め尽くし、三劫を究め円かにすることは困難なことではない」と著しています。私はこのことを『菩提心論』から解釈します。行願、勝義は十地を内在します。真言行者は『菩提心論』の教養により、行願心と勝義心を発し、月輪観、阿字観、五相成身観の三摩地を修行し、お釈迦さまの開いた無上の悟りへアプローチします。菩提心は私たちが本質的に持っている心であり、「菩提心には本より、一切諸仏の自利と利他との功徳法を包み蔵する」とあります。つまり、私たちは自ら悟り、他を悟らせる心を本質的に持っていることになります。お大師さまは、この心に気づいて発現させるべきことを説いているると理解します。お大師さまは入唐前にすでにこのことを覚知していたと考えられます。

私は満月を見て美しいと思う心を大切にしたいと思っています。満月を美しいと思う心は、無上の悟りへの憧憬と思います。本質的に持っている菩提心が発現している時と思います。だから、私たちは満月が出ていることを誰かに伝えます。（細川敬真）

除闇遍明

三空に三有の雲を蕩《とろ》かし　一実に一心の雨を灑《そそ》ぐ（性霊集七　僧寿勢先師忌）

【すべては空であるから苦悩は解けていき、真理が心に潤いを注いでいく】

◉先生、生きる目的とは何ですか

風によって菌類の海から守られている「谷」。そこで子どもたちから「先生」と慕われる族長の娘を、隣国の元王女殿下が訪ねました。

先生「あら、お久しぶりね。今何をされているのかしら」

元王女殿下（以下、殿下）「我が国は王政を捨てて共和政となった。私は代王の地位を降りて、晴れて自由の身だ。気楽なもんだよ」

先生「それは素晴らしいわね。でも、なんだか顔色は悪そうだけれど」

殿下「お前は何でもお見通しだな。退位の解放感も束の間、今は茫漠とした不安にさいなまれている。朝目覚めるたびになぜ目覚めてしまったのかと自問する。まるで生きる目的を失ったようだ。教えよ。人はなぜ生きる。生きる目的とは何だ」

先生「私は若い頃、菌類の海が存在する意味を探し求めていました。そして分かったのです。その海は旧文明によって創り出された、大地を浄化するための人工的な生態系だということに。しかし目的のある生態系というのは、生命の本来にそぐいません」
殿下「生命に目的などない？　ならば我々が生まれてきた目的もないのか」
先生「私たちの生命は風や音のようなもの。生まれ、ひびきあい、消えていく」
殿下「旧文明の文書にも『すべては空である』と書かれていた。まさにそれだな。私は生きる目的を見失って苦しんでいたが、そんなもの初めからなかったのだ」
先生「あえて言うならば、生きる意味とは、生きること。その朝が来るなら、私たちはその朝にむかって生きる。ただそれだけです」
殿下「おお。我が苦悩が雨に洗い流されていくようだ。帰って夫に報告だ」
先生「まあ、いつの間に結婚されていたの？」
殿下「いいではないか。ああ、これで気が晴れたぞ。しかし私がこれ以上自由になれば、我が夫はさらにおぞましきものを見るであろうな。はっはっは」
（この文章はフィクションです）
（坂田光永）

除闇遍明

識海浪《なみ》静かにして念室暗《やみ》に消え　五眼蓮のごとく開け　三点月のごとくに円《まど》かならん（性霊集七　荒城大夫）

【深い智慧によって煩悩の波が消え、心眼が蓮華のように開いて、悟りが満月のように輝く】

◉「練習」と「れんしゅう」

二〇二一年は東京五輪・パラリンピックが開催、メダルを獲得し輝くいのちあれば、新型感染症拡大で危機に陥るいのちもあり、私はいかに次々押し寄せる煩悩の波を受け止めながら生きるか考えていた折、まど・みちおさんの詩に出会いました。

今日も死を見送っている　生まれては立ち去っていく今日の死を（中略）
なぜなのだろう　「今日」の「死」という　とりかえしのつかない大事がまるで
なんでもない「当り前事」のように毎日　毎日くりかえされるのは（中略）
ボクらがボクらじしんの死をむかえる日に　あわてふためかないようにとあの
やさしい天がそのれんしゅうをつづけて　くださっているのだと気づかぬバカは

まあこの世にはいないだろうということか（まど・みちお「れんしゅう」より）
私の印象ですが、「練習」を「れんしゅう」と平仮名にすると、難易度のハードルが下がり、子どもから大人まで、全てのいのちが対象であり、失敗してもいい、何度でもやり直せばいいと、自然に私たちの生涯、生きるには終わりがあり、死に向かって生きるその意味へ焦点をあてる意識が生まれました。自分の周りの誰かの生涯だって、私たちは望むだけ「練習」と「れんしゅう」を見て影響を受け、自分らしい生き方を見つけているのではないでしょうか。このように解釈すれば、余計な煩いを除き、自分なりの要点をシンプルに括りまとめた生涯の捉え方もあると気付かされます。それは棚上げにされた問題が、整然と片付く方法が見つかるようなものです。
誰でも生涯を真剣に生き、その意味について深く考えていくと、心中にその人なりに花開くが如く、それ迄の経験が、未来の為に本当の意味で活きてくるのです。今回の名言でも、お大師様は自らを含む仏弟子を「凡庸」とし、欠けのない満月のような悟りに至りたいと強い願いを込められています。生に涯あれど名には涯はなしともいいます。全体から見れば、いのちは自分だけのものではないのです。
（村上慧照）

三障霧のごとくに巻き　四智月のごとくに朗《ほが》かならん（性霊集七　菅平章事）

【煩悩は霧のように心を巻きこむ。仏の智慧は月のように心を朗らかにする】

◉月と煩悩　あなたが最近、月を見上げたのはいつですか。私は満月の日はヨガを教える仕事がお休みになるので、よく外に出て夜空を見上げています。

月はその時その時で、色や形や姿を変えます。日中や、新月の日には全く見えなくなりますし、三日月になったり満月になったり、大きくなったり小さくなったりするようにも映ります。しかし本当に月が変化しているのでしょうか。違いますね。月はいつも完全な丸い形でそこに存在しています。満ち欠けするようにも見えますし、ときには雲に覆われて全く見えなくなることもありますが、いつも同じ球体としてそこに存在しているのです。

同じように仏の慈悲や智慧も、常に完璧な形で私たちを照らしています。私たちの煩悩や心の毒は、満月にかかる厚い雲のようにその光を遮ります。でも、月に雲がかかったままになることはありません。どんなに厚い大きな雲でもやがてはどこかへ流れ去っていきます。私たちの心を曇らせている煩悩も同じです。

仏教には「客塵煩悩」という言葉があります。煩悩は心の中に元々備わっているものではなく、外からやってくるお客さまや虚空に漂う塵のようなものだという意味の言葉です。お客さまはいつか必ず帰っていきますし、塵にまみれた物でも丁寧に掃除をすればきれいになりますね。心は本来清らかなるものなのです。

ひとつ簡単な例を挙げてみましょう。あなたに何かいいことがあって嬉しい気持ちで電車に乗っていたとしましょう。そこで、もしも隣の見知らぬ人が突然激しく苦しみだしたとしたら、あなたはとても嬉しい気持ちのままではいられませんね。どうにかして助けたい、少なくとも楽になって欲しいと思うのではないでしょうか。

私たちの心には、それがたとえ見ず知らずの人であっても他者のいのちを生かし、苦を抜き楽を与えたいという本能にも近い特性が備わっています。誰かが悲しんだり苦しんだりしているとき、それを見たあなたの心にも同じように悲しみや苦しみが生じます。それはとりもなおさず仏の慈悲そのものです。仏のさとりは既にあなたの心の中にあるのです。夜空に浮かぶ満月のように。

（小西凉瑜）

除闇遍明

妄霧を褰《かか》げて以て大日を観《み》　智鏡を懐いて以て実相を照らさん　法の不思議これを用いて窮尽なし　福現親に延べて寿考光寵《じゅこうこうちょう》ならん（性霊集七　田小弐先妣）

【迷いの霧を払って大日如来の光を見る。智慧の鏡は真実の姿を照らす。仏法の不思議な力は無尽である。仏の福徳が父親に及ぼされて長寿かつ壮健ならんことを祈る】

◉憎しみから感謝へと　廻向とは、仏前を荘厳してお坊さんに読経をしてもらい供養して善行を行ない、故人の追福菩提を祈ることをいいます。その供養の功徳が廻り下されて、故人の安楽成仏を願うこととなります。

最近このようなことがありました。お檀家さんの家の主人が亡くなりお葬式をしました。初七日のお勤めをした時から一人の若い女性の方のことが気になっていました。ずっと下を向き、時折顔を上げては祭壇の遺影をにらみつけるかの様に思えました。満中陰の旅立も済み、やがて三回忌の法事も済ませたある日、お寺の境内で一人お参りされているのに出会いました。その時は二年前と違い、明るくにこやかな表情でした。私は思わずお声をかけると胸の内の一部始終を語りはじめたのです。

その方は故人と親子関係だったのですが、生前中は何かにつけて反発し、挙げ句には恨み、目の敵にする様になってしまったと涙を流されました。次第に表情が和らぎ笑顔で話されて、身内の方と何度も供養を施していくことで、本人の気持ちが整理され変わっていったと聞き取れました。そうして父親に対して今日の自分があることに感謝さえ思えるようになり、お寺にお参りに来られたそうです。

仏前での読経は心の中の迷いという闇のなかで、仏様の智慧をもって修行者の足元を照らし、優しく見守り悟りへの道を照らす慈悲の光となります。供養の功徳は故人だけに施されるものではなく、供養する私達にも同じような功徳が廻り下されます。その功徳が私達の心を清らかにしてくれるのです。

前述の方も、廻向を何度も積み重ねていくうちに自身の心の迷いがすっかり取り払われ、亡き仏様の増進菩提を願われるようになったと思われます。漸く身内の方の心に覆われていた暗闇が晴れ父親に対する恩に目ざめ、故人は胸をなでおろし、これからはなお一層遺された者への見守りの役目に専念されることでしょう。

（天谷含光）

除闇遍明

金杵《きんしょう》を擲《なげう》って障岳を催《くだ》き　恵日を転じて愛河を竭《つく》さん（性霊集八　林学生先考妣）

【仏の金剛杵によって煩悩の岩山を打ち砕き、仏の智慧によって愛執の苦悩を消す】

◉藪の外でも若竹育つ　これは武器の一種である金剛杵が、煩悩を打ち砕く力に喩えられ、そして、如来の悟りの心を指し示しています。また、仏のすぐれている広大な太陽のような智慧をいただき、河のように深い煩悩にみちた生死の執着を断ち切りなさいと述べられています。

この願文に登場する林という学生さんは、幼少の頃に父母を亡くし、大変なご苦労に出会ったようです。この大変な世の中を生きていく苦労について『徒然草』を書いた吉田兼好さんは、こんな歌を詠んでいます。

世の中を　わたりくらべて　今ぞ知る　阿波の鳴門は　波風もなし

阿波の鳴門はご承知のように「大渦巻」で知られています。渦潮のさかまくときは、ひとしお荒くなり、鳴門海峡の島々の松の木の葉は、激しい波風のために生育することができず、寸の短いままです。それほどの波風の高い阿波の鳴門であっても、世の中を渡るほうが波風が高く、鳴門など問題にならないと兼好法師は言い切っております。法師の六十九年の人生の感想のようであります。世の中を渡る苦労を実感いたしますが、そんな苦労の中にも、誠意をもって生きてみますと、楽しいことにも出会うことがあります。

般若心経の中に「空」という文字がたくさん出てまいりますが、「空」が示す意味のひとつに、「すべてのものは常に移り変わって止むときがない」という意味があります。そして、このような古歌が存在します。

雨あられ　雪や氷と　距つれど　融けくれば　同じ谷川の水

ご存知のように、雨・あられ・雪・氷などがたくさん大地に降りますと、私たちの生活に支障をきたします。このことは、私たちの人生の「逆境」に譬えることができますが、登山をするたくさんの方が経験されていることがあります。山登りをしていて、その途中で飲む谷川の水の美味しさです。思わず、「極楽・極楽」と叫びます。このように雨やあられ・雪は谷川の水に変わります。世の中、常に移り変わって時を刻みます。今、苦しくとも必ず光はさすようです。

（岩佐隆昇）

除闇遍明

五智赫日《かくじつ》の容《かたち》を顕わし　三部坐月の貌《かたち》を現し　本有の荘厳を見　妙覚の理智を証せん　先考一実を如如に契《かな》い　先妣《せんぴ》十力を智智に得ん　無明黒暗の郷《さと》　妄想顛倒《てんどう》の宅《いえ》　同じく心仏の光明を照らして　共に恵炬《えこ》の熾炎《しえん》を焚《た》かん（性霊集八　弟子僧真体）

【金剛界と胎蔵界に輝く諸尊よ、姿を現わして悟りの智慧を示したまえ。亡き妹を悟りの境地に導き、亡き父母に仏力の智慧を与え、無明や邪心に苦しむ人々に仏の光と智慧がますます照らされることを願う】

◉人々の幸せを願うお大師さまの利他の精神　仏教には「自利利他」という言葉があります。自利とは自分自身が悟りを開くために修行を重ね精進し、その修行によって得た功徳を自らが受け取ることです。利他とは自分以外の周りの人々を救済する行いのことです。どちらも仏教の世界では、とても大切な修行であるとされています。この利他の行いを中心とした修行を「利他行」といいます。利他行は自分のことよりも、まず周りにいる人々の幸せを第一に考え優先して行動するという修行です。

お大師さまも唐から日本に帰国されてからは、利他の行いをされて、悩み苦しむ沢山の人々を救われてきました。首題のお言葉は、お大師さまの利他の精神を感じることのできる一文です。金剛界と胎蔵界の仏様に、亡くなられた妹さんやお父様とお母様が悟りの境地へと至ることが出来るよう常に願われ続けておられました。また自身の家族だけでなく無明や邪心に苦しむ多くの人々も救われるように願われています。お大師さまは現在も高野山に身を留められており、沢山の方々を日々お救いになられています。

さて、私たちに実践することの出来る利他行にはどのようなものがあるでしょうか。お大師さまのように多くの人々を救うということは大きな功徳があります。しかし実際に行うには少しスケールが大きく感じられるかもしれません。どんなに小さな行いでも、善い行いを積み重ねてゆけばやがて大きな功徳となります。例えばお寺や神社にお参りされた際に自分の願いごとだけでなく、ご自身の周りにいらっしゃる家族やご友人などの大切な方の幸せを祈るということも一つの利他行になります。

（杉本政明）

除闇遍明

黒暗は生死の源　遍明は円寂の本なり　その元始を原《たず》ぬれば各々因縁あり

（性霊集八　万灯会願文）

【苦しみが多いこの世は暗い姿であり、悟りの世界は真実の明るい姿である。明暗の違いは、各人の因縁によって作られている】

◉すがる思いがすなおな心に　空海さまは、天長九年八月に金剛峰寺において萬灯萬華をお供えして全ての仏さまをご供養する法会をもたれました。そして、「大日の光の行為によって私はもとよりすべての人々の苦しみを救わせてください」とお願いされました。その願文の冒頭に「人は生まれ来て苦しみ、智恵の光をうけて安楽に死を迎える」と、生きている間の因縁の大切さを述べておられるのです。これから三年後にご入定されるのですが、この年の十一月から穀物を絶って身体の浄化に心され、日常に座禅を続けられました（その間、京都、奈良へも度々用務、挨拶で通っておられます）。承和二年の春、ご遺告のとおり高野山にご入定になり、人々を救うために働き続けていらっしゃるのです。今もお大師さまを慕ってお大師さまに縋ってお参りされる方は後を絶ちません。

平成二十三年四月のことです。奥の院の頌徳殿でお参りのお方に法話を続けておりました。朝十時頃ですが、いっこうに席を立たれない若い二人連れがありました。うつむき加減に表情も冴えないので近づいて話しかけました。「どちらからお参りですか」「堺からです」「そうですか、日帰りのお参りですか、お泊りですか」「……」「ご気分が勝れられないようですが……」と。暫く間をおいて話しはじめられました。奥さまの体調がすぐれず、あちこち病院にかかったが原因も判らず、「お家で静かにしていなさい」と突き放された。頼るところもなく高野山に足が向いてきた。中の橋から一時間かかってやっと此処までたどり着きましたとのこと。私の青年時代、迷うことあってご廟前に端坐思惟し救われて今日在ることを話し、ご廟前にお参りしてお大師さまにお話ししてくださいと、送り出しました。午後四時を過ぎ表の戸を閉めようとした時、此方に向かって歩いてこられる二人、今朝お会いした浜田さん夫妻です。足取りも軽く、表情も明るく驚きました。「もう帰りましょう」という奥さまの声ではっと気づくと、元気になって立っておられたとのことです。

（野條泰圓）

除闇遍明

日燈空に擎《かか》ぐれどもただ一天の暗を除き　月鏡漢《かん》に懸《かか》れども誰か三千の明をなさんや　大日は遍く法界を照らし　智鏡は高く靈臺を鑒るが如くに至っては　内外の障り悉く除き　自他の光り普く擧ぐ（性霊集八　万灯会願文）

【太陽が空に昇ってもただ一天だけの暗闇が除かれ、月が銀河に懸かっても広大な宇宙全体は明るくならない。しかし、大日如来の光はすべてを照らし、その智慧の鏡は心の模様を映し、内の闇や外の障りをすべて除いて自他ともに光が注がれる】

◉宇宙世界の人間とは一切衆生の一部である　太陽、月、星、地球全てが宇宙意識と宇宙エネルギーを具えていると考えます。我々が悩んだり、苦しんだり、自分を劣った者と思い込んだりするのは、月にかかる雲のような迷いの心に邪魔されて、本来の宇宙意識が隠れてしまっているからだと思います。人間が持つ本来の宇宙意識に目覚めれば、自己という小さな枠から周囲を見ていた立場から、逆に宇宙からこの世界を俯瞰的に見る観点に変わります。そうなると、自分の周囲に存在するものは、すべて自分と対立するという意識に代って、現実世界に存在するものは全て、大日如来という一つの生命に包まれて、相互に密接な関係をもち合って存在する同質の生命体だということに気づくわけです。

佛教には「一切衆生」という言葉があります。この衆生というのは、人間だけではなく、犬も、虫も、木も、草も、みんな人間と同じ生命を持った存在だということです。お互いの生命には上下の関係はありません。人間が自己の欲望を満足させるために、むやみに自然を破壊したり、動植物を傷つけたりして来た現代文明を破壊から救うために、佛教の一切衆生の思想を改めて取り上げるべきだと私たちは考えなければいけないと思います。自然は人間の為に利用されるべき単なる物質ではなく、すべては生命をもち、人間と共存すべき存在なのです。このように密教の宇宙観がこれからの社会で、より高く評価されることになるに違いありません。

しかし密教では人間の持つ本能的な欲望をそのまま認めるわけではありません。それぞれ個人の持つちっぽけな自分中心の欲望のエネルギーをもっと大きな宇宙規模のエネルギーに変えてしまわなければなりません。佛教では、自分の利益を省みず他者の利益を優先します。これを「利他行」といいます。ここまで欲望を大きく育て上げれば、佛教の精神が社会に広く生かされることになります。

（安達堯禅）

除闇遍明

雲霧を大虚に除き　光明を法界に満つ（性霊集九　高雄山寺三綱）

【無明の霧を大空に放って、仏の光明で包み込む】

◉暗闇も光明も人間がつくり出すもの　今世界で高い信頼と尊敬を得ている民族は日本人と言われています。その輝ける日本人づくりの二大巨人は「聖徳太子」と「弘法大師空海」だと私は考えています。一つは聖徳太子の「十七条憲法」の第一条「和を以って貴し」。そして二つ目は弘法大師空海様が唱えられた真言密教の入我我入の「即身成仏論」（この身このままで仏になる）です。この二つが世界から慕われる日本人のベースになっていると考えます。

人間社会で一番の悩みや苦しみは人間関係です。人間は群れで生きる動物なので人間関係が大変重要です。人間の本性は自己中（自利）なので揉め事が多くギクシャクします。一方、私の造語ですが、「他幸中」（利他）になれば人間関係はスムーズに進みますが、これには努力が必要です。誠実で慈悲深いとされる日本人の骨格は、二大尊氏の存在が大きいと思われます。

空海大師は真言密教を極めるため、百万回真言を唱える厳しい求聞持法に挑戦し、大自然の偉大さを実感するために、非常に辛い山岳修行も好まれて自らを鍛えられました。更に、唐の長安で密教の最高峰であられる恵果和尚からも密教の真髄を学び極め、真言密教の第一人者となられました。そして全人類を無明から光明へと導く事を誓い、高野山に壮大なる一大修行道場を築かれました。

帰国後も超人的才能を生かし日本全国に奇跡的な業績を多く残され、天台宗最澄様とも出逢い、特に嵯峨天皇の信頼と支援を受け、仏教界の第一人者となって多宗派を盛り上げられました。迷える多くの庶民を闇から光へと導き、国家の安泰と礎を構築し、真言密教を広め、世界に誇る日本人の心の基盤をつくり上げられたのです。

真言密教では特に「清濁併せ呑む」の教えが人気で、中でも入我我入の「即身成仏論」という教えは飛躍的で仏教界に衝撃を与えました。衆生の悩みや苦しみが解消されたのです。

まもなく空海大師の千二百五十年の御誕生を迎えます。これを期に私共も真言密教の原点に立ち戻り、大改革と大行動を起こすときです。

（井本全海）

昔の邪心を捨てて戒を受けて正に帰すれば　人天稽首《けいしゅ》し諸仏同じく慶《よろこ》びたまう（十住心第二）

【これまでの邪心を捨て、戒を受けて仏に帰依すれば、人も天も礼拝し、諸仏にも喜ばれる】

◉邪心のまま死ぬと餓鬼になります　人間はオギャアと生まれた時は正心も邪心も未分の存在で、これを早い時期から正への方向付けをしてやらないと一方的に邪に向かいます。

倫理道徳を守る正の生き方より、自分さえよければ他はどうなってもいいと言う、邪の生き方のほうが楽だからです。

楽をして他人に正を施す機会はそうは無く、多くの場合に正を行うには苦を伴いますから、それを克服するのはひとえに幼い頃からの訓練によります。その様な教育環境に恵まれず、邪心のまま成人し、目先の利得を追い求め、他人のものは貪《むさぼ》り取っても、人に与えることのない業の人は、死ぬと苦悶の餓鬼となります。

宗教の中には幼い子供の頃の純な正心を礼賛して、それに帰ろうと言うのも有りますが、仏教は既にドロドロに汚れた邪心でも仏様に帰依すれば、人も天も敬意を表し、同じ菩提心に住する十方の諸仏も慶び鼓舞して下さる、と教えられております。

理趣経の十三段で登場する七母女天は、魔法の鈎で人の子をさらっては血を吸い、肉を食って死地に追いやる悪鬼母でしたが、仏様から邪心を捨て仏教に帰依すれば以前の罪科は消え救われる、と教えられ歓喜して頭を地につけ、仏様のおみ足を頂く稽《けい》首礼拝《しゅらいはい》をして、「これからは人間の邪心を能《よ》く殺し、正心を助ける働きをします」、と心を入れ替えて救われます。

この世に所有という物はなく、しばらく預かるだけのことです。般若心経の説く通り、何も得たものも無い代わりに何も失ったものも無い、本来無所得なのですがそれがなかなか分かりません。

もっと良い物をもっとたくさんと貪欲を逞しくして苦悶の亡霊となった餓鬼も、諸寺で行う仏様の教法による施餓鬼法会によって餓鬼の心は失せ、安息を得て帰るべき所へ帰ることが出来て救われるのです。

（篠崎道玄）

日輪を飛ばして暗を破し　金剛を揮《ふる》って迷を催《くだ》かん（二教論上）

【日光によって暗闇が明るくなるように、密教によって顕教の迷いが砕かれる】

◉この道より、他に生きる道なし　弘法さまは、密教の教えを打ち立てるに際して、他の仏教との比較対照という方法を強調した模様であります。これを「教判」と呼んでいますが、『二教論』はこの教判の代表作として知られております。

顕教は相手の機根（能力・性質）に応じて、これらを救済するために説かれたようであります。解説には、「密教によって顕教の迷いを砕かれる」とあります。私個人の浅はかな考えですが、夫々の機根によってたくさんの方に説かれると、しまいには何が本当の教えであるの解らなくなってしまうような気がいたします。

これに対して法身（大日如来）が説かれる教えを密教といい、こちらは奥深い秘密の内容の教えであり、これこそが真実の教えであると説かれているしだいです。

『大智度論』には、真理そのものとしての仏は、常に光明を放って、常に説法している。しかし、見る人の側に罪があれば、見ることも聞くこともできないと述べられています。このことは、たとえば、日が出ても、眼の不自由な人には見えず、雷がなっていても、耳が不自由な人は聞くことができないのと同じようでございます。このような真理そのものとしての仏は、常に光明を放って、常に説法をしているのですが、残念ながら、人間は、量りしれない昔からの罪が厚くなって、見ることも聞くこともできない方が多いようです。たとえば、曇りのない鏡をもって、浄らかな水の面を照らせば見えるが、鏡が汚れて浄らかでない時には、水の面をみることができないようなものでもあります。このように、人々の心が浄らかである時は、仏をみることが可能ですが、こころが浄らかでない時は、仏を見ることはできない、と説かれます。

自身の「無明」のあらわれかたの違いのようであります。そして、清浄なる本来所有する悟りというものは、永遠の過去からこのかた、ガンジス河の砂よりも多い功徳を完全に具えており、今も昔も変わらないと譬えられます。

人間の種々の量り知れない区別は、すべて根本的な無知・無明にとって起こるのであり、この上ない真理である仏性によって生ずることはないと、龍猛菩薩の『釈摩訶衍論』にも述べられています。

（岩佐隆昇）

井底《せいてい》の鱗《うろくず》ほしいままに巨海に泳ぎ　蕃籬《ばんり》の翼たかく寥廓《りょうかく》に飛ばん（三教論下）

【井戸の魚が大海を自由に泳ぎ、籠の鳥が大空を高く飛ぶように、これまでの迷いが解ける】

◉気付き目覚める「曼荼羅」世界　太平洋戦争後、世界にも稀に見る日本の経済成長は目覚ましいものがあり、思考も生活レベルも戦前と比べて大きく変わりました。ところが嘗てのような著しい経済成長が望めない今、当たり前のように大量消費生活社会に慣れ切った多くの国民は、従来からの生活レベルの維持に汲々として苦しんでいると言われています。

仏の教えの中の「智慧」は人々が真理を明らかにして悟りを得ていく「こころ」の働きを促すものです。大別すると①大円鏡智（鏡にうつるが如く姿を示す）、②平等性智（自他の平等を体現する）、③妙観察智（思いめぐらしよく考える）、④成所作智（実行を確実にする）の四つに分けられます。しかし密教は実在することそれ自体が智慧であるとする「法界体性智」を加えることで大日如来の「五智」とします。

密教（真言）行法の一つに「阿字観」があります。結跏趺坐してこの身このまま大日如来と一体境地となり瞑想する「曼荼羅」は、大日如来を中心とした「五智五仏」に自心を置いて瞑想します。

現実に苦しみ、惑い、翻弄される日々の生き方に苦渋する現代人の多くは、狭い境涯で明かりの見えない方向知れずの途方に暮れています。

こんな時、「五智五仏」の曼荼羅世界に内包する「智慧」から希望の光を得て、日常の苦痛から目覚める兆しに気付くことになります。「悟り」は普通の人には遠い存在で、具体的にも言葉にも現わせられない、「こころ」でも受け止められない、無縁の思考とする思いに、密教では大日如来と一体観の人には「五智五仏」が寄り添い、光明が射してくるとしています。

限られた狭い井戸の底に隔離され、たむろする魚も大海を知るや自由に思い思いに泳ぎ始めます。また狭い籠の中の鳥も自由な身になれば大空を思う存分、何処までも飛び回ることになります。気付けば大日如来を中心とした「五智五仏」の智慧が遍く悉く苦しむ人々に手を差し伸べることになります。悲観的な思考に陥る前に、しばし思考の矛先を変えて垣間見、考えることで更に胸襟が開かれてきます。

（湯浅宗生）

大覚者すでに彼岸に到れば　遍ねく一切無量の衆生は一心流転して四相と作《な》ると知る（釈論指事下）

【悟りの眼から眺めれば、すべての衆生はこの心から生老病死が派生していることを知る】

◉生老病死を悟る　六十を過ぎれば現職を退いて重責から遠ざかる人が多いようです。「後進に住職を譲りました」という挨拶状を毎年のように戴きます。私に後期高齢者の通知が届いたときは、家族が大笑いをしました。しかし、『空海散歩』全十巻が完成する喜寿の歳までは高齢者扱いはお預けです。

さて、高齢期を悠々自適に過ごすにはどうすればよいのでしょうか？　それは、身心健康なときに自分の仕事を継承することです。これは後継者が障りなく育っていく流れになります。世代交代の動機は、病気や事故、老衰等によるやむをえない事情が多いようですが、これでは暫く問題をかかえながら職務が遂行されていきます。

さらに、高齢期の日々の生活は、精神的な心配事をなくし、人間関係のトラブルや不安、葛藤を解決しておくことです。孤独は不安でもなければ、鬱病でもなく、恥でもありません。孤独が創作や研究、思索、読書などを深めます。老境になって見えてくるものがあり、これまで苦労して積み上げてきた実績で、高齢期にすばらしい成果をあげる人は多いものです。

人間は生きてきたようにしか死ねないようですから、今の自分を正しく見ることです。気になることがあれば、遺志を伝えておくことです。病気や老衰は、人生を回顧するときです。老いの淋しさ、認知症の不安、死の恐れ、これは家族の憂いでもあります。死んでいくときの心境は、ふわあっとしていて、明暗も、出入口も、痛くもかゆくもない宙の状態でありましょう。それを、恐いと勝手に想像しているだけのことだと思います。家族に語りかけない死はありません。非業の最期であっても、看病で家族を疲弊させても、必ず生前の生き様を置き土産にして逝きます。

生老病死の四苦は、自分の思うようにならない無常の法則です。無常を悟れば、真実の生き方に気づきます。人間を仕上げる四つの関所が四苦です。四苦は悟りへのトンネルだとお大師さまはここで述べておられます。

（近藤堯寛）

もし衆生あって菩提心を発し　自乗の教理を修行して昇進し　本覚の一心を証すれば　すなわち能く迷識の神心を転変して自乗の覚智を証得し　一切の難思の妙業　心に随って能く作す（大日経開題　法界）

【悟りを求める心で真言の修行をすれば、迷いから悟りへと変わり、この真言の乗り物によって困難な事業が心のままに成就していく】

◉菩提心《ぼだいしん》とは

人は誰でも向上心を持っていますが、菩提心を起こすことは、簡単なようであり、難しいものだとも思います。自分にとって大きな事柄が心に染みて、「決心」と言うような思いに繋《つな》がる場合もあれば、ふとした事から、少しずつ考え方や行動が変わってくる事もあります。普段の生活（健康面）で言えば、運動を始めようと思ったり、甘い物や間食を控えようと努めたりする事もありますが、禁酒や禁煙には、もう少し多くの努力が必要になります。とはいえ、これも人によります。他人には厳しいが自分には甘いのが、人間の傾向のようです。

ともあれ、今より優れた状態を目指そうとする事は、それは菩提心を起こしているのと同じだと思います。ただ、次は長い時間が必要となります。とはいえそれが維持できれば良いかというと、それだけではありません。菩提心には、修行と教理が必要で、行動が伴わなければならないし、その後幾つもの壁があるでしょう。ともあれ、私達は発心《ほっしん》して「始める」ことが大事だと教えられています。

そうした中で、歓喜《かんき》する事ができれば、それは素晴らしいものです。歓喜とは、日常の中で時に起こる事で、何かの願いが達成出来る事から生じる跳《おど》り上がるような喜びです。普段は、単なる嬉《うれ》しさや喜びという程度でしょうが、それは長くは続きません。歓喜するのは単に嬉しいより、上の心境でしょう。

ところが、喜びには歓喜よりもう一段上があります。それは「法悦歓喜《ほうえつかんぎ》」です。文字通り、法（教えや仏）に邂逅《かいこう》し、心身が震えるほどの喜びや涙が湧いてくる事です。それは、転迷開悟《てんめいかいご》（迷いを転じて、悟りを開く）というような意味ではなく、一瞬にして起こる、大きな衝撃のようなものでしょう。菩提心を起こすというより、菩提心の花がパッと開くような状態で、仏や法に遇える事だと思います。しかしこれは希な事で、常に求めていなければ遇うことは出来ません。

（佐川弘海）

今まさに我が三密の加持力を以て煩悩の塵垢《じんく》を除いて明了に心の実相を見るべし（秘蔵記）

【仏の働きとその力によって煩悩の垢を取り除き、真実の心の姿を自覚するべきである】

◉**苦労の母に仏を見る**　思い（心）は、言葉や行動となって外へ現れます。「身口意」は一体です。清らかな心は、それにふさわしい振る舞いを生みます。逆に、私心のない上質の言葉や行いによって心も人格もだんだん美しくなります。こう書いていると、行基菩薩、良寛さん、妙好人浅原才市、宮沢賢治……いろいろな人物が脳裏に浮かびます。どなたもはじめから完全無欠だったはずはなく、妙好人浅原才市は、自分を鬼だと言っています。しかしそれぞれの刻苦の人生ののち、やがて立派な人物となられたのだと拝察する次第です。

鈴木大拙師は、初めからの「無心」は動物と変わりなく、「無心」が一度「有心」（俗を知る心）となり、人間的努力によって再び戻っていくのが本当の「無心」であると言われます。「自我は作ってから捨てる」のであります。この人間的努力（修行）と所縁や仏の加護が、真言宗の三密の加持力だと言えるでしょう。ただ、不完全だと「無心」や「無我」は受動性を含むため、「滅私」に巻き込まれかねないとする考えもあり、実社会では無心・有心を理解したうえで、内清外濁が求められることもあります。

ところで、「心の実相」はなかなか見えにくくても、表面の汚れはよく見えます。それゆえ煩悩も後悔の念も塵のごとくに、よく見て吹き払えばリセットして新しく出発することができます。特に若い方たちは、この言葉を胸に、希望を持って人生を歩んでいただきたいと願っています。

少し本題から外れますが、最後に、私の母の話をすることをお許しください。

母は、昭和二十年八月六日、世間の荒波を知ることもなく、女学校を出てすぐに対極の環境である山寺に、薦められるままに嫁いできました。すべてを所与として何の疑問もないかのように苦労を厭わず、まず人の気持ちを考えて行動する母は、誰もから「奥さん、奥さん」と慕われていました。最晩年の今も、変わることのない言葉と物腰、そして悲しいことに、少し精気を失いつつある母の笑顔に、私は終生変わることのなかった、生き仏を見る思いがするのであります。

（友松祐也）

心の本原を知り　理の如く修行すれば　煩悩の垢を清めて心の本性を顕す

（秘蔵記）

【心の本源を知り、教えの如く修行すれば、煩悩の垢が清められて心の真相が現れてくる】

◉煩悩はほっとき密教に親しむ

結論を申しますと煩悩はあったほうが良い、という事です。誰もが心の中に、育てれば迷いを悟りに転じ、永遠の大安楽を得る樹に育つ種を持っているのですが、命の深い深い所に根を持つ煩悩と言う草が種を覆ってしまい、芽が出て育つことを妨げているのです。

一般仏教では煩悩の草を取り除けば菩提の樹が芽を出し育つ、という考えで「煩悩は無尽なり請願して断ぜん」、と煩悩の草を取り尽くすことを誓願としますが、取っても取っても限りなく生えてくる煩悩の草を取るという、そんな無駄なことに時を使っていては短い一生が徒労に終わる憂いがあります。

お大師さまの密教では、煩悩の草なんかほっとけ、それよりも菩提の樹の種に直接、密教の教えを肥料として施せば芽が出て育ち、枝は伸びて葉を茂らせ、日陰になった煩悩の草は枯れて菩提の樹を育てる肥料になる、と説きます。煩悩の源は欲ですが、欲があるからこそ人類は精神的にも科学的にも発達し、私たちの生活は向上して来たわけです。人間生活の中枢を成す欲の本質を見極めれば、煩悩の垢を密教の悟りの肥料にすることが出来ます。

仏様から与えられた清浄な欲を、自分だけが良い思いをしよう、自分だけの懐を肥やそうという、自分に限られた貪欲我欲の小さな欲にすると堕落して、自らも苦しみ他にも苦しみを与える存在になってしまうのです。

欲は全宇宙の生きとし生けるものを生かさんとする、法身大日如来の生成発展の意欲の表れですから大きく深い大欲が良いのです。

大欲は、人間の持つ根元的な毒である貪瞋痴の貪りは衆生救済の大貪に、瞋りは大義成就の原動力となる大瞋に、痴はこの悲願を強く保つ熱愛の大痴と、三毒煩悩をそのまま救済原理へと昇華させ、自利利他円満の大人格者、即ち大乗仏教至極の境地である即身成仏への道を開かせてくれるのです。

（篠崎道玄）

凡を捨て聖となることを得るに　僧祇の位を歴ず（宗秘論）

【凡人から聖人に変わるのに、無限の時間はかからない】

◉**自身即仏**　仏教の時間を表わす単位に「劫《こう》（阿僧祇劫《あそぎこう》の略）」があります。「一劫」の長さといえば、異説はありますが、ここに一辺が四十里にも及ぶ巨大な岩塊があり、三年に一度天女がその上に舞い降りてくる状況を想定します。その時天女の羽衣が岩の表面に軽く触れる事でこの岩塊が遂に磨滅してしまうまでの気の遠くなるような時間、といった説明をします。仏教は、ブッダ（真実の智恵に目覚めた者）の教えであり、そのブッダになる為の教え、でもあります。煩悩の垢にまみれた私たちが修行を重ね、最後に成仏するまでには幾代にもわたる途方もない時間が必要だと考えたのです。

釈尊の成道（＝成仏、成仏道）に伴い徳を慕って弟子が集まり、やがて教団が形成されていきます。釈尊は転生修行の末成道を果たされましたが、この教団にとり教主に続き成道を果たす事は、喫緊の課題であった筈です。事実釈尊入滅後、経典編纂の為集った（第一結集《けつじゅう》）成道の弟子（アラカン）は五百人をくだらなかった筈です。その後、倍する規模の結集《けつじゅう》が繰り返され教団は確立していきますが、最も枢要な成仏道に関しては、「三劫成仏」は、その後も長く仏教徒を支配する時間観となりました。「即身成仏」という術語を基に体系立った思想展開をされたのは弘法大師です。現実に息づくこの生身そのままを、まるごと是認し大肯定する生気溢れる成仏観です。唐からの帰朝報告書に、「密教は、四仏・四菩薩の徳性をその身に具える事を目的とします。成仏の遅速と勝劣は、あたかも神通力による速さに似ています」と述べられています。つまるところ密教では、仏とは十六大菩薩に集約される智恵と慈悲です。子供の頃にはちゃんと誰しもが備え持っていた徳性です。この我らは仏の子なり、という「自身即仏」の自覚を鍛え、み仏の働き（仏作《ぶっさ》仏業《ぶつごう》）に同化する事がこの身このままの成仏の要《かなめ》でした。

人はそもそも本質的に悟っていてこそ、救われていてこそ、悟りに到り救われることが可能になる。そこにみ仏の身を捨てての慈悲の導きが加わって即身成仏の救いがあるのです。

（田中智岳）

鳩の心たちまちに化して鷹となる（三教指帰上）

【鳩が鷹に変わるように、改心すれば立派になる】

◉生きる意味を考える　「『三教指帰』は弘法大師空海が延暦十六（七九七）年十二月に作ったように書いてあり、空海二十四歳の時の作品」であり、「空海が青年の日に学習した三つの教えを比較し、批判したものであって、三教の一々にそれぞれの価値を認めるけれども、儒教より道教、道教より仏教がすぐれていると見る」（山本智教『弘法大師　空海全集　第六巻』筑摩書房の「解説」より）。

この戯曲『三教指帰』上巻で、放蕩三昧の甥蛭牙公子の更生を兎角公から頼まれた儒家亀毛先生が、「道を床とし、徳を寝具とし、仁を敷物として坐り、義を枕として臥し、礼を蒲団として寝、信を礼服とするつもりで生活すべきである。その日その日を慎み、倦まずに研鑽し、善悪を取捨せよ。忙しいときにも書物を捨てず、片時も紙や筆をはなさない」（『弘法大師　空海全集　第六巻』筑摩書房）と蛭牙公子に説教して

「謹んで仰せに従います。今よりのち一所懸命にみ教えを習います」（同上）と反省させた。それを見た兎角公は、「蛭牙の鳩のような心がたちまち鷹の心に変わるのを見た」（同上）と言う。

放蕩三昧の青年が改心したのだから、先ずはめでたしめでたしである。蛭牙公子のように若くてまだきちんとした道徳規範が身についていない人に対しては、まずは儒教などの道徳を修得させることは現代社会でも有効だと考えます。仏教と表裏を成して中国から伝来した儒教は、何世紀にもわたり日本人の生活慣習に深く根ざしており、とりわけ五常（仁義礼智信）の大切さは今日も大きくは変わらないように思います。

唯、語弊を恐れずに言えば、儒教は根本的に治世のための戦略的思想という側面があるようですから、人生経験の深まりに応じて道教、あるいは仏教に向かうことが望ましいのではないか、と考えます。

年齢とともに、人生観・価値観も少なからず変化するでしょうし、その過程で自分のあるべき姿を求めて生きるには、空海の教えを学ぶに勝るものはないと言っても過言ではない、と私はお薦めします。

（髙橋良久）

触象《そくぞう》の酔を醒《さま》して　並びに師吼《しく》の道を学ぶ（三教指帰下）

【片寄った考え方に気がついて、仏の正しい道に入る】

◉**人とは何か**　大阪府大東市に、高野山真言宗龍眼寺〈住職・佐野剛空師〉があります。この寺には、慈雲尊者没後二百年を記念して、平成十六年に、慈雲尊者を顕彰するために「龍眼寺お袈裟を縫う会」を結成しました。

慈雲尊者（一七一八－一八〇四）は、大阪の人。大阪高貴寺の中興者。諸宗の学に通じていましたが、特に戒律の復興に努め、また、在家者のために十善の法を説き、『十善法語』を著作。梵語研究の先駆者としても知られています。

この会では、檀信徒の方々が龍眼寺に集い、袈裟を縫い、これまでに総本山金剛峯寺に五十領、高野山普賢院に十領、総本山善通寺に十領を奉納しております。

十善戒とは身体の戒め＝不殺生‥他の生命を奪わず、慈悲の心で救う。不偸盗‥与えられないものを取らない。不邪淫‥男女の道を乱さない。口の戒め＝不妄語‥うそを言わない。不綺語：飾った言葉は使わない。不悪口：悪口を言わない。不両舌：二枚舌を使わない。心の戒め＝不慳貪：むさぼらない。不瞋恚：怒らず、いつくしみの心を持つ。不邪見：よこしまな見解をいだかない、の十の戒めであります。

十善戒というのは、およそ人たる限りは誰人も、必ず守らなければならない十の戒めであります。ここに、すべての人の思想と行動とがつくされております。あらゆる宗教的行為もまたこの、体、ことば、心の三つの働きにまとめられます。ひとは人間として完成することによって、神とも仏ともなります。

人は一日の中で限りなく多くのことを考え、それに従って行動しております。しかし、日常生活で、この十善戒全部が守られているでしょうか。戒を守ることは、日々の反省から始まります。日々実践して人間関係の向上に生かして行くことが肝要です。

この十善戒は、人としての善の行為について考えるきっかけとなります。人が人として生きる道の根本は十善の行いにあります。さらに、この三つの戒めを身・口・意の三密修行としてとらえれば、菩提《ぼだい》（さとり）に至る戒めともなり得ます。この十善戒を再認識して、日々実践して行きましょう。

（菅智潤）

臍《ほぞ》を噬《か》んで昨《きのう》の非を悔い　脳を砕いて明《あす》の是を行わん（三教指帰下）

【これまでのことを心底から悔い改め、粉骨砕身して正しい行ないに進む】

◉とことん自分を落として低くしたところで仏の光明に出会う

「臍《ほぞ》を噬《か》んで昨《きのう》の非を悔い」とは、昨日までの非を悔い改めるのですが、「へそをかんで」というところが面白いところです。自分のへそはどう噛もうとしても届かないわけですが、それでも噛もうとするほどひどく後悔している、ということです。

「脳を砕いて明《あす》の是を行わん」とは、今日からは（仏教に帰依し）正しい行いに努めることを誓いますというのですが、「脳を砕いて」という表現が、粉骨砕身して正しい行いに一心に努めようという気持ちが強調されています。六文字が対句になっているので、リズム感があり、ダイナミックな表現になっています。これもお大師さまの御文の魅力の一つです。

この時代、唐にならって四六駢儷体という四文字、六文字を対句にして文章を作ることが好まれ、大師もこの作文の技巧を取り入れておられます。

この名言は、お大師さま二十四歳の書、三教指帰の終盤に出てくる御文です。兎角公の館で儒教の亀毛先生と道教の虚亡隠士の二人の論争を門前で聞いていた仮名乞児がついに口を開いて仏教の教えを説く、その説く仏教の教えに恐れ入った亀毛先生らが共に発した言葉がこの名言です。私は、この名言を読ませていただいて真っ先に浮かんできたのが、次のお釈迦様の『法句経』のお言葉です。

さきに　あしき業を行える人も　後の善きことによりて

清められなば　まことに　雲を離れたる　月のごとく

彼は　この世間を照らすべし

仏教の教えは、先ず「我昔所造諸悪業　皆由無始貪瞋痴　従身語意之所生　一切我今皆懺悔」（われら先に造るところのもろもろの悪しきわざは、みなわれらがさけがたき、貪りと怒りと愚かさに由るものなり、この身と口と意とに造るところのもろもろのつみとがをみな悉く懺悔したてまつる）の懺悔文から始まります。そして、昨日までの自分を心底悔い、とことん自分を落として低くしたところで「善きこと」仏の光明に出会うことができると説かれております。

（畠田秀峰）

俗を出でて真に入り　偽を去りて貞を得たり（性霊集序　真済）

【世俗から抜け出て仏道に入り、虚構の世間から真理の世界に目覚める】

◉迷いの世界から真理の世界に

この名言はお大師さま直接のお言葉ではなく、高弟の真済大徳がお大師さまのお手紙や御文章を集めて性霊集という本にまとめ、その序文で「人の世に生まれ、仏法に出会い、真理に目覚めて仏となられた」のがお大師さまだと讃えた文章です。

お大師さまは宝亀五（七七四）年に讃岐の国にお生まれになりました。都に出て大学に学ばれながら、人としていかに生きるべきか、真の生き方を求めてさまざまに懊悩されました。南都の寺々で仏典を渉猟されますが、「文に臨んで心昏し」として、仏典の文字を読むだけでは真理はわからないと嘆かれます。お大師さまのような天才的な能力の人でもなお「岐に臨んで、幾度か泣く」というほどの苦悩があったのです。そして、その解決を山林斗藪に求め、一沙門から授かったという虚空蔵求聞持法を修して宇宙との一体感を感得され、やがて入唐求法されるに至ります。そして、遂に長安青龍寺の恵果和尚から真言密教の法門をお受けになり、悟りの境地を体現されたのです。まさに、世俗から出て真理の世界に目覚められたのであります。

お大師さまより二百年程前の聖徳太子は、日本仏教の祖とされますが、「世間虚仮、唯仏是真」と言われています。世の中すべて仮のもので、ただ仏だけが真実だというのです。確かにこの世は移ろい変化し、変わらないものとてありません。私自身も刻一刻と変化し、いつまでもという訳にはいかないのです。諸行無常と知ってはいても、様々に執着して喜怒哀楽を繰り返すのが私たちの常だといえましょう。

世の無常にとらわれず、空の摂理を知り、そして、この世はあらゆるいのち溢れる大生命のふるさとだと気づくことが、真理に目覚める第一歩です。

お大師さまは六十二歳で高野山に入定なされ、無常なるこの世の苦しむ人々を必ず救い摂ると誓われています。令和五年はお大師さまのご誕生千二百五十年。令和十六年は御入定千二百年という年を迎えます。高野山ではそれぞれ盛大な記念大法会が厳修される予定です。全国の大師信者にとってまたとない機縁であり、また、お大師さまの慈悲のお心が広く万人に及ぶ絶好の機会だといえましょう。

（河野良文）

雲雨覆い澍《そそ》いで煩を解き　草木滋《しげ》く茂して果を結ぶ（性霊集六　桓武達嚫）

【仏の法雨が煩悩に注がれ、慈悲心が芽生えて悟りを得せしめる】

◉「お慈悲でごぜえますだ、お代官様」、この慈悲って何？

「慈悲」という言葉はよく聞きますがいったいどのような意味があるのでしょうか。中村元先生は、「苦難多きこの世にあって人々が楽しく生きてゆくためには、他人に対する暖かな思いやりと心からの同情心をもたなければならない。貧しい生活でも暖かな共感のただよっているところは、心ゆたかであり、楽しい。この心情を仏教では〝慈悲〟として説いている」（中村元『慈悲』講談社学術文庫）と分かりやすく述べられています。

仏教の教えに、四無量心があります。「慈・悲・喜・捨」の四つで、「慈」は他者への慈しみ、相手を思う心、「悲」は他者をいたわる心、「喜」他者の喜びを自分のものとし共に喜ぶ心、「捨」は一切の感情を離れてすべてを平等に扱う心を指しています。「慈悲」という一つの言葉で使われることが多いのですが、四無量心のように本来は

「慈」と「悲」は違うものです。

「慈」は、サンスクリット語の「マイトリー」の中国語訳です。相手に対して前向きに「がんばれ」と励ます明るい愛の言葉を指しています。

「悲」は「カルナー」という言葉の中国語訳です。この言葉には、「思わず心の底からでたため息のような深い感情」、とちょっと暗い面があり、「慈」とは対照的なものととらえられています。

「慈」には、「慈父」という言葉があるように、厳しさや頼もしさがある反面、その中にある優しさを感じさせる父親的な愛情を感じることができます。

「悲」には、「悲母」という言葉があります。「悲母観音」をお参りしたときのように、包み込んでくれる母親的な優しさが感じられます。震災で子供を亡くした親に対して、「頑張れ」は禁句です。頑張っても亡くなった子供は帰ってきません。その時は、そばにいて相手の手に自分の手を重ね、相手の痛みを自分の痛みのように感じ涙を流す。これが「悲」の感情です。「悲」には言葉は不要です。「慈悲」の感情は、どちらが欠けてもいけません。「慈悲」は、人間関係が希薄になっていると言われる今の時代、一番必要なものかもしれません。


（大咲元延）

自他平等にして妄執を断割し　怨親斉《ひと》しく沐して転禍為福せん（性霊集六　藤中納言願文）

【自他ともに平等に煩悩を断ち、怨親を超えて仏に救われ、禍が福に転ずることを祈る】

◉恩讐を越える　文禄と慶長の豊臣秀吉朝鮮出兵で武勲を立てた薩摩の島津義弘・忠《ただ》恒《つね》が慶長四（一五九九）年に建立した『高麗（朝鮮）陣敵味方供養塔』が高野山奥の院中の橋にあります。供養塔には「高麗ノ國在陣之間、敵味《てきみ》方《かた》閧死《こうし》ノ軍兵ヲ、皆佛道ニ入レ令《しめ》ンガ爲也」と刻まれ、江戸時代には武士道の美しさの象徴と称えられて奥の院の名所のひとつとなりました。明治十九（一八八六）年に国際赤十字ジュネーブ条約加盟の際にも日本には古くから赤十字精神があったことを認識され、明治四十一（一九〇八）年島津忠長によって英文の碑が建立されました。

なぜこの供養塔が高野山で建立されたのでしょうか。戦場での残虐な殺戮、略奪行為で将兵ともども精神的ダメージを負ったことがあげられます。親子は帰依していた菩提寺の蓮金《れんこん》院住職政遍に「この苦しみから逃れるにはどうしたらよいのか」と教えを請うと、政遍は怨親平等《おんしんびょうどう》のお話をされ、奥の院に供養塔を建立することを勧められました。怨親平等とは敵味方の恩讐を越えて平等に供養し極楽往生させることです。この話を聞いて親子は、奥の院に供養塔を建立することを決意したのでした。

お大師様は嵯峨天皇に高野山で真言密教の根本道場を開きたいと上表文を書かれ、弘仁七（八一六）年に勅許が下りました。お大師様は青年時代に好んで野や山で修行されましたから、高野山が修行に最適な場所であることはすでにご存じだったのでしょう。

「山中他界」という言葉があります。人は死んで霊魂は山に登りますが、その霊魂の住処《すみか》の山を結界して霊域にすることです。お大師様が奥の院に入定された後、高野山には皇族・貴族・武将・僧侶・文人・墨客から庶民まで多くの人達が参拝され、墓碑や供養塔を建立されました。始めは木の卒塔婆を建てた簡素なものでしたが、江戸時代になると豪壮な五輪塔が競うように建立され、現在は「日本之総菩提所」として奥の院の参道約二キロの両側には二十万基を越える墓碑や供養塔が立ち並んでいます。

（伊藤全浄）

戯論を空空に滅し　寂静を如如に証せん（性霊集七　僧寿勢先師忌）

【迷いを空の哲理によってなくし、悟りによって平安を得てほしい】

◉先祖と先師　私が高野山の宿坊に初めて宿泊した時のことです。眠たい目をこすりながら、朝早くのお勤めに参加させていただきました。初めて聞くお経や真言の数々に目を輝かせながらお勤めを聞いておりますと、「南無先師尊霊《なむせんじそんりょう》」という言葉が耳に飛び込んできました。最初は「なにを唱えているのだろう」と思っていたのですが、ご縁があってその宿坊でお手伝いさせていただいた時にも、朝のお勤めで「南無先師尊霊」と唱えておられました。主題の名言も「先師」に対してお大師さまが吐露されたお言葉です。

ここでの「先師」とはすでに亡くなった師匠や僧侶のことを指すのですが、それらの尊い霊を慰めるために「南無先師尊霊」とお唱えするのだそうです。私は自分の家の仏壇にお参りする際にもこの名言を思い浮かべながらお参りしています。この名言とともに、今は亡き先祖の顔を思い浮かべながら手を合わせるこの時間が私にはありがたく感じられます。

話は変わりますが、私の地元では多くの神様がお祭りされています。その中に河川敷のそばに水の神様である水神さまが祠に祭られているのですが、その祠の傍らに水神さまが祭られる由来と「親が拝めば子も拝む　母は夕日の真ん中に　拝む姿の美しさ」という詩が石碑に刻み込まれています。春と秋のお彼岸に水神さまのお祭りがあるのですが、それと合わせて行われる先祖供養とともに水神さまの祭りを忘れないようにこの石碑を建てたそうです。

ほかにも先祖供養の大切さを説いた詩や句はいろいろありますが、どんな形でも、「亡くなった方が悟りを開いて仏になることで、故人が安らかになってほしい」という気持ちが強いことが句の中から読み取れます。

今を生きる人より先にあの世に旅立った先祖や先師に対して祈り、「供養」という形で故人に届ける。それはとても素晴らしいことです。家に仏壇がなくても、遠方にあるお墓に行けなくても、故人のために手を合わせて祈ることはできるはずです。皆さんも今は亡き人に思いをはせて、平安を祈りましょう。

（中山皓貴）

智灯日に代って融山《ゆうせん》の容《かたち》円かに現じ　長夜に雲を褰《かか》げて黒暗の心忽ちに銷《け》せん　普く法界を照らして五眼を自他に朗かにし　広く幽明に被らしめて六通を物我に証せしめん（性霊集七　和気夫人）

【日光のように輝いて仏の智慧が現れ、迷いの暗雲を払って心の闇が消える。仏光に照らされて正しく眼が開き、冥土や現世に不思議な力が及ぼされていく】

◉仏さまの力で迷いは晴れる

奈良の法華寺で営まれた千燈会に際し、弘法大師空海さまが書かれた願文の中にある言葉です。法華寺は全国の国分尼寺の総本山でした。そこに和気の夫人が新たに開墾した田を千燈分の供養料として納めたのです。お大師さまは、それに応えるべく、仏さまの加護があるように、書いたのですね。

智灯とは、迷いの闇を明るくする智慧の灯。融山は仏さまのこと。ですから、仏さまの智慧の光がまばゆいばかりに輝く光景が浮かびます。それが長きにわたって続いた迷いの闇を吹き飛ばしたのです。仏教の教えが私たちの迷いを取り除いてくれることが比喩的に書かれているわけです。

　五眼とは、肉眼、天眼、慧眼、方眼、仏眼の五つの見る力を表し、六通とは、神境通、天眼通、天耳通、宿住通、他心通、漏尽通の六つの神通力（超能力）を表します。仏さまの力でこれらの不思議な力を与えてくださいとお願いしています。そうすれば世界はあまねく光輝き、幽明（この世とあの世）が照らされるというのです。

　仏さまの力は無限です。人間のできることには限界があります。けれども、仏教の教えを信じれば、迷いは晴れ、私たち凡夫でも、仏さまに近付くことができる。そのために力を与えてくださいと、お願いしているわけです。お大師さまは、それを実際になさった。今の私たちも、お大師さまのようにはいかないかもしれませんが、仏教の教えを信じ、仏さまにお願いすることで、不思議な力を手にすることができるのではないでしょうか。

　迷いの世界から目覚め、仏さまの力を借りて、前向きの生き方ができるようにしましょう。そうすれば日常の生活も苦しみがなくなり、楽しいものとなっていくことでしょう。自分の能力が高まるように勉強し、仏さまの教えを少しでも学びましょう。要は心の持ちようです。

（柴谷宗叔）

転迷開悟

動物を羅《こ》め　広く含霊を覆うて同じく有有の区を出で　早く如如の境に入らん（性霊集七　荒城大夫）

【あらゆる生き物が、迷いから悟りの境地に入ることを願う】

◉生きとし生けるものへの慈愛　世界人口白書二〇二一によると世界人口は、七十八億七千五百万人、前年に比べて八千万人増加しています。このままのペースで増加すると二〇五二年には九十七億人となるという予測もなされています。科学技術はますます発達し、人類は地上の覇者として地球を支配しているかのように思えてきます。果たしてその認識は正しいのでしょうか。

この地球上には人類だけでなく、多種多様な多くの生き物が生息しています。それらは、人類が誕生するはるか昔から連綿と生き続けているのです。小学生の頃に見たテレビの歴史番組で忘れられない一節があります。地球の歴史四十六億年を暦年で記述していき、エッフェル塔の高さ、（三二四メートル）まで積み上げたとして、人類の歴史は何ページ分になるかという問いです。驚いたことに、答えは一ページにも満たないというものでした。その後、受験勉強で世界史や日本史に四苦八苦している際にもこの比喩が時折脳裏をかすめていきました。

近年、排出ガスによる地球温暖化やマイクロプラスチック等の環境汚染問題が多くの人々の関心を集めています。オセアニアのツバルがこのまま海面が上昇すると国自体が海中に沈んでしまうとアピールしたことも一因でしょう。まるで人類が地球環境を破壊するウイルスのような報道も見受けられました。地球は多くの生き物が住み、その生態系のバランスの中で成り立っています。

人間は、自己の都合のために生き物に害虫、害獣のレッテルを張り、有益な植物を野菜と呼び、無用な植物を雑草と呼びます。しかし、自然界の中でもともとそのような区別はありません。ただ、すべての生き物が、それぞれの役割を果たし、バランスを保ちながら生息しているというのが、この地球なのです。

人間も生態系の中の一つの生物であり、あらゆる生き物への慈愛の気持ちを持つことが、結局人類の繁栄にもつながっていくのだと感じます。

（花畑謙治）

無垢の眼を豁《ほが》らかにして三密の源《みなもと》を照らし　有執の縛を断じて五智の観に遊ばしめん（性霊集九　諸有縁衆）

【汚れなき眼にて仏の世界を観察し、束縛から離れて仏の智慧を自由に発揮したい】

◉無垢の眼で自分を見つめなおす　これは弘仁六（八一五）年四月、お大師様が密教経典三十五巻の書写をいろいろな方にお願いした依頼文の、最後の部分に書かれています。お大師様は、生きとし生けるもののすべてに仏性があると説き、「清らかな眼で身・口・意が相応する仏の世界を照らし、煩悩のしがらみを断ち切り、衆生を如来の智慧がみちた楼観に遊ばせたい」と祈念しています。「智慧がみちた楼観に遊ばせたい」というのは、如来が持つ智慧を人びとに説き、人びとを救いさとりの世界に導きたいということだと思います。お大師様の密教流布の目的は、私たち衆生すべてを救済しさとりへと導くことでした。

密教を流布することを生涯の課題とされたお大師様は、多くの経典を伝え残したいとお考えだったのです。書写はその内容を読みながら一字一句を写し取るので、密教のすべてを理解する方法でもあり、コピーやスキャンではまねのできない利点もあると思います。だからお大師様は、志を同じくする仏者や信者が書写や読誦をして教えを守れば、速やかに心中の仏に到達することもできるとおっしゃっています。

無垢の眼で見るというのは、どのようなことでしょうか。これはバイアスのない清らかな気持ちで、自分や世界を見つめ直すことではないでしょうか。わたくしたちの日常では、両親からの愛情に気づかないまま反抗してしまったり、些細なことで言い争ったり、仏さまのご加護に気づかずに過ごしてしまったりすることが多いと思います。自分の行為を無垢の眼で見直し、自分がすべきことを導きだしてそれを行う、そのような毎日を繰り返すことで、お大師様がおっしゃる心中の仏に一歩ずつ近づくのではないでしょうか。

そしておのずから他の人も救おうという気持ちが生まれ、それが迷いからさとりの境地へと向かう、長い道程の始まりなのだと思います。最高の妙法である密教経典類の写経や読誦は、その道のりを助けてくれるとお大師様はおっしゃっています。密教経典の写経や読誦、ぜひチャレンジしてみましょう。

（雪江悟）

この世間の三妄執を超ゆれば即ち出世間の心生ずることを得（雑問答一九）

【凡人の執着を克服すれば出家の心を得ることができる】

◉仏様と人は一心同体です　人間は自分の思い通りにならないと腹が立ち、人を恨んだり、人の幸せを妬んだりします。

仏教では克服すべき三つの煩悩、つまり貪欲（限りのない欲の心）・瞋恚（怒りの心）・愚痴（恨みや妬みの心）を心の毒に例えて「三毒」といいます。私達は、他人の三毒に気付いて責めたりしますが、自分の煩悩には気付いていないものです。

また真実でない妄想に執着することを妄執《もうじゅう》といいますが、真言密教では麁《そ》（粗い）妄執・細《さい》妄執・極細《ごくさい》妄執の「三妄執」を克服すべきであるとされます。

麁妄執とは、地位や名誉や権力や財産などに執着して生き、それらの有無や多少によって人の価値を決め、人を区別したり差別したりすることです。

細妄執とは、地位や名誉などには執着しないけれど、健康と病気、生と死、増と減、浄と不浄、煩悩と悟りなどには執着し、その善し悪しを判断することです。

極細妄執とは、自分と他人、主と客、重要と不要などを区別することに執着し、自分自身が命の根源・宇宙の真理（大日如来）と一心同体であること、一切が平等であることをまだ悟っていない状態をいいます。

仏様とご縁を結ぶ儀式である結縁灌頂の際に、受者は先ず「仏の教えを守り、自分と仏が常に一体であると感じながら、自他の命を大切にして、仏様に成り代わって人助けに邁進します」という意味の三昧耶戒《さんまやかい》を授かった後、本堂の中に入り目隠しをして「オン　サンマヤ　サトバン」（仏様と私は一心同体です）と唱え、樒の葉を曼荼羅絵図の上に落とします。これで大日如来とご縁が結ばれるのです。

自分が命の根源・御親《みおや》である大日如来になったと考えてみてください。親は子供に対して、先祖から受け継いだ大切な命を無駄にせず、悔いのない幸せな人生を送って欲しいと願うものです。自分が大日如来なら、自分の子供と同様に他人の子供も愛おしく思えるようになり、そしてこの世に生きるすべての人々を、さらに動物も植物も大自然も愛おしくなり、すべての命を大切にしなければならないと思えるようになるのです。

（藤本善光）

生死即ち涅槃なれば更に階級なし（十住心第七／宝鑰第六）

【生死がそのまま仏であるから、本来は迷いから悟りへ至るという段階はない】

◉自分自身の中に眠る宝に気がつかない私達

日本の平均寿命は男女ともに延び、世界の中でも長寿大国の一つに数えられています。長い人生を歩み、艱難辛苦を乗り越え色々な経験を積んできた人には、仏さまのように穏やかな方が多いように思えます。

生と死の問題は切り離して考えることは出来ません。「死ぬまで生きる」。何人と雖も逃れることの出来ない真理です。娑婆で生きる私達には容赦なく色々な問題が起こってきます。病気の苦しみも、その一つです。自分自身の健康管理が不十分であったり色々なストレスが原因となって病気に冒されます。苦しい検査や、手術、闘病の日々を乗り越え普段の生活を取り戻した時、あらためて健康の有り難さを実感します。苦しい病気を経験したからこそ、本当に健康の有り難さがわかる愚かな私が有ります。別の言い方をすれば、病気のお陰で健康の有り難さに気がついた事になります。病気と健康を別々に分離して考えることに間違いが有るのかもしれません。病気も健康も私の心と身体を離れては存在しないのですから。生と死も分離して別々に考える事が間違いなのかもしれません。生と死も私の心と身体を離れてあり得ないのですから。

信仰心のとても篤い檀家の橋本さんが百一歳の天寿を全うされたのは今年の春でした。Hさんご夫妻はお大師さまの篤信者として信仰者として人助けもなされ、私のお寺の本堂建築に際し、その計画も無い時に多額の御寄進を申し出て、私の背中を押してくれた方でもあります。その後も何かとお寺の為にと協力を頂き、両界曼荼羅をお迎えする事が出来たのもHさんのお陰です。Hさんの葬儀の折、ご家族に話を聞かせて頂くと、Hさんは若い頃に徴兵で大陸に出兵され終戦後、極寒のシベリアに抑留されたそうです。食料も少なく重労働を強いられ、多くの戦友が目の前で死んでいく辛い経験も味わわれたそうです。そんな厳しい中でも、幸いにも生きて日本の土を踏むことが出来た数少ない方だったのです。そんな死と隣り合わせの日暮らしを経験されたHさんの信仰の姿には「悟りの境地」を感じました。

私達の心の奥深くに眠る「仏の心」「仏性」を目覚めさせ、日々の生活を見つめ直せば、真言密教の奥義である「即身成仏」の実現となるのです。

（中谷昌善）

煩悩あってよく解脱の為に以て因縁となる　実体を観ずるが故に　或いは解脱あって能く煩悩の為に以って因縁となる　執着を生ずるが故に（宝鑰第五）

【煩悩が解脱の因縁になることがある。それは実体を把握しているからである。解脱していても煩悩を生ずることがある。それは何かに執着をしているからである】

◉真摯な迷い　煩悩の意味は邪な思いとか迷いと解釈されることが多いです。仏教では煩悩を断ずることが究極の悟りを開く方法とされます。しかし弘法大師が煩悩を真摯な悩みととらえ肯定的に見ているのは新しい視点です。迷いに真摯に向き合うことが新たな次元に人間を高めてくれると弘法大師は考えています。煩悩真摯な迷いを重要視する弘法大師の姿勢は彼の人生体験からきています。若い時繊細な感情を持つ弘法大師は世の中の不条理を見、苦しんでいました。その不条理の世の中で弘法大師は仏教に生きる力を与えられ、修行を通じて立派な青年に成長していきます。煩悩は自分を新たな高みに高めてくれると弘法大師は修行を通じて確信していきました。

弘法大師は生まれてから死ぬまで人生は煩悩苦しみそのものであると説き、あらゆる悩みに真摯に向き合わなければ悩みは解決できないと説きます。世の中の問題を見つめ、解決を図ろうとした弘法大師の真摯な視線がそこにあります。平安初期の時代背景を考えても弘法大師の人間に対する優しい視線や行動に驚かされることがあります。

弘法大師の著述を読み解くと、山林修行を通じて心の状態が安定し、悩みから解放され、新しい道が開かれたと感じるところがあります。山林修行を通じて何かを発見したのでしょうか。その秘密は弘法大師が、大自然の営みの限りない奥深さと完全なる法則性を発見したことにあると思います。早い時代から人生の目標を仏教に定め、人々を教化し、密厳国土建立に奔走した弘法大師の姿には圧倒する力強さを感じます。同時に弘法大師は死後も日本人に生きる指針を与え、日本人の心そのものを作っていきます。まさに「大師はいまだおはしますなる」です。弘法大師は高野山で今も生き続け我々を見つめ導き続けています。


（長崎勝教）

煩悩即ち菩提なれば断証を労することなし（宝鑰第七）

【煩悩がそのまま悟りであるから、煩悩を滅するという苦労は不要である】

◉エネルギー転換　煩悩即菩提という言葉は有名です。広辞苑にも「煩悩にとらわれている日常の人生の本性を悟れば、それがそのまま菩提《さとり》であり、また、菩提の覚知は煩悩の中にはたらくから、煩悩と菩提とは別々に離れたものでないということ。大乗仏教で説く」とコンパクトに書かれています。確かにいろいろな宗派の法話でもよく取り上げられる言葉です。

しかし、煩悩と悟りの関係の解釈は様々で、私は、その違いをはっきり認識しておくことがとても大切だと思ってきました。

煩悩をそのまま認め、理論的に煩悩を菩提に転じるなら、その理論は単なる屁理屈にすぎません。仏の教えの一部を切り取り、都合の良いように勝手に解釈しているようなものに思えます。どう考えても煩悩はそのまま認めてよい訳がありません。

人間を動かすエネルギーは、ずばり欲望です。生活が貧しく辛いものであれば、金儲けをしてその環境から抜け出したいと思って当然です。その思いがエネルギーとなり、金儲けに精を出し、豪邸や高級品を手に入れたとしましょう。しかし死ぬときは、どんなに執着しても、札束も、集めた宝石も名誉もあの世には持っていけません。

もし、かつての自分と同じように困っている人がこの世界にたくさんいる事に気がつき、成功したら同じ境遇の人を一人でも助けようというような目標をばねに生きてきていたら、死ぬときに持っていけたものがあったかもしれません。

煩悩、すなわち欲望が大きければ、そのエネルギーも大きいです。ああしたい、こうなりたいという思い（欲望）は、人間の原動力ですから、消してしまう必要はありません。ただそのエネルギーを菩提への力へ転換する必要があります。それを説くのが密教なのです。

お大師さまは、煩悩即菩提の思想については『秘蔵宝鑰』『十住心論』『梵網経開題』『異本即身義』などで触れています。そのことだけを詳しく論じていません。後世にいろいろな解釈が生まれてきたため、真言宗の学僧達が自宗の正しい理解と実践の重要性を明確にしようとした著作が残っています。

（森堯櫻）

四魔現前すればすなわち大慈三摩地に入り　四魔等を恐怖《くふ》し降伏《ごうぶく》す（吽字義）

【煩悩などの魔が現れたならば、慈悲の心を起こせば魔は恐れて退散する】

◉ガンジス川上空に昇る朝陽　「魔」は、字面からして嫌がられる語彙です。化け物、悪霊、天魔など不吉な物事を連想させせられます。仏道の修行を妨げる事柄や物はすべて「魔」と称せられます。結局、悟りの心を障礙するゆえ顕れる自心の煩悩を意味します。お大師さまの教えとして、もし「大いなる慈しみの三昧」を証得できれば、煩悩などの魔は即退散します、とありました。一仏教徒の私は当然、この言葉の意味がわかっていながらも、疲労困憊時、苛立った苦悶時、虚しく思う時などは、やはり、旅に出て、煩悩を除きたくなるのです。一番行きたい旅先は憧れるインドでした。ご当地ならではの風物も見物したいし、悉達太子が煩悩などの魔を降伏した地は何故こだったのか、という好奇心もありました。

あるとき、ヴァーラーナシーを訪れました。街外れにお釈迦様が最初に説法した鹿野苑があるからです。宿泊ホテルは鹿野苑とガンジス川の中ほどでした。夜明け前の三時頃、ガンジス川畔に散歩に出ましたら、そう遠くないところに、修行中の姿で一人の苦行僧がぼんやりとみえました。東を向き、体を絶えず動かし、信じられないほどのヨガをしていました。よほど集中していたのか、私に気づかなかったのです。「私ったら、心地良い散歩を愉しんでいる場合か！」と思い、恥ずかしくなりました。すぐに平地を見つけ、結半跏座で瞑想を始めました。どれほど時間が経ったでしょうか。寒気も陽射しに追い払われ、ガンジス川畔から聴こえる太鼓やラッパの悠長なメロディでゆっくり目を開けたら、先の苦行僧の姿が鮮明に視界に入ってきました。年配で足と上半身は裸で、白い巻き裙を着けただけでした。白髪頭で痩せこけた上半身は、灼熱の太陽による日焼けで暗褐色でした。彼は太陽に向き合掌しては身を地面に伏して礼拝していました。その情景から、釈迦の苦行林修行を連想させられました。苦行僧は顔をあげて私に気づいた途端、すぐ体の向きを変え、私に合掌と敬礼をしました。日差しに包まれた苦行僧の身から、ある種の信徒らしき清らかで神々しい光が出ているような気がしました。ふっと東の空を見上げ、驚愕しました。ガンジス川上空に昇った朝陽は、共に私の故郷をも照らしていることに気づきました。

（洪涛）

一切の無明煩悩　大空三昧に入りぬればすなわち都《すべ》て所有なく　一切の塵垢即ち財となる（梵網経開題）

【無明や煩悩は、執われのない空から見れば、すべてに所有がなくなり、汚れがそのまま財となる】

◉**夢は叶う**　東京オリンピックがコロナ禍の中、無観客で開催されました。開催直後は国民の関心があまりありませんでしたが、日本の選手が次々とメダルを獲得したニュースが流れ、多くの人がテレビに釘付けになり夢中になりました。日本選手団は総メダル数五十八個を獲得する活躍をしました。

オリンピック終了後、金メダリストの方々がテレビに出演される機会が多くありました。あるトーク番組を観ていると、一人のメダリストが、小学校の卒業文集で将来の夢という題で、「東京オリンピックで金メダルを獲る」と書いていました。小学校六年生というと、本当に素直な純粋な心の頃ですが、その時の想い、夢を実現されて本当に素晴らしいという思いと同時に有言実行されたのだと感心致しました。

その選手は、「子供の頃からその競技が得意で、色々な大会で良い成績を収めていたのですが、中学校、高校と学年が上がると競技で勝てない時期があり、とても落ち込みました。そのような時に監督、コーチから技術的な問題より、日常生活を正しく改めなさいと言われました。よくよく考えたら、本来ならば自分がやるべき準備、片づけ等をやっていないこと、家に帰ってからの生活、勉強のことなどを改めて別の視線から見てみると、色々なことに気がついて唖然とした。自分は勝つことだけを考えて行動していて、自分さえ良ければ良いと考えていたのだった。しかし、色々な方々に迷惑をお掛けしていたことに気づき、それらを一つ一つ改善していくと、競技の成績も良くなって勝てるようになった」と語っていました。つまり、無我夢中の心（小欲）から周囲が見えなくなっていましたが、テレビ画面で自分のビデオを見るように、外から自分を見ることによって視野が広くなり感謝の心が湧き、日本代表の選手になって金メダルを獲得し恩返しをしたい（大欲）という心になったのです。

苦悩、心を悩ます状態にあるときは、一度外へ出て、捉われない心で見つめ直していきましょう。


（糸数寛宏）

煩悩即菩提

婬欲即ち是れ道　恚癡《いち》もまた然《しか》り（梵網経開題）

【淫欲、怒り、愚痴も、悟りの上からすれば仏道である】

◉アングリマーラ　インドで執り行われた仏教寺院の落慶法要に参列したときのことです。門番の方が大変体格がよく、端正なお顔をされているのに感心していると、若い頃から空手を習っていると話されました。そして、今は仏教に帰依して門番の仕事を家族とされているという。お名前を聞いたら「アングリマーラ」というのです。どこかで聞いたことがある名前だと思いを巡らせていると、経典にもなった「殺人鬼」の名前であったのです。

経典に出るアングリマーラは、本名がアヒンサと言い、バラモンの教えを師匠について学んでいましたが、体格がよく聡明で容姿端麗であったために師匠の妻が恋心を抱き、彼を口説くも拒絶されたため服を自分で破り、彼に乱暴されたと濡れ衣を着せたのです。妻の言うことを信じ激怒した師匠は、アヒンサに「出逢った人を百人殺し、その指を切り取って首輪としなさい」と命じました。アヒンサは悩んだ末に師匠の命に従い殺戮を繰り返して行きます。

人の指を「アングリ」、首などに付ける花飾りのことを「マーラー」というので、恐ろしさを込めて「アングリマーラ」という悪名で呼ばれるようになったのです。そんな彼を街の警備の者は捉えようと必死になりますがなかなか出来ません。あと一人で百人というところで釈尊が現れ、アヒンサを諭します。そして、アヒンサは釈尊の教えによって自分の行いを悔い改め出家するのです。ところが被害に遭った家族や町の人は彼を許しませんでした。彼が托鉢に街に出るところを待ち伏せして石を投げたり暴力を振るったりと修行は苦難の連続でした。

現代のアングリマーラさんも罪を犯したことがありました。しかし仏教を知り帰依した後、贖罪のために仏を護る門番として身を捧げているのでした。

お大師さまは、どんな大罪を犯しても、心から悔い改め贖罪のための苦難に立ち向かい、罪を償う善なる行いを続けるならば、み仏は見捨てることなく温かく見守っていて下さるとお諭しされるのです。

（瀬尾光昌）

本清きはすなわち心王の体性なり　塵垢は即ち心数の本名なり（梵網経開題）

【清浄は本来の心の本質である。汚れも仏の数々の心の働きの姿である】

◉**泥の中にも蓮の華**　「煩悩とはどんなものだと思いますか？」と質問しますと、ほとんどの方が、「食欲、性欲、睡眠欲」と答えてきます。確かにそれらも煩悩の一つですが、食欲がなくなったら生きていけませんし、性欲がなかったら子孫繁栄がなりません。睡眠も大事です。また、「私は、欲はありません」と言われる方がいますが、却って、欲があることを隠そうとするように聞こえます。

お釈迦様もご自身の煩悩に気付かれて、どうにかしたいと六年間荒行されましたが駄目で、一旦、荒行を離れ、ガンジス河へ沐浴に向った時に、村人のスジャータから乳粥を施され、それを食して生気を取り戻しました。その後菩提樹下で悟られました。ご自身の肉体の限界と、ご自身の心と闘い、そのすべてを再確認したのが、スジャータの乳粥（食欲）とガンジス河の沐浴だったのでしょう。

鎌倉の後輩のお寺の庭に見事な「大賀蓮」が咲いていましたので、蓮根を送ってもらい、植えつけました。一年目は葉ばかりで花が付きません。二年目からは十輪以上咲き、参拝者や近隣の方にその美しさに感嘆の言葉をいただけました。蓮は四月中旬頃に低く小さな葉が出て、次第に出る茎が高くなり、六月頃に出る茎は二メートルにもなります。葉も直径五、六十センチになり、その頃に小さな花芽が出始めて一週間ほどで花を咲かせます。高さは二メートル近くあり、花の大きさは三十センチほどです。朝開花し、昼頃には閉じます。開花日は花の中心、種が出来る部分が金色に輝いていて、見たもの誰しもが感動します。

この観察記録から、あの感動的な金色もその根っこを見れば泥沼であることに目を向けていただきたかったのです。仏様の台座の蓮台も、その下は泥沼までつながっていることに気付いて欲しいのです。煩悩があるからこそ悟りへの道がある事を示しているのです。どうしようもない自分を可愛いものだと思い、素直な心をそのまま認めてあげて、ご自身で救ってあげて下さい。

（大塚清心）

三毒五逆みな是れ仏の密号名字なり　もし能くこの意を得るときはすなわち染浄に著せず　善悪に驚かず　五逆を作《な》して忽ちに真如に入り　大欲を起して乍《たちまち》に法身を得（梵網経開題）

【煩悩も重罪も仏の秘密の行為である。この深い意味を認識すれば、清濁も善悪も驚くことはない。罪を犯しても悟りに入り、大きな欲を起しても仏の真理を得る】

◉達人の境涯　よく「失敗は成功のもと」と言われたり、「疑問が気づきへのきっかけを導く縁になった」ということは、皆さんもいろいろな場面で経験しておられることと存じます。この名句にある「煩悩即菩提」という考えは、大乗仏教の空の教えから導かれることとです。元来迷いと覚りとは正反対の心を指しています。アビダルマ（小乗）では、法（色心）は実有と説かれるので迷いの心と覚りの心は全く異なる法《もの》として理解されますから、いつまでも平行線を辿り、煩悩即菩提とはなりません。それ故に煩悩を退治して覚りを得るものだ、という理解がされます。

それに対して大乗の教えでは法空と説きますから、迷いの心がそのままで悟りの心と考えられ煩悩即菩提と説かれるのです。別の言い方で「生死即涅槃」という大乗の教えがあります。輪廻を繰り返す苦しみの生死の世界がそのまま輪廻を解脱した安楽な涅槃の世界と自覚されるのです。

仏教では私たちの存在が五蘊とか色心不二と表現されますが、煩悩即菩提は心（法）の面を色（法）の面から生死即涅槃と悟りの境涯を表現されていると言えましょう。

ボクシングというスポーツがあります。体重別でいろいろな階級が設定されていて、試合前日に計量測定がなされます。そこでクリアしないと失格となり、試合をすることができません。毎日飲まず食わずの状態で、厳しい練習に耐え、ほとんど身も心も限界を越えて計量時にはもう別人の風貌になっている。殴り合いの世界へ彼らボクサーを駆り立てるものは何なのか、「苦が楽だ」という境涯。辛い苦しい自らの心身が、ボクシングという行為を通して、悲鳴をあげながらもそのままに充実感を覚えるという証言を耳にする時、達人の境涯、つまり煩悩即菩提の事態と拝察するものです。

（山田弘徳）

煩悩即菩提

蓮華の浄しと雖も泥を離れざるが如し　即ち善悪不二なり（異本即身義三）

【蓮の華は純白にして清らかであるが、泥を養分にして咲いている。もともと善悪の区別はなく、この両者は一体のものである】

◉理想と現実はどちらも大事

「蓮の花の例え」は仏教のお話に盛んに登場します。蓮は泥の中に根を張りますが、そこから立ち上がって清浄な花を咲かせます。泥は俗世の象徴、清浄な花は仏心の象徴であって、俗世に生きながらも崇高な心を失わない、仏法者の理想の姿を現しているということもよく言われます。いわば泥が「現実」、きれいな花が「理想」に相当するようなものです。理想と現実とどちらが大切かと問われたら、両方大切であり欠かせないとしか答えることができません。志《こころざし》がいくら立派でも霞《かすみ》を食べて生きていくわけにはいきませんし、だからといって現実的な生活さえ送ればそれでいいのかというと、それではあまりに人間として向上が望めませんし、人生を振り返って機械や馬車馬のようにただ働いて生きているだけでいいのかというと、はなはだ疑問が生じてしまいます。

もっと分かりやすい例でいうと、結婚をするにあたって「愛情とお金と、どちらが大切か」というと、「両方とも欠かせない」としか言えません。ちょうどこれと同じ理屈です。「愛情さえあればお金などなくても幸せ」なのかというと、これは完全に間違っています。一定額の収入がないと経済的にたちまちに困窮するのは当然のことですから、甘い理想など一発で崩壊してしまいます。例えば、定職につかずにぶらぶらしている亭主などを持ってしまうと、大変なことになります。

では逆に、「お金さえあれば愛情などなくても結婚生活は幸せなのかと」いうと、これもまた非常に厳しいものがあります。「金はあるが愛がない」という悩みを抱えている人はたくさんいます。私の寺にも結構な数のいわゆる「社長さん」が参拝されますが、家庭内においても「社長さん」であるケースがかなりあり、社長さんは人を見たら「敵か味方か」で判断し、味方の場合は次に「使えるやつか使えないやつか」で判断してしまう傾向があります。この基準を家庭内に持ち込んでしまうと大変なことになります。要は二つの要素とも必須であるという結論しかありません。理想も現実もどちらも大事であり、両方そろってはじめて完全なものになるのでしょう。

（佐々木琳慧）

一物に於て迷悟に随って煩悩と云い　また菩提と云う　是れ異体の物にあらず（異本即身義三／同五）

【一つの物事に対して、迷っている、悟っていると論議するが、その本質は別々の物事ではない】

◉迷いの心とは　煩悩とはいったい何でありましょうか。それは全ての苦しみのもとされ、全部で百八あると説かれています。除夜の鐘と同じ数であり、年末に鐘をつくのはその煩悩を取り除き、新年がより良く幸せな年となるように願いを込めているのです。

煩悩には「貪・瞋・痴」の三毒があげられます。まず「貪」とは、むさぼる心です。人は物を欲しいと思うと一つだけでは満足できずに、もっと欲しいもっと欲しいと思ってしまうのです。ある人はお金であったり、またある人は宝石であったり名誉であったり、ひとそれぞれなのです。その欲望は果てしのないものなので、全てその物に心が執着することが原因なのです。

次に「瞋」とは、怒ることをさします。人には感情があり、どうしても気に入らないことがあると他人にひどく怒ったりします。ただ怒りの感情に振り回されてしまいますと自分自身でおさえられなくなり、人の心を傷つけるほどののしったり、最後には暴力ふるったりしてしまいます。

そして「痴」とは、智慧の無い愚かなことをさします。自分の少ない経験の中でかたよった考えをもち、この世の真理を理解しようとせず、社会に迷惑をかけるようなことをしてしまうのです。

このように煩悩はとてもやっかいなものでありますが、簡単に「悪しきもの」と決めつけるべきではないと思います。

私達人間には身体が必要ですし、生きていくためには色々なものが必要です。ですから欲がうまれ、煩悩にとらわれやすいのかもしれません。ですが、それらに執着し満たされないことから、ひとは悩み苦しむのです。

この世をありのままに見て、あらゆるものに執着し過ぎることなくいつも心を穏やかに、自分だけ良くなるのではなくこの世が良くなるよう生きてゆくことが、私達が仏となれる道だと思うのです。

（木藤清明）

滅罪生善

一《ひと》たび見　一たび礼するものは罪を消し福を積む（付法伝第二）

【マンダラをわずかに見たり、礼拝したりするだけで罪が消され、福徳を積むことができる】

◉マンダラを拝む　罪多き我々にとって何とありがたいお大師さまのお言葉でしょう。曼荼羅を一目拝むだけで罪が消え福が増されるのです。

高野山大伽藍の金堂に入ると左右の壁に大きな曼荼羅がお祀りされています。正面に向かって左にあるのが金剛界曼荼羅、右にあるのが胎蔵曼荼羅です。

金剛界曼荼羅は九会曼荼羅ともいい、九枚の絵が一つにまとめられています。中心の仏さまは金剛界の大日如来さま。金剛とはダイヤモンドのような堅固なもののことで、全く壊れない仏さまの智の世界を表しています。仏さまの智とはすなわち菩提心です。

胎蔵曼荼羅は真ん中が赤く描かれた一枚の大きな絵です。中心の仏さまは胎蔵界の大日如来さま。胎蔵とは母体が抱く慈悲のことで、慈しみに溢れた理の世界を表しています。これはすなわち大悲心です。この二つの心を見て取れる曼荼羅を拝ませていただくと、仏教教理の根幹をなす「菩提心を因とし大悲を根とし方便を究竟とする（菩提心大悲心からの行動こそが究極である）」という三句の法門が思い出されます。ここに表されているように私たちは普段の生活の中においても自分勝手な振舞いではなく、仏さまの知恵や慈悲心に基づいた行動をとるべきなのです。

曼荼羅は単なる仏画ではありません。真剣に向き合えば仏さまの様々な教えをいただけます。その教えを実践することで罪を滅し徳を積むことができる、これこそがお大師さまのお言葉の真意でしょう。「一たび見一たび礼するものは云々」と云われますが、本当に曼荼羅を一度見ただけでおかげをいただけるのかと不安になります。仏さまの大悲心により済って下さるでしょうが、私達には心の底からお参りさせて戴くという真摯な心構えは欠かせません。

高野山へお越しの折には伽藍金堂の曼荼羅をごゆっくりとお参りください。もっと近くで真正面からお参りしたいのであれば、毎年春と秋に開かれる結縁灌頂《けちえんかんじょう》をお受けになることをお勧めいたします。仏さまとご縁が結ばれる儀式の中で拝む曼荼羅はとても有り難く、なお一層滅罪生善のお徳をいただけることでしょう。

（亀山伯仁）

一仏の名号を称して無量の重罪を消し　一字の真言を讃して無辺の功徳を獲《う》（宝鑰第四）

【仏の名前を呼んで無数の罪を消し、一字の真言を唱えて無量の功徳を得る】

◉〝ありがとうの水〟を集め、真言をお唱えしましょう　お勤めの最初の所で「我昔《がしやく》所造諸悪業《しょぞうしょあくごう》　皆由無始貪瞋痴《かいゆむしとんじんち》　従身口意之所生《じゅうしんくいししょしょう》　一切我今皆懺悔《いっさいがこんかいさんげ》」（華厳経）とあります。私は過去に諸々の悪い行いをしました、それは貪《むさぼ》り＝果てのない欲、瞋《いか》り＝キレる・怒る事、痴《ち》＝無知・愚かさであります。身と口と心から生じた行為・行動を今、反省し懺悔いたします、という意味です。

人は誰しも社会生活をし、生きて行く上で故意であったり過失であったり、様々な何らかの罪を犯す生き物です。極端な例では「不殺生」＝命あるものを殺さないことは一日として守ることは出来ません。何故なら私達は毎日、鶏や豚・牛、お野菜や木の実など何らかの命を頂いてこそ身体を維持できているからです。

ここで大切な事は自分の犯した罪に気付くこと、そして後悔の念を強く持つことです。後悔の念は煩悩を取り除く力になります。さらに、人から「ありがとう」と感謝の言葉がもらえる行動です。私は仏様を拝む時に「ごめんなさい」「申し訳ございませんでした」「すみませんでした」「大変失礼致しました」「二度と起こしません」と思いつく限りの懺悔の言葉を唱え、これまでの自分の行いを反省し、次に「ありがとうございます」「感謝しております」と今、生活させて頂けているお礼を述べています。

お釈迦様が罪について弟子たちに質問をした「手の平一杯の塩」の逸話があります。お釈迦様は「この手の平一杯の塩をお茶椀に入れた水は飲めますか？」と弟子に聞きます。弟子は「塩辛くて飲めません」と答えました。続けてお釈迦様は「この手の平一杯の塩をガンジス川に入れた水は飲めますか？」と聞きます。弟子「飲めます」お釈迦様は「水という善の行為が罪を薄めることが出来るのです」と説きました。お大師様は「懺悔して、速やかに悪い繋がりを断ち、仏の戒めを守ることが悟りの道に進むことになる」、その上で「真理を表す仏の名前を称え、真理の梵字（真言）を唱えることで罪が消え、多くの功徳が得られる」と説いています。皆様もありがとうの水を集め、真言をお唱えしませんか。

（吉森公昭）

懺悔の力をもって速に不善の綱を絶ち　諸人受戒の功徳をもって早く菩提の路に趣《おもむ》かん（大日経開題　降崇）

【懺悔をして速やかに悪の道から離れ、仏の戒めを受けて早く悟りの道へ入る】

◉慚愧の心と懺悔の意　世の中、後ろ指さされて嬉しい人はいるのでしょうか。善意、善語、善行、善人と見られて嬉しそうに喜ぶのは、みな本来仏の種子を具有している証拠といえます。貪瞋痴の不善により、悪業の網に引っかかり、因果の連鎖で、いつまでも輪廻生死の苦海で浮き沈みを繰り返すわけです。仏が衆生に差し伸べた救いの手がありました。それは、慚愧《ざんき》（梵語 hry-apatrapa）と懺悔です。王法を犯すほどでなくても、自らをかえりみて恥ずかしく思うのは「慚《ざん》」（梵語 hrī）で、人に対し恥ずかしく申し訳なく思うのは「愧」です。「懺悔《ざんげ》」の懺は「懺摩《さんま》」（梵語 ksama の音写）で、「懺」と、失敗や過ちを悔しく思い改めたい意の「悔」との組み合わせです。心の奥底からの懺悔によって善の心に満ち救われるのです。

『易経』（天地否九五）にも「休否、大人吉」とあります。否（小人《しょうじん》の道）を休止せよ、大人《たいじん》の道こそ吉祥だというのです。善悪正邪の邪悪は、安否の否と同じです。悪の道は必ず八方塞がりになり、仏の道では安泰安楽を得られます。違法ほどでない微細な悪でも、善悪をわきまえるようにし、自らの身口意業の不善を戒めるべきです。不善の網から脱出しなければ、いずれ世間でいう不運に見舞われます。悩み苦しみ、八方塞がり、不安や恐怖など不愉快な顕在感情は心身に繋がり、体調不良にもなりかねないです。医師に診てもらえば解決することもあります。順調時は、不善を認めず懺悔もしないのですが、不運時は、心を閉ざしひとりで抱え込み悩み苦しむ場合も少なくありません。肉眼では認識しかねますが、関連しあう不善の連鎖や網・ネットワークを断ち、菩提の道へと進むべきです。

懺悔は仏法の救いのクスリの一種で、実践することは、苦から解脱するための大切な第一歩です。仏の智慧を学び、現世や無始以来の過去の身語意の業を発露懺悔することを心の習慣にすれば、不運を人や事物などのせいにしなくなるはずです。自心のメンテナンスと修正に「懺悔」を取り入れたいものです。

（松本堯有）

三宝の宝号　これを聞けば業除く（性霊集八　林学生先考妣）

【仏・法・僧の尊号を聞けば煩悩が除かれる】

◉帰依三宝　これは「林学生、先考妣《せんこうひ》の忌日に仏を造り僧に飯《はん》する願文」の中の一句です。先考とは亡父、先妣《せんぴ》とは亡母のことです。林学生は百済の聖明王の末裔と伝えられる渡来人ですが、どのような人物であったかについてはまったく分かっていません。亡き父母の忌日に阿弥陀仏像一軀と『法華経』二部を奉納し、伽藍修理のために料米三十斛《こく》を施入していることを鑑みれば、とても信心深い人物だったのでしょう。

仏教では「仏（教主としての仏陀）」と「法（その教え）」と「僧（出家者の集団である僧伽《さんが》）」を宝に譬えて三宝と称し、この三宝に帰依することを義務付けています。「仏に帰依し奉る（ブッダン　サラナン　ガッチャーミ）」「法に帰依し奉る（ダンマン　サラナン　ガッチャーミ）」「僧に帰依し奉る（サンガン　サラナン　ガッチャーミ）」という三帰依文は、お釈迦様の時代より唱えられており、今日においても世界中の仏教徒によって誦持されているため、ご存じの方も多いことでしょう。

もっとも、私たち日本人にとっては、聖徳太子の「十七条憲法」第二条「篤《あつ》く三宝を敬え。三宝は仏法僧なり」の方が、はるかに聞き慣れた文言なのではないでしょうか。ここにおいて三宝は、「四生の終帰」にして「万国の極宗」とされており、生きとし生けるものすべてが帰依すべきものであり、すべての国において究極の拠りどころとすべきものであると位置付けられています。

ならば、どうして三宝をそこまで重視する必要があるのでしょうか。この疑問に関しては、諸経論に多種多様な解説が施されています。中でも私が着目しているのが、『大毘婆沙論《だいびばしやろん》』巻三十の「病者あり。まず良医を訪ね、次に妙薬を求め、後に看者を覓《さが》す」として、衆生を「病者」、仏を「良医」、法を「妙薬」、僧を「看者（看護者）」に譬える解説です。人は病を患うと医師に診てもらい（帰依仏）、薬を処方してもらいます（帰依法）。しかし、薬を入手したところで、実質的に病人の療養を手助けするのは看護に携わる人々です（帰依僧）。すなわち、「良医」「妙薬」「看者」のひとつが欠けても、「病者」の回復はままならないと言うのです。三宝の役割が、極めて的確に表現された秀逸な比喩だと思います。

（愛宕邦康）

もし人　眼に視　身に持し　心に尊べば無量の罪を滅して無尽の福を生ず

（雑問答二二）

【本心を見たり、真理を保ったり、それを尊敬したりすれば、あらゆる罪を消して無量の福徳を生む】

◉**一日一善**　昔から一日一善、一日のうちに一つ善いことをしましょう、と言われたことはないでしょうか。これが元々は、仏教の六波羅蜜に繋がることはあまり知られていません。実は繋がっているのです。一日のうちに一つでいいから何か善いことをして、それを繰り返すことで徳を積み、成仏しましょうということだと認識いただいてもいいと思います。

外国人からは、日本で親切にしてもらったというお話は枚挙にいとまがありません。一日一善ということばそのものより、人には親切にしましょうという風習が古くから日本の文化として根付いていることが見て取れます。おもてなしや四国のお接待などもそうした気持ちから行われていることだと思われます。

仏教では、今現在犯す罪以外に、前世で、いやもっと前から犯してきた罪があると説かれています。キリスト教においても原罪という言葉を聞いたことがあるかもしれません。自分が知らずに犯す罪、自分が知っていて犯す罪、そうした罪が原因となって、報いが来ると言われています。これが因果応報という言葉の元です。でも、因果応報は善いことに対しても使われます。善い行いには良い報いが訪れます。

ところで、犯した罪は罰を受ける以外になくならないのでしょうか。ある意味、日々の暮らしの中でおこる苦しみが罰なのかもしれません。

そうした生活の中で、心を豊かにして罪を消していくことが、一日一善ではないでしょうか。ほんのちょっと優しくするだけで、親切にするだけで、自分も相手も温かな気持ちになります。これこそが、ＷＩＮ－ＷＩＮの関係なのではないでしょうか。そうした関係を沢山作っていけば、心の豊かさに満ちた生活に近づいていけるのではないかと思います。それを積み重ねることで、いつしか罪も消えていくのかも知れません。どうか、日々の暮らしでちょっとした優しさを心がけてみて下さい。

（中村光観）

一味平等

もしこの真言の密義を得れば　一切の法教みな悉く平等平等なり（十住心第八）

【真言の深い意味が会得できれば、すべての教えは平等であることを知る】

◉**目覚めの朝**　真言とは真実の言葉、つまり仏の言葉そのものです。その深い意味とは一体何でしょうか。それは、仏の「心そのもの」ではないでしょうか。

昔、インドの八大聖地を巡る旅にでかけたことがございます。帰国の日が近づいたある日、釈尊が悟りを開かれたブッタガヤを訪れました。早朝まだ薄暗いうちから「天竺菩提樹」のもとに大勢の人々が集まっていました。黄色やオレンジ色の袈裟をつけた僧侶たちや、ローソクの灯火《ともしび》を手にした人々が真言を唱えながら祈りをささげていました。やがて東の空がだんだんと明るくなりはじめると、祈りに合わせて今度は鳥たちのさえずりが聞こえてきました。仏陀《ブッダ》の「目覚めの朝」を歓喜し、すべてが一体となる荘厳な瞬間が訪れました。

真言の深い意味とは、そこに秘められた「真実」とは何でしょうか。「本来すべてのものが平等である」、その大切なことを教えてくれているように感じます。なぜなら、この深い意味を知らないために根本煩悩である無明によって自分と他人を比較し、両者の間に高い壁や深い溝を作り出し、差別や執着によって自ら苦しみの世界を作り出しているからです。

仏の心とは何でしょうか。それは大空のように大きくて広くて豊かな心、生きとし生けるものすべてを救いたいと願う大慈悲の心です。私たちの心の中心にはそうした仏のような「おもいやりの心」があります。そのことに気づくことが「覚り」で、さらに修行によって開花させることが「悟り」ではないでしょうか。

誰もが貴賤・男女・人種の別などによって差別を受けてはならない、平等でひとしく尊い存在です。しかし、悲しいことに根本煩悩である無明によって執着や差別を引き起こし、自ら苦しみの世界を作り出しているように感じます。

真言には不思議な力が秘められています。それはまるで太陽の光のようにすべてを照らします。長い夜の後、静かに夜が明けていきます。そして、この地上に生きるものみんなに「おはよう、目覚めの朝ですよ」と声をかけてくれます。

（雨宮光啓）

一平等の心より普《あまね》く一切の本尊を現ず（十住心第十）

【平等の心になれば本尊が現れる】

◉鬼子母神はどうして子育ての守り神になったのか　鬼子母神には一万の子どもがいて、特に末っ子を可愛がっていました。鬼子母神は凶暴で人間の子どもを殺して食べていました。人々は恐怖に怯えて苦しみ、子どもが心配で外で遊ばせられなくなりました。困り果てた母親たちはお釈迦さまに相談に行きました。

お釈迦さまは人々の訴えを聞き、一計を案じて鬼子母神が留守をしている隙に鬼子母神が一番可愛がっている末っ子を捕まえて鉢の中に隠してしまいました。可愛がっていた末っ子がいなくなった鬼子母神は怒り狂って探し回りましたが、どこにも見つからず悲しみに暮れました。鬼子母神は、お釈迦さまなら何でも知っていると聞き、「私の子どもがどこにいるか教えてください」と涙ながらにお願いしました。

お釈迦さまは「お前には一万の子どもがいるではないか。たった一人の子どもがいなくなっただけで何をそんなに悲しんでいるのだ。世間の子どもは一人か数人しかいない。それなのにお前は人の子を食べてしまうではないか。お前が食べてしまった子どもの母親はどのような悲しみの中にいるのか分かるのか」と鬼子母神を戒めました。鬼子母神は「末っ子が戻ってくるなら、決して人の子どもを食べたりしません」と涙ながらに誓いました。すると、お釈迦さまは鬼子母神に末っ子が鉢の中にいるところを見せましたが、鬼子母神にはどうしても末っ子を取り返すことができませんでした。鬼子母神はお釈迦さまに「戒を守り、生涯人の子を殺さない」ことを誓い、末っ子を返してもらうことができました。以後、鬼子母神はお釈迦さまの弟子として戒を守り、子育ての神となりました。

わが子に対する母親の愛情はことさらに強いものですが、鬼子母神は「自分の子どもだけが特別だ」と思い込んでいました。人を思いやる心がないと、「わが子さえよければ」というエゴイズムに陥り人を傷つけたり、不愉快にしたりしてしまうことがあります。でも、自分の子どもも人の子どもも平等であると分かったとき、鬼子母神は子育ての神となりました。一つの平等の心から尽きることのない神仏を生み出すのです。

（中村一善）

一味平等

三等の理　彼此異なること無く　五智の覚　人我同じく得たり（大日経開題法界）

【私と仏と衆生は平等である。しかも仏の様々な智慧をそれぞれに保有している】

◉食う食われるの関係から離れた「平等」　真言宗を本当に信仰している人は、すべてお大師さまとつながっています。お大師さまとつながっているということは、祖師が帰依された神仏ともつながっています。お大師さまが「私と仏と衆生は平等」と述べられたことには、適切な信仰を通して生活をすれば、三者の連関が強化され、三宝具足することをお伝えされています。

たえまなく移ろいゆく現象界と如来のおわす浄らかな法界に至るまでの間隙の道には、両者が相互に関係しあったところに形作られる垣根に色とりどりの真理の花が咲きます。その向こうには現世の生活からは断絶された法性の世界がどこまでも広がっているのです。

真言宗の祈禱法のひとつにお護摩があります。お護摩では護摩釜を用いてご真言をお唱えしながら護摩木を始め、さまざまな妙供を火天の口に差し入れていきます。火天の口にお供えをすることにより、直接ご本尊（たとえば不動明王）にお供えをすることができるため、即効性のある祈禱法とされるのです。このとき、修法する僧侶（行者）の身体と心、そして火天の口は平等とされます。さらには、行者とつながる信者もまた、平等とされ、すぐにご利益がいただけるのです。次々とお供えをお召し上がりになる火天さまを通じて、曼荼羅の仏にご供養ができるこの修法は、行者の立場からはもっとも三平等が実感できます。

仏さまはたくさんのお供物と行者の奉仕に満足されます。また、行者は修法後、肌がつるつるになったり、筋肉が柔らかくなるなど、たいへん浄らかになります。信者さまはもちろんご利益を受けられます。正しい方法で行いさえすれば、食うか食われるかの関係ではなく、三者が気づきを得て、より軽やかに生きられる土壌をつくります。「平等」とはすべてが平面上に同じようにあって成り立つわけではないということがわかるでしょう。

（佐藤妙泉）

一味平等

大海の水は広しと雖も　同じく鹹《かん》にして倶《とも》に一味（宗秘論）

【海の水は広大であるが、どこも同じ塩の味である】

◉幸せになろう！　人生において表現の仕方は人それぞれで違っても、究極の目標は必ず同じと私は思っております。「幸せになる」、これこそがこの世において最も崇高であり究極であることには誰も異論はないはずです。

すべての人は「幸せになる」という目標に向かって行動をします。それも自分だけの幸せでなく、他の人、他の生き物とも共に感じ合える幸せに向かってです。人は本能的に自分だけの幸せを求めません。それは、社会性を持った生き物だからです。相対的な関係性を常に志向するからです。簡単な言葉で表現するなら、「寂しがりや」ということかもしれません。

本当の幸せとは、人が人を思いやり、その中で助け合って生きていくことです。ただ、状況によっては他を生かすためにだれかが犠牲を強いられることもあるかもしれません。でも、それも全ての生き物が生きていく上で必要なことです。

一つ大事な例えがあります。それは食事という行為です。実は食事をして元気になるという行為は、同時に他の生き物を殺めるという行為でもあります。殺めるという行為は、単に殺めるだけでは決して許される行為ではありません。これには通常恨みや妬み、怒りや快楽という負のエネルギーが伴うからです。しかし、この世において生きていくためには、この殺めるという行為も必ず必要となります。ですので、この世の事象を根本的に理解する、そして体得するには全ての物事には両面性があるという真理をまずは知る必要があります。そして、この真理がしっかり理解できてくると、次に生まれてくる気持ちは「感謝」です。だからこそ私たちは私たちのために犠牲となってくださる一つの食物との出会いをなかなか出会えないものとして有難く感じ取り、そして「有難う」と一抹の悲しみを抱きつつ心からの感謝をし、感謝をすることで殺めるという行為は生き物としての根本的な行為の一つとして昇華されるのです。

私はこの真理をしっかり心にとどめながら互いに助け合って生きていくことが本当の意味での幸せの体得へつながるものと思っております。幸せという一味は皆に平等でなければいけません。


（山本海史）

体と相と既に同じく然なり　真と俗と何の異かあるや（宗秘論）

【本体とその形は同じ根底にある。真と俗の根源も同じである】

◉地獄と極楽　寺子屋の活動として毎年十一月に「世界遺産 町石道」を歩いています。十五年以上続けてきました。初期に参加していた子供が、今や親となって自分の子供を連れて歩いています。麓の慈尊院から七時間かかります。子供たちを連れて行っている体ですが、現実は子供たちに引っ張ってもらっているのが実情です。大門に到着した時の感動は何回味わっても薄れることはありません。仏さまのお山に抱かれて必死に山道を歩き、冷え込む厳しさのなか奥之院水行場にて水行を行い、心身を清め至心にお大師さまの御廟前に掌を合わせると、生命が生き生きと生き返ります。

毎年、幼稚園児から七十代までの老若男女三十名前後が参加します。特に今回は全盲の方（七十代男性）が参加されました。全行程の三分の一を歩かれ、水行にも挑戦されました。本当に前向きな方で、たくさん学ばせていただきました。

幼稚園児の男の子三人も全行程を歩き通し、水行も頑張りました。そのうちの一人がお土産に高野山で選んだ一冊の本が諸橋精光『地獄極楽 絵本』（二〇一四年・小学館）です。悩みを抱える絵が上手な小僧さんが、夢の中でお地蔵さまに連れられて「地獄」を巡る物語。死んでから生まれ変わるまでの中間の世界を旅します。作者は仏教説話を中心とした絵本や紙芝居を手掛ける真言密教寺院住職で、この絵本の制作には九年の歳月を費やしたそうです。少しだけのぞいてみましょう。

「ほんとうのみ仏を描きたいと思うのなら、おまえはまず人間の心の真実の姿を見なければならぬ」「み仏とは人間の苦しみ、みにくさをすべて包み込んでおられる方なのだから」「地獄にこそ人間のほんとうの姿があらわれている」「お地蔵さま、では、ほんとうの安らぎの世界というのはないのでしょうか」「欲望の火と智慧の光明はじつは別々のものではない、ひとつながりのものなのだよ」……。

帰りのバスの中でお母さんがこの本を見せてくれました。幼稚園の子供がお菓子やキーホルダーより先に、この本を一番に選んだことに驚きました。全盲の方は来年も挑戦したいとおっしゃっています。仏さまが色んな姿に身を変えて大切なことを教えてくださっています。

（阿形國明）

本真源に達すれば　罪と福と元より主なし（宗秘論）

【真理の根本に立てば、罪悪と福徳に区別はない】

◉悪を善に　善と悪は両極端のように思われますが、そうではないのかもしれません。例えば、人を懲らしめようと悪い心で臨んでも、相手はそうとは受け取らずに、自分への試練を与えてくれたと解釈されることもあります。逆に相手に良かれと思って行ったことが、相手にとっては有難迷惑に受け取られてしまい、結果的に悪として受け止められてしまう。

ここで何が言えるかと申しますと、どのような事象も、受け取り方次第であるということです。罪悪であっても、解釈次第では福徳に代わりますし、福徳が罪悪になることも十分あり得るのです。私たちからすれば、金銭的に裕福な方はどれほど幸せかと思ってしまいます。しかし裕福に見えていても、その裏では資産管理や常に経済力を失うことへの恐怖と向き合わなければいけません。金銭的に貧しくても、慎ましくとも、それがむしろ幸せな生活であったりもするのです。もちろん裕福を謳歌できる人もいますし、金銭的な貧しさに絶望感しか感じることも出来ない人もいるのです。

結局のところ、物事の状況よりも、受け取る側の受け取り方次第だと言えます。さらには、受け取る側が必要とするものをしっかりと理解して提供しなければいけないということでもあります。となると、お大師さまが仰せられますように、「罪悪と福徳に区別はない」といえるのは、相手のことをよく理解した上だということなのです。

私も教師になりたての頃は、「教えている」という自分に酔って、与えている気分になっていたと思います。でも、当時を振り返りどれだけ受け止めてくれたかと考えると、多分一方通行だったなと反省いたします。良いことをしたつもりでも、生徒たちの心には響かなかっただろうと思いますし、これだけのことをしているのに……といった一方的な押しつけをしておいて、勝手に腹を立てている時もありました。最近は生徒の表情や抱える状況などから、受け取る生徒の気持ちを考えながら指導するように心がけております。

同じ指導内容でも、出来るだけ罪にならず、生徒にとって福となるように。

（富田向真）

医眼の観《み》るところ百毒薬と変じ　仏慧の照らすところ衆生即ち仏なり　衆生の躰性　諸仏の法界　本来一味にしてすべて差別なし（平城灌頂文）

【医者が見れば毒は薬となる。仏の智慧で見れば衆生は仏である。もともと衆生と諸仏の世界は一つであり、差別がないからである】

◉我インド民衆の奴隷たらん　インド仏教指導者の佐々井秀嶺上人は、在インド五十年、カースト制度により非情なる差別を受けてきた人々と寝食を共にし、その人々の社会的地位の向上のため、その身一つをもって今も全力で奮闘されています。

佐々井上人がよく言われる言葉に、「僧侶はブッダの下僕、衆生の奴隷」というのがあります。カースト制度に立ち向かう人々の中にあって、「下僕」とか「奴隷」という言葉は苛烈に過ぎるのではないかと思い、その意味を聞いたことがあります。「あの人たちはこれまで奴隷以下の扱いを受けてきたんだ。これからは私がその人たちの奴隷となって、手足となって働かせていただこうと決心したんだ」と。卑下するのではなく、人々の中にあって人々の苦しみに寄り添い、その人々のさらに下からの目線で活動されているのです。インド仏教徒の最高指導者と目され、多くの民衆に慕われる佐々井上人ですが、その目線は「最底辺の底の底の底」に住し、共に苦しみ、共に悩み共に笑うことを実践しておられます。

仏の智慧の眼から見れば衆生はみな仏といいますが、その智慧の眼はどこからの視線でしょうか。そんなことを思いました。お釈迦さまは墓場に打ち捨てられた汚れた古きれを縫い合わせた衣をまとい、裸足で食を乞い歩かれました。これは当時のインドで新しい布を着ることが許されず、食物を作ることも買うことも許されなかった人々と同じ姿でした。仮名乞児の姿で山野を巡ったお大師さまも、都から隔絶された辺境に暮らす人々に同化して、仏慧を開かれたのではないでしょうか。

一味平等の慧眼は、世界中のあらゆる境遇にある人と共にあります。「だれ一人取り残さない」（ＳＤＧｓの理念にもなっています）、持続可能な世界を構築するためにも大切な認識です。厳しいことですが、ブッダの下僕たる私たちもその実践を忘れてはいけないと思います。

（佐伯隆快）

是非同じく説法なり　人我《にんが》倶《とも》に消亡す（性霊集一　山に遊ぶ）

【肯定も否定も、善も悪も、すべて仏の説法《しょうぼう》であり、自他の区別はない】

◉蚊帳のソト？　この世で人を一番悩ませるものは人間関係だという人は多いと思います。他人の欠点をあれこれ言うのは大得意、そのくせ自分には大甘のアマ。まさに「人に厳しく、自分に優しく」、なぜあの人はあんなことを言ったりするのだろう、なんてため息をつくことはありませんか。いや、かく言う私もため息をつかれているのかもしれませんが。それでもこの社会に生きている以上、嫌な人とも付き合っていかなければなりません。どうしたらうまくやっていけるのでしょうか。

さて、蚊帳と言いますと、ある程度の年代より下の方にはキョトンとされそうです。現代の家は気密性の高さが重要視されますが、古くから日本の建築は風通しの良い構造が当たり前でした。私はお寺に生まれましたが、小さい頃に住んでいた庫裏は築二百年以上の古い建物で、それこそ隙間や穴だらけでした。大雨が降れば雨漏りし、大風が吹けば土埃が落ちてくる。一番の問題は虫が平気で入ってくることでした。ムカデやハチとは毎日のように格闘していましたが、悩まされるのが蚊です。お寺の裏には墓地のある藪があり、夏になると、どこからともなく蚊がたくさん建物の中に入ってきます。さあ寝ようとするときに一匹でも蚊がブーンと来られると、ほとほと困ります。そんな時に役に立つのが蚊帳でした。

蚊帳は部屋の四隅にテントのように紐を張って、網の中に布団を敷いて寝ます。部屋に蚊がやってきても蚊帳の中にいれば安心。蚊帳の中に入る時は蚊がついてこないように急いで入ります。そんな蚊帳がなんだか秘密基地のようで、子供心に楽しかった記憶があります。

お大師さまは、この大宇宙に自他の区別はないと説かれました。楽しいことや苦しいこと、嬉しいことや悲しいこと、全てが私たちの内にあるものであり、外にあるものでもあります。いつまでも楽しいことは続かず、といって苦しいことが永遠に続くものでもありません。蚊帳の内も外も、家の内も外も、全ては大日如来さまの手のひらの中。時には秘密基地を飛び出して、冒険の世界に旅立ってみるのもいいかもしれない。そう考えると、少し気が晴れてくるような気がしませんか。

（曽我部大和）

物我《もつが》の諍《あらそ》い多きを混《こん》じて自他の不二を証す（性霊集七　僧寿勢先師忌）

【論争を一つにまとめれば、自他平等の教えが現れる】

◉こだわりを捨てる　寿勢という僧が、亡き師の命日に、供物を捧げて供養の法要を開催した際の願文（仏・菩薩願に願いや祈りを述べる文章）の一節です。この願文はお大師さまがお書きになりました。冒頭の一節は、寿勢の師の徳を称える言葉です。

冒頭にある「物我」という単語は、「もつが」とも「もちが」とも読み、他と自己のことをいいます。なお、ここにいう他には、「他の人（他者）」と「他の物」両方が含まれていて、他を「他の人」と考えた場合には、「他者と自分を区別せず、他者を自身のごとく大切にした慈悲深い人物であった」という意味になります。いっぽう、「他の物」と考えた場合には、「空《くう》の理論に基づいて、自分を含めたあらゆる存在について、対立の概念を超え、絶対的な平等の世界に到達した智慧の深い人物であった」ということになります。

前者はわかり易いと思いますが、後者は少し難しいので、説明を加えておきましょう。

われわれは、「私」を中心に物事を考えています。ですから、私にとって役に立つ物と、役立たない物が存在し、好きな物と嫌いな物も区別されます。しかしそれらは、「私」たる自分が勝手に決めつけている概念であって、一つ一つの物に本来、役立つ、役立たない、好き、嫌いといった性質はありません。自分にとって役立たない物であっても、他の人にはそれが役立つ場合もありますし、自分が嫌いでな物であっても、他の人はそれを好きなことだってあります。

そして、煩悩といわれる欲や怒りや無知は、そのような勝手な区別から生まれるものであり、区別した本人を、がんじがらめにして苦しめているのです。

そこで、「私にとって」というこだわりを捨ててしまえば、すべての人や物が平等で、それぞれがありのままに尊い、悟りの世界が目の前に開けるのです。まずは、嫌いな人、嫌いな物の良いところを見つけるようにしてみましょう。新たな発見によって、嫌いな人や嫌いな物が好きになり、毎日が楽しくなるに違いありません。

（川崎一洸）

乗載各別なりと雖も終《つい》に一味に帰す（性霊集八　弟子僧真体）

【修行方法は種々あるけれども、最後は大日如来に帰一する】

◉目的はひとつ　人にものを伝えるのに、全ての人を同じ言葉で納得させることはできません。説法とは、相手のセンスにより内容を変えなければならないのです。テレビを観ていると時折、失言をお詫びするシーンを見かけます。確かに一般的にはひどい言葉であっても、よくよく発言者の真意を探ってみると、その中には決して悪意はないものもあります。おそらく報道する者も視聴者もこれには気付いているはずです。発言者がよくお詫びして、その言葉の真意を伝えることが出来たならそれは許されるべきですがテレビは娯楽です。こんなものを面白がっていてはなりませんね。同じ言葉でも、ある人にとっては癒しとなり、ある人にとっては刃のようなものにもなり得るということをよくよく熟慮する機会と捉えるべきです。

同様に同じ経典の同じ文句でも、読む人によって解釈が異なるのは当然です。古来、学僧たちは経典の理解について様々に論議を戦わせてきました。それぞれが自らの解釈を主張して真言宗の中のみでさえ多くの学派が形成されました。密教では仏さまを拝む実践法を「事相」といいますが、これには実に百二十余もの流派があるといわれます。私は事相の師匠より「事相に間違いなし」と教えられました。各流それぞれ全く違う作法や解釈であっても、それぞれが正しく経典を理解した結果であるということです。だから自分の知識のみが正しいと思って簡単に他人を批判してはいけないのです。一つの流派を極めるためには、必ず他流の思想も見渡す必要があります。その様な研鑽の後に自分の流派にいま一度立ち返ると、改めてその主張がよく理解できるというものなのです。

誰でも自分が懸命に努力していることを批判されるのはいい気分のものではありません。自分が正しいと思っていることは他人にも理解して欲しいと誰もが思っています。もし周囲の人と意見の対立があった時は、自分の主張を通し切ろうとする前に、いちど冷静に他人の解釈を聞いてみましょう。自分の主張と反対の主張を受け入れるのには相当の覚悟が必要です。しかしそこで、自分の発想にはない、とても新鮮な気付きに出会うことがあるでしょう。

（大瀧清延）

一味平等

一味の海浩溔《こうきょう》として辺なし　不二の嶽岌嶫《きゅうごう》として頂《いただき》なし（性霊集八　弟子僧真体）

【すべてが平等であるという大日如来の世界は、海のように広く深い。その悟りは、山岳のように高く果てしなく聳えている】

◉現実にそこに立ち、触れられる世界　広がる水平線と海の深さ。天高く雲を突く高さ。大日如来のさとりの姿はまさに海のごとく、山のごとくと説かれます。

どの川の水も雨水も分け隔てなく海にひとつになることから、あらゆる仏教思想や修行者の歴史が最終的には大日如来の世界（一味の海）にたどりつくようなものです。またあらゆるさとりの智慧も個別にそびえ立っているように見えても、根底は一体であり、やはり大日如来の智慧（不二の山）のようだといいます。

海と山。横と竪の世界を連想しますが、深奥なる智慧を説きあらわすのに弘法大師は随所に横竪《おうしゅ》の立体的な世界を提示しています。その世界はまるでどこにでも入口があるように感じられるのです。海や山だけではありません。風や土、草花や鳥などあらゆるいのちもまた大日如来のさとりの声であり姿である。そう弘法大師はいいます。

ひんやりとした海に入る。波の音に耳を澄ます。山に入り、虫や草花の息吹を感じる。風が体をなでるように通りすぎてゆく。自然の中での体験は、私たちが実際に感じることのできる現象・現実世界ですが、同時に真言密教では法身大日如来が説法している真理の世界でもある、ととらえます。

つまり現象・現実世界を離れて真実の世界はないととらえるのです（このことは法身説法や果分可説という言い方もあります）。あらゆるいのち（衆生）が現実に苦から楽へと導かれ仏となること。弘法大師の教えは果てしない一方で現実的でもあるのです。

多様性の時代といわれる現代は、ともすれば迷い多き時代でもあります。世界に存在するあらゆるものに価値を見出しながら、「一味の海」「不二の山」として本質を見極める思想を持つことがますます大切だと思います。そして現実に体験し触れられるものにこそ真理の姿があるとする真言密教の視点を持つとき、深い真理の世界に入るきっかけとなることと思います。

（伊藤聖健）

自身他身は一如と与《とも》んじて平等なり　これを覚る者は常に五智の台《うてな》に遊び　これに迷う者は毎《つね》に三界の泥《おでい》に沈む（性霊集九　高野建立）

【自他という区別のない平等が真理である。平等を悟る者は仏の蓮華世界に遊び、真理に迷う者は苦しみの泥沼に沈む】

◉平等墓所　最近、墓マイラーという言葉を耳にします。歴史上の人物や著名人のお墓を巡ることを趣味とし、故人の足跡に思いをはせる人をこう呼ぶそうです。この話を聞いた時、格好の場所を思い出しました。

高野山、奥の院には多くの歴史上の人物のお墓があります。お大師さまへの信仰と共に、古くから高野山への納骨の風習はあったそうですが、江戸時代、徳川家がここを菩提所と定めてから、これに倣い日本中の大名がこぞって高野山に墓を建立したことから、奥の院への参道の両脇は有名武将、有名大名の墓が林立しています。

しかし、ある不安が心をよぎります。この世で敵対した武将が、あの世で同じ墓所に眠っても争いは起きないのでしょうか？　この墓所には、川中島の戦いで有名な武田信玄と上杉謙信が共に眠っています。また信玄の子勝頼と、彼を滅ぼした織田信長も。

しかし、杉木立の中に佇むお墓を見ると、不思議と心が安らぎ、私の心配が杞憂であるかのようにも思えます。この世での恩讐など何もなかったかのように、誰もが静かに眠っているように思えます。高野山でお大師さまの懐に入って眠る時、全てはリセットされ、平らにならされ、恨みも憎しみもない関係になるのだと思います。

さて翻ってこの世では、それを実践するのは、なかなか難しいものがあります。人は自分と違う考え、行動を本能的に排除しがちです。違うということを恐れてしまうからだと思います。ですが、あなたが恐れる他との違いは、それほど大きなものなのでしょうか？　信玄も謙信も、信長と勝頼も、かつて互いに相容れぬ、大きな違いによって激しく争いましたが、今となっては笑い話と、仲良く高野山に眠っています。

この世に目くじらを立てる程の違いはなく、同じで大した違いはないのです。許しましょう。認めましょう。あの世へ行く前に、この世でも。

（穐月隆彦）

三界は吾が子なりというは大覚の師吼　四海は兄弟なりというは将聖の美談なり（性霊集十　種智院式）

【すべての人々はわが子であると釈尊は語り、世界はみな兄弟であると孔子は述べた】

◉袖振り合うも〝和合〟の縁　寄せては返す波のように収まらないコロナ禍で、離れて暮らす本当の「親子兄弟」に会えない日々が続き、また誰もが立場の違いによる不平等を感じる状況下で、果たしてこの名言はどんな智慧を与えてくれるのでしょうか。

「一味」というと、悪だくみをしている集団のように聞こえますが、「一味」は仏教用語で、川から注ぐ大海の味はどこでも同じように、同一で平等無差別であるという教えで、この名言はすべての人は平等に大切な存在であるということです。この本の基となっている名言集を編纂された近藤堯寛師がこの名言に「一味平等」という表題をつけられたことにより今、我々が改めて考えるべき智慧が浮かび上がりました。

今の時代、「平等」であることは当たり前の権利となっていて、そこから新たに学ぶべきことはないように思えます。しかしそれは「一味」が忘れ去られて、「平等」だけが優先されひとり歩きしてきたからではないでしょうか。もしこれが「一味」になるための「平等」ならどうでしょう。一人ひとりが自らの平等を主張しあっていては、いつまでたっても「一味平等」になれません。

少し表現を変えてみましょう。「一味平等」と同意の仏教用語に「一味和合」ということばがあります。「平等」だと権利を勝ち取るというイメージが強くなりますが、「和合」だと相手に合わせるというイメージが強くなります。日本人が本来持つ「和」のこころが合わさり、それが世界に広がっていけば、お互いのこころが融和して相手のこころを思いやって行動できるステキな「一味」が完成するはずです。

先に述べたように、コロナ禍で家族の縁まで薄らぐほど多くの機会を奪ったこの時代に生まれた我々は不幸といえるのかもしれません。しかし先人もまた、多くの苦難を乗り越えて縁を結び、いのちをつないできたのです。今こそ「一味和合」の力が必要なときです。一人ひとりがすべての人に「仏ごころ」で接して「平等」を分かち合うとき、「仏縁」という強い絆で結ばれた人たちが助け合う、明るい未来がやってくるのではないでしょうか。

（中村光教）

覚如の日光晦暁《かいぎょう》なく　帰源の清流何ぞ派を別たん（拾遺雑集二一）

【悟りの境地には、太陽の日没も夜明けもなく、水源の清水も支流の濁流もない】

◉正負の法則　二〇二〇年より始まった新型コロナウイルス感染症はワクチンの接種や内服薬等の開発が進むにつれ、屋外でのマスク装着等も緩和されたりして、コロナ禍以前の日常を回復しようと世間は動き出しています。ただ新たな変異種などが発生して猛威を振るうかもしれませんので、今後も継続して感染を広めないよう努力していく必要があります。

そんななか、事ある毎にアルコールで消毒し、手洗いも行い、買い物など、店内に入ったり他人との接触が増える状況ではマスクを着用して過ごすということが習慣となりました。そして、ふと、新型コロナウイルス以外の感染症はどうなっているのだろうか気になり調べてみました。

先ず代表的な感染症と言えばインフルエンザです。定点と呼ばれる毎週全国約五千の医療機関から報告された数値で患者数が推計されるそうですが、例年ならば国内で推定約一千万人いると言われていますが、二〇二〇年秋から二〇二一年春にかけての厚生労働省の推計で一万四千人と発表されました。つまりは七百分の一未満という大幅な減少がみられ、例年感染者が増えるシーズンに流行することなく終わったそうです。これは調査が始まった一九九九年以降で初めてだそうです。

実はインフルエンザ以外の感染症に対しても、今季は流行と言える状況は生じていないということです。インフルエンザも例年多くの方が亡くなるほどの感染症ですが、何だか不思議な気持ちになりますが、新型コロナウイルスのおかげで減少していると言えます。

良い事が起きた後に何か悪い事が起きる法則である正負の法則、プラスマイナスの法則など言われることもありますが、それに似ているなと思います。裏を返せば悪いことの後には幸運が訪れるとも言えます。つまりはひとつの視点、目先のことに囚われていると見えなくなることが多々ありということでしょう。

善悪や幸不幸に拘り過ぎない様な視点でいることが大事であります。

（成松昇紀）

真心凝寂にして染浄を混じて同味なり（大日経開題　釈此）

【真実の心は静寂にして、清も濁も含む平等の世界である】

◉父の背中　令和を迎え、我が父は九十歳を手前にし、ますますご健勝の様子。この夏は『世界遺産吉野山・寺宝めぐり（九寺院）』を一日で達成する有様でございました。「しまった！　杖、忘れた！」と笑いながら、四十路ど真ん中の私と対等、もしくはそれ以上に元気溌剌と山歩きをする父の姿があり、そんな父は太平洋戦争の終焉は小学生でございました。道中、芋ハンコのように似ている親子での会話。時折「少年時代の思い出」について話しますが、父は昭和初期の日本の田舎で育った、やんちゃな話ばかりです。ここで普段の父から出てくる話は少年期の家族や友人たちと過ごした話がほとんどでございます。そんな父がごく稀に、戦時中・直後の混沌とした当時について話したことがございました。それらの話はショッキングな内容で、鮮明にその映像が頭に浮かぶぐらいの出来事でございました。

また私は講談師ということもあり、さまざまな方々とお話をさせていただく機会が多いのでございます。父ぐらいの年代の方々が話す戦時中・直後の話はどれもこれもが異様に鮮やかに、想像を超えるほどの混乱と残忍さを私の稚拙な脳裏に焼き付けていくのでございます。加え、中にはその当時、極秘とされた記録を写真や当時の直筆文書をこっそりと世代を超え、お持ちの方もいらっしゃいます。そしてそれらすべてが当時、彼らが血と汗を流し、心の中で叫んだ歴史の結晶でございます。彼らは私に静かにそれらを手渡します。そこには驚くほどの「悪・苦・濁」の数々。現在の私にはこれを超えるものは想像できず、まだ出会えておりません。

その全員が経験したであろう、老若男女関係のない戦争という残忍な日々。その中で人々の交流が生み出す、日常や魂を揺さぶる感動。今日父を含め、彼らが話す時の穏やかで静かな口調。

経典の中にございます内容は奥深きことではございますが、これらすべてが「仏のはたらき」として、ふとした瞬間私たちにその一編を見せているように私は感じております。

（伊藤貴臣）

もし人法二空を了して心に取捨なければ　凡聖善悪一如なり（一切経開題）

【人も存在も空であると悟れば、取得と放棄、凡人と聖人、善と悪という区別がなくなり、いずれも平等になる】

◉あいさつという布施行

寒い冬の朝の出来事です。高野山駅から極楽橋駅へ向かうケーブルカーで山を下り、南海高野線の電車に乗り換えて各駅停車に揺られていたときのことです。

いつものように山道を縫うように曲がりくねった線路を車輪が金属音を響かせながら進んでいきます。各駅で停まり入口のドアが開くと、暖まった電車内の空気が逃げ出て、代わりに冬の冷たい空気が一気に入り込みます。うつらうつらしていると身震いして起きてしまいますが、そんな眠気と寒さに耐えて揺られていきます。

程なくして橋本駅に到着します。通勤通学の多くの乗客が乗り込みます。農作業服に身を包んだお婆さんや、他にもそれぞれの目的を目指して乗車します。やがて最後に、十五歳程の少年が電車外側のドア付近のホームで立ち止まるのがわかりました。

すると、とても大きく元気な声で「おはよう！」というと、ひょいっと電車の中に身を乗り入れ、もう一度「おはよう」と声をかけるのです。すると、ドア付近で立ち話をしていた農作業姿のお婆さんが「あらぁ、元気やね〜。おはようさん！」とやさしくいたわるように声をかけ、少年はうなずきます。さらにつづけて一人一人の乗客にむかって「おはよう！」「おはよう！」と声をかけていきます。乗客のだれもが笑顔で「おはよう」と返します。ほどなくして私の番がきて、私は「おはようさん」と笑顔でお返しします。少年はぐるりと一廻りをして、とうとうすべての乗客と挨拶を交わしました。するとほんわかと温かな気持ちが湧いてきました。見知らぬ者同士だった電車内の人々の心が数珠玉のように結ばれ、輪となった気持ちが芽生えた気がしました。

どなたも、かすかに微笑みをたたえ、車輛全体が和やかな雰囲気となっているのです。本来はまったく縁の無かった電車内の者同士が、たった一人の少年の「おはよう」の挨拶によって、心と心がつながり、温かく優しい気持ちになっていたのでした。少年の「おはよう」は単なる挨拶のみならず、見知らぬ者同士をつなげる布施行の教えそのものだったのです。

（阿部真秀）

一切衆生の性と自性と無別なりと見れば　即ち一切処みな是れ仏なり（一切経開題）

【すべての衆生と真理とが別々ではないと見るならば、あらゆる場所が仏の世界となる】

◉争いの無い世を求めて　ロシアがウクライナへと侵攻を開始し、その戦況のニュースが日々新聞やテレビで大きく報じられています。テレビ越しに観るその映像は、遠い異国の出来事であることも相まって、まるで映画のワンシーンであるかのようにも感じられます。ですが紛れもなく現実に起きている事象であり、私がこうして日常を過ごしている間にも多くの尊い命が奪われています。

有史以来、人類は民族、宗教、その他様々な理由によって戦争を繰り広げてきました。その対立の根底にあるのは、「自分は正しい、敵は間違っている」という二項対立にあるように感じます。自己と他者を切り分け、自己の正しさに執着することがさまざまな煩悩や苦しみのみならず、争いの火種となるのです。駄々をこねている幼児を見れば、「まだ子供だし、仕方ないか」と思うように、自分自身に執着し、争う人々を仏様も「人間だもの、仕方ないね」と見ておられるかもしれません。

さて、表題の「衆生と真理とが別々ではない」とはどのようなことなのでしょうか。古来より多くの宗教者が真理を追い求めてきましたが、そこには非常な困難が伴った事と思います。冒頭の言葉に即するならば、自己と真理を切り分けて考え、自分の外に向かって真理を探し求めているが、わざわざそのようなことをしなくても、真理は自らの内にある。さながらメーテルリンクの青い鳥のような結論ですが、そういう事を言いたいのだと思いました。

ここで一つの矛盾が生じます。自分自身への執着が苦しみの元だとする一方で、真理は自らの内にあるという。これはどういう事だろうかと。私たちは皆、この宇宙そのものである大日如来様より出でており、本来的に平等な存在です。その意味で、自己と他者を区別する必要はありませんが、とはいえ他人の心の内など杳《よう》として知れません。内在する悟りの種、すなわち真理を得るためには己を深く省みる事、そして、自身も他者も等しく仏であること、あらゆる人がその事に気づきさえすれば、世の中から無益な争いも無くなっていくことと思います。

（髙田堯友）

初地と十地と高下なし（秘蔵記）

【修行の初歩と最高位には段階はない】

◉困ったときは心のままに　修行という言葉を聞くと何か難しいことをしていると想像してしまいがちですが、そもそも修行という言葉の意味とはなんなのでしょう？「修行」とは仏教における精神鍛錬に関する用語の一つで、「行《ぎょう》」と一文字で呼ばれることの方が多いかもしれません。「行者《ぎょうじゃ》」「修行僧」という風に修行を行う僧侶を呼んでおりますし、「苦行《くぎょう》」「正行《しょうぎょう》」といった風にも呼ばれております。

私たち高野山真言宗の僧侶の一番大きな修行として「四度加行《しどけぎょう》」というものがございます。これは誰もが必ず通らざるを得ない重要な修行ですが、この四度加行が本格的な修行のスタートでもあります。基本的な拝み方や作法の仕方の訓練を行っていくのですが、どれだけ加行の日程が進んでも、慣れてきて自然とすらすら真言が唱えられるようになろうとも、そして一人前の僧侶として高野山を下りて町のお寺でお勤めをしていようと変わらない事実があります。それは「拝むことの大切さ」です。それはどれだけ修行をして徳を積んだ高僧であろうと、いま修行を始めたばかりの新米僧侶であろうと必ず根底に存在しております。

実際に私自身も高野山を下りて町のお寺に勤めるようになりましたが、体感・実感したこととして、高野山は修行のやり方を教わる場、高野山を下りた後はその教わった修行を実践していく場であるということです。私は高野山を下りてしばらく経った後から、社会の喧騒や人間的な信頼関係の歪みが自分自身を歪めている気がしていました。そんな時に再度高野山で十日間ほど自分自身を省みるために拝んだ時に、はっと気づくことができました。困った時の神仏頼みではないですが、心から拝むということは修行の初歩であり最終段階まで必要な修行だと気づくことができました。

僧侶というのは職業の一つだという認識が強いと思います。実際にいろんな活動をみていても、やはり僧侶達も生きていく上で、そしてお寺を継続していく上でどうしても収入が必要となってきます。そのためにはあの手この手と収入を得る手段・方法を考えます。ただ、忘れてはならないのは僧侶というのは仏様と対峙して、道を模索し続ける生き方を選んだ者たちです。

（千葉堯温）

二諦の真俗は倶に是れ常住なり（性霊集三　中寿詩）

【出家者と俗人の真理は、どちらも永久に存続する】

◉わたしのセイギ　ある時、意見の対立から口論になったことがあります。些細な事ですが、私の信じる方法と相手が信じる方法が違っていたため、目標とする事項に相違が出来てしまいました。

私は今までの経験や成功、失敗から学んだことを礎にして、ある目標に向かい努力を重ねれば良いと考え、その思いを伝えました。相手も同じく、今までの経験や成功、失敗から学んだことを礎に目標を示し、その思いを伝えたのです。しかし、同じ方向を目指していたはずですが、目標としたところに違いが生じ意見の対立となりました。

考えてみれば当たり前です。相手とは見てきた風景も違いますし、歩んできた道筋も違います。その経験から導き出す答えは当たり前のように違うのです。

ですが、相手が間違っていると決めつけるのも違います。私は私の経験や体験の中から導き出した正しいと思う道を示しました。相手も同じなのです。お互いに正しいと思っているので意見が対立するのです。

世の中の争いごとの大抵はこのようなことが真実なのでしょう。相手には相手の正しいと思う道があり、私には私の正しいと思う道があります。私の正義はあなたの正義とは違うのです。私は正義という言葉はあまり好みません。この言葉を調べると、「人間の行為の正しさ」と出てきます。そう、正義は所詮人間の行為の正しさという物差しなのです。人にはそれぞれの想いがあります。その物差しは不変ではないのです。しかし、真理は違います。私たち仏教を信じる者にとっては仏さまの物差しが真理なのです。その物差しは私たちの経験や体験に左右されることなく、不変である物差しです。誰にとっても同じ道を示してくれるものではないかと思います。

私は僧侶として仏さまに仕える身です。できるだけ私の正義を考えるのではなく、仏さまの教えである真理を考え行動したいと思います。正義という人間の物差しで測るのではなく、真理という仏さまの物差しで物事をみていくように心がけていきたいと思います。皆さんも自分の正義は本当の真理なのか？　一度立ち止まると争いは少なくなっていくのかもしれませんね。

（岩崎宥全）

奴《ど》の口に甘きは郎の舌にも甜《あま》し（性霊集四　梵字を献ずる）

【甘い食物は、下僕も主人も同じように甘いと感じるものである】

◉お大師さまにつながる五円　神仏に供養する最も良い供物は何かということを私は長く考え続けています。「甘い食物は、下僕も主人も同じように甘いと感じる」、つまり、私が良いと感じる香りのお香、美しいと感じる花、美味しいと感じる果実、菓子は神仏も同じように良いと感じると思って、それらを吟味してお供えしています。

果実は仏果の力と同音で、その成立の過程も同じように考えられることから、仏が好まれる供物の一つであると教えられています。密教の密と同音の蜜がたくさん入った果実のりんごを産地から取り寄せ、お大師さまにお供えしたことがあります。本書『空海散歩』第一巻の拙稿「仏に関する行いは全て時空を超えて絶対の効力を発揮する」（三三二ページ）に書きました布施の行の内容は、この供養の考えの延長から始まりました。日々神仏との御縁に感謝する気持ちを表したいと考えています。

インドの仏跡巡拝の機縁を得た時、私は仏像に金箔を貼る信者を見ました。これは金を最上の供物として供養しています。しかし、私は金を得ることはできないと思い、考えて、金色の五円硬貨を金貨と思うことにしました。五円は御縁と同音で、私は貯金箱を買い、五円貯金を始めました。始めの年は貯金箱の半分程度貯まり、年末、高野山奥之院のお大師さまの御前の賽銭箱に入れました。年始から一年間貯めて、年末にお大師さまに持って行くと決め、翌年から少しずつ五円の数が増え、三年目は貯金箱いっぱいになりました。しかし、四年目は貯金箱を超えませんでした。それまで私は単に五円を使わない買い物の仕方をしていましたが五年目のある時、会計で一桁が六円以上の場合は一円を出すことで五円のおつりが返ることに気づきました。その年、初めて貯金箱から五円が溢れました。

私は常にお大師さまに五円を布施することを思い、五円を大切にしてきました。いつしか私は財布の中にお大師さまが入っている錯覚を起こすようになりました。お大師さまと五円は全く別の存在ですが、私の財布の五円はお大師さまにつながっていて、お大師さまを思うことに等しい感覚があります。

（細川敬真）

和光同塵

愚を詐《いつわ》り智を揜《かく》し　光を和らげ狂を示す（三教指帰中）

【俗人と同じように愚かな風体をして智者ぶらない】

◉先生の旅　「谷」の片隅で学び舎を営みながら慎ましく暮らす族長の娘。どうやら誰かに手紙を書いているようです。

いかがお過ごしですか。あれから何年たったでしょう。あの頃と変わらず、この谷では穏やかな日々が続いています。私は子どもたちから「先生」と呼ばれながら、花の育て方や風の音の聞き分け方を教えています。

昨年また一つ、街が菌に呑み込まれました。菌類の海は汚れた大地を浄化するために創り出された生態系です。旧文明の人々はそうやって世界を再生する計画を立てました。であるならば、街の消滅も再生への道程であるはずです。でも現実には、街を追われた人々が別の街に流れ込み、争いを繰り返す。虚無と絶望は広がるばかりです。

そんな現実を目の当たりにすると、私はつい「森の人」の言葉を思い出してしまいます。その人は「森で一緒に生きよう」と言ってくれました。「あなたは私たちと心を同じくする人だ」と。その言葉に応じていればどれだけ心安らかだっただろうと、思わなくはありません。しかし私は「こちらの世界」に残ることを選んだ。人間の汚した、たそがれの世界で、私は生きていくと決めたのです。

最近、旧文明の遺跡から見つかった文書に「和光同塵」という言葉を見つけました。智慧に到達した者が自らの威光を和らげ、塵にまみれたこの世界に身を置いて人々を救うことだそうです。もちろん私は自分のことを智者だとは思いません。ただ、この世界の人々と交わり、この世界の謎を解き明かす旅を続けたいだけなのです。

そもそも本当に智慧ある者は、自らの威光を振りかざすことはしないでしょう。なぜなら智者は、真実の前に常に謙虚であるからです。自分の得た智慧がすべてだとは決めつけず、目の前の現実から学ぶ姿勢を持ち続けるからです。私はそうありたい。あなたがそうであったように。

辺境一の剣士　永遠の旅人　私の先生へ

（この文章はフィクションです）

（坂田光永）

和光同塵

吾れ飢うれば汝もまた飢う　吾れ楽しめば汝も共に楽しむ（性霊集八　亡弟子智泉）

【私（空海）と汝（智泉）は飢えたり楽しんだりして苦楽を共にした】

◉愛猫ミーちゃん続編　長年、料亭の厨房で料理長をされた檀家のTさんは、新人調理師に対して、個々の人間性をまず理解し受け入れて高圧的にならずに接し、後で困らないよう役割は具体的に教えました。Tさんから伺えるのは、相手が観えなくなるとらわれを持たず、本質を観ようとされる点です。「まあ、やる気失って辞めてしもたら、また新人を一から教えなあかんしな（笑）」。その精神は、生後間もなく、カラスに家族を惨殺され、怯え性になった愛猫ミーちゃん（雌）が相手でも変わりません。

私が最期に見た彼女は二十歳と高齢で、動物病院の診察が週三日必要な程。世話は大変だった筈ですが、Tさんから伝わってきたのは愛猫と苦楽を共にし、在り続ける喜びでした。「もう認知症でな、今座っている所は拾ってきた時よく座ってた。若い時の事は覚えてるんやな、人間と同じや」。彼女は、仏壇のある居間で座っていました。客人の私がいても部屋の隅にはもう、行くことはありません。

「ニャ〜、ニャ〜オ〜」と彼女は鳴いていました。同じように何度も何度も。拭いきれぬ過去の恐怖で、なかなか部屋の隅から出られずにいましたが、それでも「自分には居場所があり、存在を認められて、今日まで懸命に生きてきたのよ」といわんばかりに、自分の存在を堂々と誇示しているように私には見えました。

表題のお言葉からは、お大師さまの甥であり、後継弟子の筆頭であった智泉を亡くした深い悲しみ、またお大師さまと智泉が、いかに互いの喜びや、苦悩が理解でき、いらぬ妨げのない相即不離の関係であったかが窺えます。

相即不離とは仏教語で、万物は縁で繋がり、違う姿をした二つ以上の事象が、互いに必要な自他を利する行いを追求するうちに、互いの差別区別がない程密接になった関係をいいます。Tさんも、ミーちゃんと互いに良い事を追求し、時に苦難を超越し、安心を得ているようでした。重要なのは、互いの関係を悪化させる身《からだ》・口《くち》・意《こころ》の行い（身近には無知、虚偽、傲慢、邪見）をなくし、個々の「特性」を認め合う透明性を保つ事です。

（村上慧照）

菩薩菩薩体いずれにか似たる　顔容は酷《はなは》だ世間の人に似たり　仏陀仏陀これいずれの色ぞ　面孔《めんく》はあたかも諸趣の倫《ともがら》の如し（性霊集十　勤操大徳）

【菩薩の身体は何に似ているのか。その顔はきわめて世間の人に似ている。仏陀の姿はどのような形であるのか。その面相はあたかも凡夫のようである】

◉誰そ彼。誰そ仏。　長くインドを旅した後、ネパールやミャンマーなどの周辺国で自分と似たような平らかなる顔立ちの人々と出会うと何だか気持ちがホッとします。言葉が通じなくても、宗教が違っても、顔立ちが自分と似ているだけで親近感と安心感が湧いてくるのです。

仏教では真理そのものとしてのブッダの本体（法身）には色も形も香りもないと考えます。でも、私たちがお寺で見かける地蔵菩薩や観音菩薩、釈迦如来などの仏像は、私達にとてもよく似た姿形をしていますね。場所が変わると仏像の顔立ちや表情も少しずつ変わってくるようです。例えば、最初期にインドで作られた観音像はひげが生え、がっちりとした体型だったそうですが、「観音様＝慈悲」のイメージが強かった中国では、髪を伸ばすなど女性的な雰囲気を強調するようになったそうです。日本の観音様もどちらかというと女性的な容貌です。お釈迦様の像ではヘレニズム文化の影響を受けたガンダーラの像、タイやミャンマーなどの東南アジアの像、日本の像ではお顔立ちが大分異なるようです。写実性を追求するとそれぞれの地域の人の顔になるのでしょうか。どうやら仏像が作られた時代と場所における「美しさ・尊さ・高貴さ」の表現という要素も反映されているように思われます。

仏教用語で応身という言葉があります。仏が人々を救済するために、人々の能力や素質に応じて仮に肉身をとってこの世に姿を現した仏の事です。私たちから苦を抜き楽を与え、真理を広めるために、慈悲の心で、わざわざ私たちが身近に感じられるような姿かたちをとっていろいろな事を教えてくれるのです。

たまたま電車の中で隣合わせたオジサンが仏の現れでもありますし、縁側で心地よさそうにひなたぼっこをしている猫や、満開の桜の花も仏の現れです。密教では、すべてのいのちある存在が仏の性質を本質として備えていると考えます。もちろんこの本を読んでいるあなたもです。あなたこそが仏の現れなのです。

（小西凉瑜）

和光同塵

体は非巨《ひきょ》に居て心すなわち神に入る（性霊集十　秋日僧正大師）

【風体は凡人であるが、心は神の境地にある】

◉くり返しが心を磨く　世の人々が拠り所にされる方は、仏さまの教えを説きその働きを実践し続けられ修行を積み重ねておられます。誰もがその姿を見て慕い敬っています。修行を重ねるというのは並大抵のことではありません。目に見えて人が変わってくるというわけではありませんが、聖人と呼ばれるような人の風躰、人柄が見えてくるものです。

私は高野山のお寺で修行している時にしばしば目にした、添田隆俊前官さまの「同じことをくり返す」というお言葉を書きとどめていたのを思い出しました。

「熱があろうが、風邪をひいていようが、朝のお勤めを三百六十五日果たす。それを五十年くらい厳粛にする。修行するということは、水をかぶったり断食したりすることではない。そんなのは、特別な人がやることであって、大切なのは誰でもできるものでなければ修行にならない。だから、同じことをくり返すということが一番大切な修行の信心だ。何を信心するかというと、同じことをくり返すことを、なのだ」と。

毎日の生活の中で平凡なことを変わりなくずっとくり返すことは、誰でもできそうですが意外に大変難しいものです。競争心をもたず疑念も抱かず結果も求めず、只やり通すということなのです。

修行生活のなかでよく先輩から「一に掃除」と言われ、疑問に思い「一体何の役にたつのだろうか」という気持ちをもちました。同じことばかりなので途中で嫌になりやめたいと思ったものでした。

しかしいざ自坊で毎朝箒を手にするようになると、以前くり返していた掃除の意味が少しずつ理解できるようになり驚いています。同じことをくり返すということは、知らず知らずの内に自分の心を磨いていくものなのだと思います。

僧侶は師僧から授かった教義をくり返し学び、修法などをくり返し実践します。ひたすらくり返すことが信仰心であることに気づかされるのです。

どのような人でも所縁の仏さまに導かれて、毎日信仰心をもって生活するということが尊いことなのでしょう。

（天谷含光）

大士の用心は同事これ貴ぶ　聖人の所為も光を和げ物を利す　且《しばらく》その塵に同じてその足を濯がんにはしかじ（高野雑筆七二）

【菩薩の心得は苦楽を共にすることである。聖人の行ないも偉ぶらずに働き、共に濁った水に漬かって洗っている】

◉空海さまの人生相談　高野雑筆集は、日常に有ったことなどを書き留められたわずか七十余篇の短編集ですが、味わい深い言葉を残しておられます。その中の一節です。相談を受けられた相手は主君に仕える官吏であろうと考えられます。その返信の中に、「今の世を見渡してみても、清廉潔白な人が財をなしたためしがなく、またことの善悪を忌憚なく主君に申しあげてお諫めした人の身分が出世したためしもない」と申されています。そして、「真に主君のことを考えお諫めした結果、自分の栄誉を失うこともあり、また反対に主君に媚びへつらって身の安全を計ろうとする者もいる。このどちらをとるだろうか。人それぞれ、取捨選択はその人の価値判断によって違いがある」と。今の時世にも各所にみられる変わらない事象です。

　ここで大切なことは、この事象を他人事として申されているのではなく、仏の導きとして諭されているところが空海さまが意図されている表記のことばなのです。「同事」は同じ事ですが、一体となるという深い意味があります。菩薩《ほとけさま》は自身が修行を続けながら衆生《ひとびと》を救うという働きをしておられます。自身の向上に努力しながら底辺にある人とも一体になることで苦しんでいる人を救う努力もしなければならないということです。苦楽を共にしなければなりません。「光を和らげ物を利す」ということは、己の才能「光」を表に出さない「和」によって、塵に馴染むことを厭わず、その人のために役立つ、苦しんでいる人と一体となることが大切であると諭されているのです。

　今の社会にも生きていることばです。いずれを取り、いずれを捨てるか、どちらについて、どちらを去るか、日常の社会活動のなかに何時も見られることです。私も一時教職についていました。職員会議に「子供に視点を」と訴え続けましたが、管理職志向の方の意見が強く、子どもを管理する教師以前の人間性に疑問をもちながらどうすることもできませんでした。

（野條泰圓）

あとがき

亀山伯仁

「十巻二千百八十話ですか。壮大な計画ですね」。高野山本山布教師会総会で『空海散歩』へのご参加の呼びかけを聞いた時の率直な感想でした。私は御詠歌の本山布教師ですから御詠歌の歌唱や歌詞解説は得意でも法話を執筆した経験がありません。口説の先生方でどうぞお進め下さい、と他人事に思い聞き流していました。しかし改めて執筆者に推薦していただいた時には報恩行の一つになるのではないか、また自分の想いを読んでいただけるのは素敵な事じゃないかと考え直し、承諾しました。はじめは例話も豊富で筆運びも早かったのですが、中盤からは聖語も難しくなり、思うように筆が進まなくなりました。いつも締め切り間際になりお世話役さまにご心配やご迷惑をおかけいたしました。

法話を書くにあたり、お大師さまの聖語をしっかり考えるようになりました。聖語だけでは誤解があってはいけないと、その前後の文章も何度も読み返しました。それにはお寺の書架に久しく眠っていた『弘法大師空海全集』が活躍しました（これは昭和五十九年お大師さまの千百五十年御遠忌記念に筑摩書房から出版された本で、高野山大学在学中に宿坊寺院で頂戴したアルバイト代を握りしめて一巻ずつ本屋さんへ買いに行った思い出の本です）。その結果、発心即菩提、密厳浄土、即身成仏、三句の法門なども漠然とした理解から本質的な理解へと少し進んだようにも思います。

若かりし頃、修行の時に「なぜこのようなことをするのですか？　この意味する所は何でしょうか？」と師匠に尋ねたことがありました。「細かく考えず言われた通りにただひたすら行じておればよろしい。そのうちに全てが繋がるよ」と諭されました。今思えば拝んで来た経験、読んで来た書物、出会った人々、そしてお大師さまの聖語の一つ一つがジクソーパズルのように私の中に嵌め込まれていき、もう一息でお大師さまのみ教えがしっかり理解できるようになるのではないか、とも思います。

読者の皆さまには本書を通してお大師さまのお言葉にたくさん触れていただきました。もし貴方が人生で道に迷いそうになった時には、深く三回呼吸して、お大師さまのお言葉を思い出してください。そしてお大師さまならどのように考え、どのように行動されるだろうか？　と想像してみて下さい。そうすることで必ずお大師さまからお済いいただけます。私も実際にお大師さまのお言葉に済われましたので、自信を持って皆さまにお奨めする次第です。

さあ、次はいよいよ最終巻です。ご執筆の先生方、渾身のそして最高の一話をよろしくお願いいたします。

南無大師遍照金剛

執筆者一覧（生年順）

＊印は「白象の会」発起人

氏名	生年	出生地	現住所	所属	寺院等	役職
野條泰圓＊	昭10	岡山	岡山県苫田郡	高野	安養寺	住職・本山布教師
安達堯禅	昭11	愛知	愛知県一宮市	高野	日比野弘法堂	支部長
井本全海	昭14	大阪	大阪府河内長野市	高野	勝光寺	住職
篠崎道玄	昭20	奈良	東京都府中市	山階	興徳寺	住職・元宗会議員
岩佐隆昇	昭20	徳島	徳島県徳島市	高野	桂林寺	役僧・臨床宗教師
湯浅宗生	昭21	鳥取	鳥取県八頭郡	高野	多寶寺	住職・鳥取宗務支所長・本山布教師
近藤堯寛＊	昭21	愛知	和歌山県高野山	高野	櫻池院	住職・高野山大学非常勤講師
佐川弘海	昭22	愛媛	愛媛県西条市	御室	光明寺	住職
友松祐也	昭23	京都	京都府京丹後市	高野	如意寺	住職・まちづくり系NPO法人理事長
田中智岳	昭23	和歌山	京都府木津川市	高野	和泉寺	住職・台湾高野山真言宗協会顧問
髙橋良久	昭24	兵庫	兵庫県加古川市	高野		高野山大学受託研究員
菅　智潤	昭24	香川	香川県三豊市	善通	円明寺	住職・真言宗善通寺派管長
畠田秀峰	昭25	徳島	徳島県板野郡	高野	安楽寺	住職・四国八十八ヶ所霊場会会長・本山布教師
河野良文	昭26	福岡	奈良県奈良市	高野	大安寺	住職・本山布教師
伊藤全浄	昭28	京都	兵庫県明石市	高野	極樂寺	住職

大咲元延	昭28	大阪	大阪府大阪市	曹洞宗	中小企業診断士
柴谷宗叔	昭29	大阪	大阪府守口市	高野　性善寺	住職・高野山大学研究員
花畑謙治	昭30	福井	東京都中央区	サドラー・ジャパン（株）社長	
雪江　悟	昭30	千葉	米国カリフォルニア	辯天宗	会社役員
藤本善光	昭31	大阪	福岡県田川郡	高野　十輪院	住職・本山布教師、社会人権局長
中谷昌善	昭32	和歌山	兵庫県神戸市	高野　大師寺	住職・本山布教師
長崎勝教	昭32	高知	高知県土佐清水市	豊山　金剛福寺	住職
森　堯櫻*	昭32	大阪	滋賀県甲賀市	高野	NPO法人暮らしと文化研究所理事長
糸数寛宏	昭33	沖縄	富山県砺波市	高野　日照院	住職・本山布教師
瀬尾光昌	昭34	神奈川	香川県小豆郡	高野　西光寺	住職・本山布教師
大塚清心	昭35	福井	愛知県名古屋市	高野　大師寺	住職
佐々木琳慧	昭35	滋賀	滋賀県犬上郡	高野　不動院	住職
山田弘徳*	昭35	愛知	愛知県名古屋市	高野　真勝院	住職
木藤清明	昭38	愛媛	愛媛県四国中央市	高野　光厳寺	住職・本山布教師
亀山伯仁	昭38	香川	香川県三豊市	高野　密蔵寺	住職・本山布教師・阿字観能化
吉森公昭	昭40	大阪	石川県輪島市	高野　西光寺	住職
後藤証厳	昭40	大阪	和歌山県高野山	高野　南院	NPO法人葛城護持院証厳坊代表
松本堯有	昭40	四川省	和歌山県高野山	高野	尼僧・「翻訳通訳オフィス」代表
愛宕邦康	昭41	鳥取	埼玉県新座市	一燈宗　一燈仏学院	教授・浙江仏学院客座教授

中村光観*	昭41	和歌山	和歌山県伊都郡	高野	興法寺	住職
雨宮光啓	昭42	大阪	大阪府岸和田市	高野	大師教会光寿会	支部長
寛　旭	昭42	中国	陝西省西安市	大興善寺		住職
福井清光	昭44	和歌山	和歌山県和歌山市			
中村一善	昭46	徳島	徳島県板野郡	高野	觀音寺	住職
佐藤妙泉	昭46	兵庫	和歌山県高野山	高野		紀州高野山横笛の会主宰
山本海史	昭46	東京	岐阜県高山市	高野	㈱シェアウィング	高山支店マネージャー
阿形國明	昭47	岡山	岡山県久米郡	高野	華蔵寺	住職
富田向真*	昭47	京都	和歌山県高野山	高野	高野山高校	教頭・本山布教師・阿字観能化
佐伯隆快	昭47	広島	岡山県倉敷市	醍醐	長命密寺	住職
曽我部大和	昭48	徳島	徳島県阿波市	高野	明王院	住職
川崎一洸	昭49	岡山	高知県香南市	智山	大日寺	住職
大瀧清延	昭49	広島	広島県福山市	大覚	薬師寺	住職　阿字観能化
伊藤聖健	昭49	北海道	北海道上川郡	豊山	大聖寺	住職
穐月隆彦	昭50	愛媛	愛媛県西条市	御室	実報寺	住職
中村光教	昭50	山口	山口県周南市	高野	切幡寺光泉苑	支部長
成松昇紀	昭51	和歌山	宮崎県えびの市	高野	弘泉寺	住職・本山布教師
伊藤貴臣	昭51	大阪	ドイツ連邦共和国	高野		講談師
阿部真秀	昭51	北海道	北海道上川郡	高野	眞弘寺	副住職

髙田堯友	昭52	大阪	和歌山県高野山	高野	櫻池院	職員
千葉堯温	昭52	広島	広島県福山市	高野		
岩崎宥全	昭53	長野	長野県諏訪市	高野	佛法紹隆寺	住職
細川敬真	昭53	宮城	和歌山県和歌山市	高野	一休院	住職
坂田光永	昭54	広島	広島県福山市	高野	光明院	住職
村上慧照	昭54	徳島	徳島県徳島市	高野	西光寺	副住職
洪　涛	昭58	中国	陝西省西安市		大興善寺	副住職
天谷含光	平01	奈良	徳島県板野郡	高野	観音院	副住職
杉本政明	平12	神奈川	和歌山県高野山	高野	高野山大学	大学院生
草野叶南	平12	滋賀	和歌山県高野山	高野	高野山大学	大学生
中山皓貴	平14	熊本	和歌山県高野山	高野	高野山大学	大学生
小西涼瑜		宮城	東京都	高野	アシュタンガヨガ正式資格指導者	

執筆者別索引

＊数字は頁番号

白象の会は、『空海名言法話全集』出版のために二〇一六年七月、発起人によって命名された、真言宗系の著者で組織する団体です。弘法大師御誕生千二百五十年記念として、二〇二三年六月十五日までに全十巻を刊行することを目的としています。裏表紙のマークが、本会のロゴマークです。

空海《くうかい》名言《めいげん》法話《ほうわ》全集《ぜんしゅう》　空海《くうかい》散歩《さんぽ》
第九巻　仏のはたらき

二〇二二年八月一五日　初版第一刷発行

著者　白象の会
監修　近藤堯寛
編集　白象の会発起人
協賛　四国八十八ヶ所霊場会
発行者　喜入冬子
発行所　株式会社筑摩書房
東京都台東区蔵前二－五－三　〒一一一－八七五五
電話番号〇三－五六八七－二六〇一（代表）

印刷・製本　中央精版印刷株式会社

ISBN978-4-480-71319-3 C0315